M

CRUZANDO
AL MÁS ALLÁ

MAY 0 2 2002

También escrito por John Edward

Libros

UNA ÚLTIMA VEZ:
Un Psíquico Médium Habla a Quienes Hemos Amado y Perdido

¿QUÉ TAL SI DIOS FUERA EL SOL?
(una novela)

Audio Programas

CRUZANDO AL MÁS ALLÁ: Las Historias Atrás de las Historias
(audio libro)

DESARROLLANDO SUS PROPIOS PODERES PSÍQUICOS

ENTENDIENDO A TUS ÁNGELES Y CONOCIENDO A TUS GUÍAS

SOLTANDO A TU POTENCIAL PSÍQUICO

¿QUÉ TAL SI DIOS FUERA EL SOL?
(audio libro)

CRUZANDO AL MÁS ALLÁ

LAS HISTORIAS ATRÁS DE LAS HISTORIAS

JOHN EDWARD

JODERE
GROUP
San Diego, California

Registrado © 2001 by John Edward

Publicado por: Jodere Group, Inc., P.O. Box 910147, San Diego, CA 92191-0147
(800) 569-1002 • www.jodere.com

Diseño: Charles McStravick
Traducción: Irasema Edwards

"Beyond The Blue," reimprimado con permiso de Debra Swift/Carl Perkins dba Brick Hithouse Music, Diciembre 17, 1991.

"Precious One," reimprimado con permiso de Annie Haslam/Annie Haslam, Michael Dunford, Marzo 8, 1999.

ISBN 1-58872-027-6

Impresso 1: Abril 2002

Impresso en los Estados Unidos de América

En memoria de Shelley Peck.

Este libro es dedicado a Bonnie Hammer, quien trajo Crossing Over a la televisión. Tomando un gran riesgo por un hombre que ella apenas conocía que afirmaba hablar con los muertos, ella ha hecho más que nadie para cambiar como millones de gente ve a la muerte. Estaré para siempre agradecido por su creencia personal y su apoyo profesional. Ella es el viento debajo de las alas de muchos, ambos de este y el otro lado.

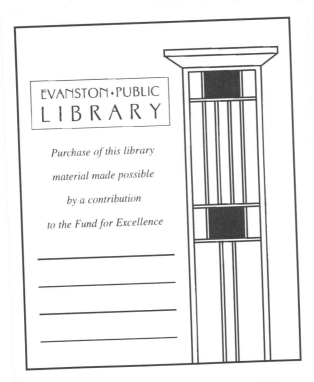

Las declaraciones hechas en este libro están basadas en las experiencias personales y opiniones de John Edward; y no son proporcionadas, endorsadas, o confirmadas por Cable USA o sus compañías afiliadas.

CONTENIDO

RECONOCIMIENTOS

Debo una gran deuda de gratitud a un gran número de personas cuales talentos, energía y apoyo han hecho *Crossing Over*—ambos el libro y el programa—posible.

Simples palabras no hacen justicia a la intensa energía y al constante apoyo que Debbie Luican ha demostrado desde nuestra primera conversación telefónica que tuvimos hace tres años. Su guianza y asistencia en ayudarme a combatir y sobresalir algunos de mis obstáculos más difíciles ha sido vital para mí. Y mi éxito no significaría lo mismo si ella no estuviera ahí para hacerme ver que tan importante es el tomar control, honorar el proceso y sobre todo, el reír.

Deseo expresar mis más profundas gracias a Rick Firstman, no sólo por su colaboración en este libro, pero también por su energía y habilidad que entregó a *One Last Time*. Sólo que estés llevando a un amigo a esa jornada contigo, el revivir tu propia vida y recontando las experiencias sin fin de otras personas es un proceso difícil y frecuentemente doloroso. La habilidad de Rick para acomodar mis pensamientos y experiencias en una narración absorbedora han hecho posible para mí el compartir mi historia. Por esa razón, y por la sensitividad e inteligencia que él ha traído a un difícil y controversial tema, yo le estoy agradecido.

Las gracias que puedo dar a Mark Misiano pueden llenar una página, pero por el propósito de este libro, lo que debo de reconocer más es el apoyo que él ha demostrado por mi trabajo los últimos tres años. Él estará en mi esquina no importa lo que yo escoja hacer en la vida, porque él me mantuvo en mi meta cuando eso era lo que más necesitaba. Si Mark ha sido como un hermano para mí, Ernie Santopatre ha sido otro. No estoy seguro como saldría adelante en todas las altas y bajas de mi trabajo sin su amistad.

Es difícil de imaginar que clase de programa de televisión *Crossing Over* hubiera sido sin Paul Shavelson. Como productor ejecutivo con una tremenda creatividad e inteligencia, él me ha ayudado a lograr mi visión de honrar el proceso y de ayudar a la gente a entender los mensajes del otro lado. Como mi colega, él ha hecho de la jornada valiosa y divertida. Como mi amigo, él ha sido un don. Yo no hubiera anticipado el unirme a trabajar con alguien con quien tuviera yo una gran conexión.

Extiendo unas enormes gracias a los demás personajes vitales en la producción de *Crossing Over;* El grupo de Brillo en la Oscuridad de Shirley Abraham, Dana Calderwood, y Charles Nordlander. En mi opinión, ellos son el Grupo de Ensueño de la televisión. Solo este grupo de talentosos y dedicados profesionales pudieron haber tomado tal complicado tema y hacerlo posible para que tantos pudieran entender y aceptar. También le agradezco al productor de coordinación Liz Arias por su devoción, arduo trabajo y gran espíritu. "La Liz" ha hecho mi experiencia en televisión más fácil de lo que hubiera sido sin ella.

Crossing Over nunca hubiera acontecido sin la creencia en mi de las grandes damas Conocedoras de la Industria. Ramey Warren Black, Adora English y Jean Wiegman son las madrinas para la historia. Les doy las gracias por su lealtad, fe y una ayuda sin fin.

No me puedo imaginar un día sin Carol Spadaro, mi asombrosa asistente, quien ha organizado mi vida y se ha vuelto una buena amiga. Ella es una fuerza de empuje y un origen eternal de aliento. Ella me hace sentir como si todas esas personas que llaman a la oficina están interesadas en el trabajo que yo hago, cuando yo sé que es a ella por quien llaman.

He salido en muchos programas de entrevistas de televisión en los últimos años, pero deseo reconocer las presentadoras de dos de ellos. Doy gracias a Leeza Gibbons por tratar mi trabajo con respeto y por su generosidad. Nunca olvidare su compasión y comprensión en ambos su programa y más importante, un día por teléfono, no hace mucho tiempo. Ella es una persona muy especial. También tengo una gran admiración para Catherine Crier, quien ha tratado con el médium sismo con ambas tenacidad y franqueza. Durante mi segunda apariencia en su programa, ella validó y mencionó información que vino para ella antes de salir al aire la primera vez que estuve ahí. Ella no tenía por que hacer eso y fue una cosa valiente de hacer.

Mis profundas gracias a las siguientes personas por compartir sus experiencias para este libro: Dona Marie, Carol Maywood, John Shauder,

Debbie Swift Perkins, Terri Kaplowitz, Pat Price, Jaime Talan, A.J. Korn, Nicole "Segue" Aflague, Allison Blecker, Doug Fogel, Garesh Bhargava y la familia de Louis Acompora. Gracias especiales a mi buen amigo Rick Korn por su invaluable ayuda en traer a la vida el capítulo de Carl Perkins y por ayuda que él me ha dado para este proyecto y otros en los últimos tres años. Y a Gary Schwartz y Linda Russek por su valentía en explorar científicamente la comunicación de después de la muerte.

Discúlpenme mientras ofrezco unas gracias privadas a Karen: Yo creo que todo pasa por una razón. Yo creo que Dios te envió para ayudarme a entender las presiones y las nuevas experiencias que iba a encontrar al estar en la vista pública. Te agradezco por ser mi amiga y por verme como "sólo John" y no como "John el hombre que habla con el otro lado". Espero que podamos mantener nuestra conexión y nuestra amistad por años a venir.

También me gustaría dar las gracias a las siguientes personas: Stephen Chao, Angela Mancuso, Valerie Schaer, Nancy Bocchino, Steve Rosenberg, Susan Cantor, Madeline McBride, Russell Friedman, Roger Guillen, Tahira Bhatti-McClure, Libby Gill, Larry King, Kristen Green, Lydia Clar, Todd Pettengill, Naomi DiClemente, Steve Harper, Annie Haslam, Chad Murdock, Judy Guggenheim, Shelley Peck, Suzane Northrop, Linda Williamson, Ellen Toomey, Denise Silvestro, Antoinette Kuritz, Marc Gurvitz, Lisa Jackson, Linda Ellerbee, y Dorothy Bonardi.

Finalmente, *Crossing Over,* el programa de televisión, ha sido el resultado de mucho dedicado trabajo de muchas personas: Jim Moroney, Diane Wheeler-Nicholson, Helen Tierney, Lisa Tucker, Kevin Moriarty, Lori Levine, Michele Wasserman, Lauren Bright, David Cook, Joanne Longo, Christine Cipriani, Kimberly Dunn, Beth Archipoli, Leslie Becker, Deke Hazirjian, Mary Schmid, Linda Benya, David Cripton, Christian Jacobs, Aaron Moore, Jesse Shafer, William Jones, Juan Carlos Otero, Debra Ellenoff, Chris Fosdick, Kerry Neville, Claudio Sasso, Sharon Tassielli, Hielen Walsh, Wendy Stuart, Risa Lupardo, May Schlesinger, Beverly Alkow, Richie Wirth, Al Centrella, Jorge Silva, Steve Watson, Frank Brown, Jeff Leib, Juan Rodríguez, Mary Dubois-Goldstein, Jeffrey McRoberts, Kevin West, Susanne William, Walter H. Kaiser III, John Meiklejohn, Jim Scurty, Manny Gutiérrez, John Kosmaczewski, Tim Quigley, Dante Pagano, Alain Honesto, Lisa Rosenberg, Greg Barna, Tjeerd Belien, Ernest Albritton, Craig Mahan, Mitch Blazer, Ken Ortiz, Pete Loughran, Richie Mazzacca, Joice Lee Stewart,

Trinsha Matthew, Cliff Schwartz, Debi Mae West, Nina Bhargava, Christina Carr, David Powitz, Jennifer Simons, Deke Hazirjian, Duncan Cameron, Karl Dawson, Jill Hendelman, Greg Pope, Paul Rachman, Jerome Wallin, Mary Schmid, Liz Kyler, Mike Barrett, Joe Just, Aaron Moore, Jesse Shafer, Kerry Neville, Aaron Sorg, Lou Russo, Tjeerd Blelien, Debra Ellenoff, Chris Fosdick, Zuri Russel, Claudio Sasso, Sharon Tassielli, Hielen Walsh, David Cripton, Gregory Costa, Brian Miklas, Phil Sorrenson, Jake Ostroff, Yahel Herzog, Larry Farkas, Chris West, John Asaro, Daniel Berry, Stan Gregory, Giovanny Lima, Migdalia Gutierrez, David Alan Comstock, Gracie de Arellano, Julian Middleton, David Caban, Robert Acevedo, Charles Lee, Richard Apman, Juan Vargas, Charlotte Hitchcock, Rennie DiCuia, Herman Gutiérrez, and Herbert Orduz.

PREFACIÓN

Este es un libro acerca de Cruzando Al Más Allá. No sólo el programa de televisión. No sólo el proceso metafísico que inspiro el programa de televisión. Para estar seguro, vas a leer mucho acerca de ambos el programa y el proceso. Pero este libro es también una crónica de transición personal. Parece que hace toda una vida—y parece como si hubiera sido la semana pasada—que era yo un joven, suburbano recién casado con un trabajo en el departamento de computadoras en un hospital y algunos trabajos de medio tiempo en actividades no usuales. De acuerdo, a lo mejor bailar en un salón de baile no es tan extraño. Creo que es la otra cosa la que obtiene toda la atención. Aún tan recientemente como en 1999, estaba haciendo lecturas en mi casa, y tú tenías que estar muy introducido en el mundo psíquico para saber quien era yo. Dos años más tarde, estoy en televisión cinco noches a la semana y leyendo acerca de mí en el periódico y en historias de revistas con titulares como, *"Mi Próximo Invitado está . . . Muerto".* Soy un médium de la industria de comunicación que no hace mucho tenía temor al público y eso era en el radio. Hablando acerca de cruzando a cambios. Esta es la historia de ese paseo alborotado.

Si has leído algún libro escrito por o acerca de psíquicos médiums (incluyendo el mío), vas a notar que este no es como los demás. Esto va sin intención de faltar el respeto—algunos de ellos son libros excelentes escritos por espléndidos médiums y les tengo que agradecer por pavimentar el camino. Pero mi intención es de que este libro abra camino, no solamente en demistificar el proceso de comunicación con espíritus—mi completa razón para hacer de mi trabajo tan público—pero en ofrecer una ojeada de este mundo en donde vivo. Deseo que sepas como se ven las cosas desde adentro de mi cabeza. Porque, te diré que, no tienes idea como es el ser un psíquico médium en estos tiempos. Espero que lo sabrás después de leer este libro. Esta es la razón por la cual me encontraras hablando de algunas cuestiones difíciles y controversiales—el dinero, la motivación, la celebridad y las batallas privadas y públicas que tengo que confrontar en mi trabajo. Estos son los asuntos que no puedo evitar si es que voy a defender y hacer lo que hago en frente de las cámaras de televisión.

Este libro fue escrito en colaboración con Richard Firstman, un autor y periodista con quien escribí mi primer libro no ficción, *One Last Time (Una Última Vez)*. Como leerás en las páginas siguientes, Rick y yo nos unimos primero en 1996 por medio de circunstancias que sólo ahora parecen tener un completo sentido. Para este libro, al igual que en el primero, pasamos muchas horas juntos hablando y explorando mi trabajo y mi vida. Diferente a *One Last Time*, también pasamos mucho tiempo hablando acerca de cómo es el ser el primer médium en la televisión. Volvimos a recorrer todos los pasos que me trajeron aquí y Rick completo el cuadro al pasarse muchos días en el estudio de *Crossing Over,* observando la acción y entrevistando y conociendo a muchos miembros del grupo de empleados de producción, al igual que a los personajes principales en el desarrollo y creación del programa.

Una de las contribuciones más importantes de Rick para ambos libros ha sido el traer sus habilidades periodísticas a la superficie en las historias que yo quería contar. Me di cuenta que algunas de estas historias son tan extraordinarias—aún para mí—que un escéptico podía ser perdonado por ser, bueno, un escéptico. Esta es la razón que ambos sentimos que era importante para Rick—un consumado reportero y un escéptico por naturaleza—el completamente e independientemente verificar todo lo de este libro. En todo trabajo que hemos hecho juntos, Rick ha tenido rienda libre para entrevistar a cualquiera que él deseara o pensara necesario y así tejiendo junto las recolecciones y percepciones de los participantes con las mías propias, para escribir los episodios como él lo viera conveniente. No ha sido poco común para él descubrir mucho más acerca de una historia de lo que yo conocía por el limitado alcance de vista de una lectura. En todo caso, presentamos aquí una interpretación acertada de mis experiencias, sin ningún embellecimiento o exageración.

Una palabra final: Sé que levantaste este libro intencionalmente o por lo que puedas considerar una casualidad. Pero yo no me suscribo a coincidencias, así que creo que estás leyendo este libro porque estás buscando un entendimiento más elevado de la vida después de la muerte, seguramente porque has tenido una perdida difícil en tu vida y deseas conocer acerca de la posibilidad de una comunicación con espíritus. Pero es vital el entender que el conectarse con el otro lado no puede tomar el lugar del proceso natural de la pena. Tú todavía debes confrontar y aceptar la perdida física de esa persona. Así sea beneficial como pueda ser el conectarse con un ser querido del otro lado, sea a través de un médium o por ti solo, es imperativo que te honres a ti mismo y a ese ser querido al penar por ellos apropiadamente. Esto puede significar el leer este libro solamente después de que hayas buscado a un terapista, un miembro del clérigo, o a un amigo. Sólo después de que hayas aceptado la perdida puede el verdadero sanamiento empezar.

Espero que lo que encuentres aquí sea de ayuda para ti en tu sendero de aprendizaje y para tu propia progresión de tu alma. Y al igual como soy un estudiante continuo en este campo, ahora tú lo eres también. Que el estudiante en ti se vuelva el maestro para otro.

J.E.

PRÓLOGO

Estudios Unitel, Ciudad de Nueva York
14 de junio del 2000

Estoy parado en las sombras, esperando a salir enfrente de cien personas y explicar que estoy apunto de conectar algunos de ellos con sus familiares difuntos. *A tu lado significa esposos, esposas, hermanos, hermanas, sobre de ti padres, abuelos . . . aprecia los mensajes . . . sólo contesta sí o no. . . .* He dado esta letanía miles de veces antes, en salas y oficinas y Holiday Inns en estados que ni siquiera puedo localizar en un mapa. Pero esto es diferente. Esto no es como lo que he hecho nunca antes. No es algo a lo que realmente he aspirado hacer. Pero aquí estoy.

Al otro lado del medio alumbrado estudio, veo a Doug Fogel que me está mirando. Él es el manager de escena, un hombre al estilo de Martín Short con un brillo en sus ojos quien ha hecho *Cats* y *The Lion King*, Radio City y el Metropolitan Opera. Ahora está trabajando en un programa de Televisión acerca de un hombre quien habla con gente muerta. Él está en control de lo que está pasando, diferente a la persona quien él está mirando, la persona cual nombre está en el titular del programa. Se me ha dicho que este estudio fue el hogar original de Big Bird, Bert, Ernie, y Oscar el Gruñón. Ellos grabaron *Sesame Street* aquí donde estoy parado. Y antes de mí, Chris Rock hizo su programa de HBO. Así que creo que doy la medida aquí. Me gusta pensar que este programa va a ser educacional. No les caeré con esa noticia a la cadena de televisión todavía. Estoy seguro que ellos piensan que es sólo entretenimiento.

Doug escucha la señal del cuarto de control en su auricular y empieza a contar para atrás con una mano. *Cinco, cuatro, tres, dos. . . .* Él apunta a la pantalla blanca de figura irregular que exhibe el montaje de apertura del programa. Él mira a la audiencia, extiende sus brazos y empieza a aplaudir con propósito, volviéndose un anuncio de APLAUSO humano. Entonces él me apunta. Es hora del espectáculo. El momento para que yo salga de un lado del estudio, de una vuelta izquierda rápida mientras alcanzo el centro de la pantalla y termine en el disco iluminado que será mi nuevo hogar.

Algo me dice que ya no estamos en el Holiday Inn, Toto.

Examino la audiencia—la galería, como es llamada—y trato de sonreír de la manera que creo que un presentador de Televisión se supone que debe sonreír. ¿Regis? ¿Jerry? ¿Oprah? No estoy cómodo. Estoy extremadamente incomodo. No estoy usando ropa, estoy usando un vestuario. Tengo maquillaje puesto. Hay todas estas *cosas* a mi alrededor. Allá arriba, hay una constelación de luces. Aquí, un aparato que vagamente se parece a una cámara. Allá atrás, una pantalla rotante que me da pedacitos de monologo para usar alrededor de los segmentos grabados.

Y hay, como, una industria entera de gente trabajando sobre una versión cósmica de algo que yo sólo he estado haciendo por años. Hasta ahora he estado muy bien con sólo la ayuda de Dios. Ahora estoy contando con Doug. Adonde quiera que volteo hay gente con auriculares hablándoles a los productores y al director quienes están en un cuarto por ahí mirando fijamente a cincuenta y dos pantallas de televisión con mi cara en más de las que realmente parece ser necesario. Es llamado el cuarto de control y eso me hacer sentir nervioso. Soy raro con el control—pregúntenle a cualquiera. Y no me gusta entregar tanto control que necesiten un cuarto entero para sostenerlo.

¿Podré hacer lo que hago bajo estas condiciones? ¿Seré engullido como ese hombre que estaba *enojado-hasta-la-coronilla-y-ya-no-lo-iba-a-soportar-más* que salió en esa película cuando yo estaba, como, en segundo grado? ¿Fue esta realmente una buena idea?

¿Cómo *demonios* llegue aquí?

— CAPÍTULO 1 —

GRANDES EXPECTACIONES

Un Psíquico en Ropa Interior Femenina

Yo no era un médium feliz en 1998.

Un ejemplo: Denver en noviembre. Estoy sentado en un estudio de radio, cerca del final de una gira de dos-semanas, una ciudad-por-día para promover mi primer libro, *One Last Time*. La noche anterior, en una sesión de autógrafos de una librería, hablé por unos veinte minutos, luego pregunte si alguien tenía alguna pregunta. Una mujer levantó su mano. Ella preguntó "¿Puedes empezar otra vez?" "Hablas demasiado rápido."

Ha sido esta clase de gira desde un principio. En Nueva York, la gente en publicidad me anotó para presentarme en Bradlee's una tienda de departamentos—en la sección de ropa interior para damas. *Clientes su atención por favor, vengan a ver al psíquico en el departamento de ropa interior femenina en el nivel bajo.* Estoy parado entre los brassieres y las pantaletas, hablando acerca de gente muerta. *¿Oh, la dama por las fajas No-Puedo-Creer-Qué sea-una-Faja—murió su papá?* Mis guías espirituales—*Los Muchachos*, como les nombro—tienen un buen sentido del humor. Ellos son graciosos.

No, las cosa no están yendo bien. Algunas librerías donde estoy apareciendo sacan suficientes copias del cuarto de atrás, pero otras—tienen una o dos copias escondidas en la sección de la Nueva Era, o a veces nada de libros. En un pueblo de Long Island donde *vivo*, fui a una librería y ellos trataron de venderme el libro más reciente de James Van Praagh. La vendedora me dijo que era mucho mejor que el de ese hombre John Edwards. También este libro escrito por Sylvia Browne es bueno. Pregunte si ella había leído el escrito por ese hombre Edwards. Ella dijo que no. Yo me presente. Eso no ayudo en nada. Todavía es Edwards para ella.

Ha habido peores días últimamente. El mes pasado, Montel Williams y Larry King cancelaron en el mismo día—mi cumpleaños. Definitivamente un mensaje de Los Muchachos. ¿Pero que estaban tratando de decirme? La gente de Larry dijo vamos a re-planear, pero el productor de Montel me dijo que ya he estado ahí y he hecho eso. ¿Otro psíquico, otro hombre que habla con los muertos—que cosa hay de novedad en eso? Ellos necesitan un nuevo ángulo. Yo no creo que tengo uno.

R००००००००००००००००००

Así que ahora estoy en este programa de radio, en Denver. "La semana pasada tuvimos un psíquico aquí y él era un gran impostor, un fraude total", dijo uno de los locutores. "No creemos nada de esta basura". Esta es mi introducción. Hay ocasiones cuando puedo tratar con los cínicos y hacer que todas las tiradas y flechas vayan de paso. Y luego hay otras. En este punto de la gira del libro, estoy, vamos a decir, un poco gruñón. Estoy tan agotado, tan frustrado con la entera industria publicitaria, que casi soy un hombre sin personalidad.

Me gusta salir en radio. Me gusta la exposición que le da a mi trabajo sin hacer de mi cara—con eso quiero decir *yo*—el punto focal. Mientras tenga un auricular puesto—por alguna razón, los microteléfonos no dan la medida—estoy listo. Y nadie puede acusarme de leer las expresiones faciales o el lenguaje físico. Así que para mi, el radio es el medio para un médium. Pero la última cosa que deseo hacer en Denver en este día en particular es otro programa de recibir llamadas, con locutores quienes me están dando el tratamiento mañanero del zoológico, aunque son ahora las cuatro de la tarde.

Estoy muy bien con los primeros que llaman, aunque un par de ellos parecen haber tomado la señal del locutor y no hicieron esto nada fácil para mi. Un hombre a un lado viene para un radio oyente. Él está diciendo que tenía un tumor en el cerebro. Doy algunos detalles más y le pregunto al radioyente si él entiende eso.

"¿Bueno", él dice, "hay algo, que sepas, algo que puedas decirme que sea un poco más detallado?"

Él no está validando el tumor en el cerebro o negándolo. Él sólo está ignorándolo. Repito los mensajes que le he dado y le pregunto otra vez si él los entiende. Parece que él no quiere decir que sí. El locutor le pregunta con quien él está tratando de conectarse. Él contesta un amigo con un tumor en el cerebro. Pierdo control.

"¿No acabo de *decir* eso? ¿Qué pasa con ustedes gente de Denver? ¿Es la altitud?"Yo realmente dije eso en el radio. A tal punto que Kristen Green, la publicista del libro acompañándome en mi gira, entró volando desde el cuarto de control con su cara envuelta en una extremadamente apretada sonrisa. "¿No crees que hayas sido un poco *duro* con el último radioyente?"

Estoy furioso, listo para irme de ahí, pero los Locutores de las Montañas Rocosas piensan que esto es fantástico. *¡Oigan, este es un psíquico de Nueva York! ¡Él es un psíquico con carácter!*

YA EN LA CARRETERA, me llegó de golpe. Las cosas no están saliendo como yo pensé que saldrían. No, como yo *sabía* que iban a salir. Ándale, dilo: *Qué clase de psíquico eres.*

Estaba a punto de cumplir treinta años y podía recordar a través de los años y ver de donde vine y como llegue aquí. Y pensé que podía ver alrededor de la curva, porque mis guías espirituales me han dado ojeadas al futuro. Ellos me han dicho desde hace años que sería un maestro en este tópico. Lo que ellos no me dijeron fue cuando o como. Tengo que descubrir eso yo solo. No es por que no iluminaron. Ellos siempre lo han hecho.

Hace años, en el verano cuando tenía catorce años, mi tía Joan me llevo a mi primera verdadera excursión, un viaje por mar al Caribe. Desembarcando en St. Thomas, no pasamos horas de compras, comiendo y caminando junto a la orilla del mar. Mayormente caminando. Y caminando. Y caminando. Después de siete u ocho horas, pensamos que sería una buena idea dar la vuelta y regresarnos. Dentro de veinte minutos en la caminata de regreso, con mis pies cansados y ardiendo, mire a través del horizonte y vi a nuestro barco a lo lejos en la distancia—acerca de media pulgada de ancho en mi percepción. "Oh, Dios mío", dije, "mira que tan lejos aun tenemos que ir".

Mi tía se río, recordando algo que su madre, mi abuela paternal, Mary, solía siempre decir: "No mires que tan lejos estás para llegar. Mira que tan lejos ya has avanzado."

El refrán favorito de mi abuela fue profético—ella no sabía que estaba pasando de su hija a su nieto nada menos que unas palabras para vivir. Tratando de ver muy adelante, preocupándote como y cuando y aún si tú vas a llegar donde se supone que debes de ir, eso te puede detener en tu propósito. Es una lección que hubiera hecho bien en recordar quince años más tarde, cuando todo lo que estaba haciendo era mirar con ojos apretados al barco de media pulgada al otro lado del horizonte y pararme a sobarme mis pies ardientes. No estaba muy de humor para voltear a ver atrás y apreciar que tan lejos ya había avanzado.

Hay una ironía en esto, porque había puesto mucho esfuerzo en recordar mis primeros años para los primeros capítulos de *One Last Time*—como, de pequeño, tuve experiencias que sólo años más tarde pude darme cuenta que no fueron parte de una niñez ordinaria. Como sabía de cosas que no debería saber, eventos familiares que pasaron antes de que naciera y que nadie me había contado. Como sabía quien iba a llamar por teléfono o entrar por la puerta. Y como podía deletrear palabras complicadas que nunca había escuchado pero realmente las estaba viendo enfrente de mí. Mi papá, un policía, pensó que esto era muy buena onda—su niño era un genio. Desde muy temprana edad, también tuve varias experiencias donde me encontré de momento fuera de mi cuerpo, transportado a otro lugar en mi casa, o afuera en la calle y luego de regreso a mi cuerpo. Y como se lo expliqué a mi familia tengo el sentido de que tuve una vida pasada, de haber hecho cosas "antes de venir aquí abajo". En la escuela primaria, vi auras alrededor de mis maestros y a veces les dije eso. No fue una buena idea. Mi mamá siempre me decía que yo era "especial", pero solamente más tarde me dijo que ella no sólo me lo decía por ser mi mamá. *Así que permíteme entender esto. ¿Me estás diciendo que el tener experiencias de fuera-del-cuerpo en una guardería de escuela no es normal?*

No fue hasta que llegue a la adolescencia y después de un encuentro con una psíquica de nombre Lydia Clar, que empecé a explorar lo que estaba sucediendo dentro de mi cabeza y por el tiempo universitario me estaba pasando todo mi tiempo libre como un psíquico médium. Pero nunca consideré lo "psíquico médium" como una carrera posible para escoger. Nunca siquiera me entró en la mente. Imagina escribiendo *eso* en tus formas de devolución de impuestos. Obtuve diploma en administración pública y me fui a trabajar en un hospital grande, primero como un phlebotomista, sacándole sangre a los pacientes y más tarde en el departamento de computadoras. Continué haciendo lecturas en grupo y privadas por las noches y fines de semana y desarrolle un pequeño grupo de seguidores en Long Island. Pero yo envisionaba una satisfactoria carrera elevada en la administración del hospital y una vida normal. Me casé con mi instructora de baile y compramos una casa en una calmada calle sin salida. Me volví profesional y empecé a enseñar baile de salón y en lo fines de semana, Sandra y yo viajábamos por el país compitiendo—algunas veces entre nosotros mismos—en el circuito de baile profesional y novatos.

Siempre me ha gustado el baile—siempre había fiestas grandes con grupos musicales y con discos en mi grande familia italiana—y Sandra me convirtió en un verdadero profesional (y me dio una socia permanente). Encontré que haciendo la rumba y el cha-cha-cha—cualquier cosa latina—era una gran liberación física y creativa y me mantuvo con mis pies sobre la tierra mientras trataba de balancear los diferentes aspectos de mi vida.

Para la mayoría de la gente que conocía en ese tiempo, yo no era John el médium, o John el bailarín. Yo era "el esposo de Sandra". La mayoría de mi grupo de baile ni siquiera sabía acerca de mi trabajo psíquico. Nunca hable acerca de ello.

Por 1995, mis guías espirituales me estaban impulsando en dar más tiempo y energía a esta parte de mi vida. De hecho, ellos querían que cambiara de curso—en su dirección. Ellos me estaban guiando al entendimiento de que yo estaba ya en un sendero con un trabajo de por vida conectando el mundo físico con el mundo espiritual. No me arroje a ello. Me gustaba mi trabajo en el hospital y tenía reservaciones serias acerca de construir mi vida basado en mi trabajo psíquico. Por un lado, yo me sentía muy inseguro acerca de cómo la gente me percibiría. *¿Qué es lo que haces? Oh, hablo con la gente muerta.* Pero lo apostado era más alto que eso. Lo que mis guías me estaban diciendo era que yo sería más que un practicante. Yo sería una clase de figura notable en este campo y que yo ayudaría a mucha gente. ¿Adelante, tuerce los ojos—quien es este hombre, algún posesionado líder de culto? Pero por tan ostentoso que eso pueda sonar, no era nada de lo que yo aspiraba ser. Yo no tenía interés de ser bien conocido—de hecho, eso todavía no es importante para mí. La celebridad es pasajera. Es el trabajo lo que perdura, si es que lo haces correctamente.

Tenía que tomar una decisión importante de la vida. Permanecer en un trabajo y en una carrera que amaba—y la seguridad económica que eso trae—o cruzar adentro de una peculiar mezcla de espiritualismo y empresaria. Yo siempre he seguido a mis guías y ellos nunca me han orientado equivocadamente.

Ese año, tome el paso más grande de fe de mi vida. Deje el hospital y realmente escribí "psíquico médium" como mi ocupación en la forma de devolución de impuestos. Di lecturas privadas en la oficina de mi casa, lecturas de grupo en cuartos de juntas en hoteles. Aún esas personas quienes habían escuchado que yo era joven se sorprendían cuando me veían, este hombre de veintitantos años en pantalones de mezclilla y de camiseta quien ahora iba a unirlos con sus seres queridos difuntos. Tú no necesitabas ser un psíquico para saber lo que ellos estaban pensando: Él es un *muchacho*. Pero por mis habilidades, la gente lo suficientemente grande como para ser mis padres o abuelos me trataron con una clase de deferencia que yo encontré un poco enervante. Yo era tu regular suburbano, excepto por el desfile de visitantes nocturnos por mi puerta de frente. Algunos tenían placas de afuera del estado. Así que tú ya *sabes* lo que pensaban los vecinos. Dos de ellos estaban más allá de las preeliminarías incomodas y dentro de una discusión corriente de que si era cocaína o marihuana. Ellos metieron a mi vecina Hope dentro de la discusión y ella entonces los puso en lo correcto. *No, no, él no es un negociante de drogas, por dios santo. Él habla con gente muerta.*

No mucho después de que deje el hospital, mis guías me dieron a saber que necesitaba empezar a trabajar en un libro. Mi reacción humana fue de sorpresa. ¿Quién desea leer un libro escrito por un muchacho de veintiséis años quien dice que tiene acceso especial a "el otro lado?" Pero esto se volvió una cantaleta persistente, así que lo tome bien como algo ya decidido, no más complicado que el seguir una señal de carretera como "vuelta a la derecha" sin tener que bajarle a la velocidad, como si sólo estuviera siguiendo instrucciones de alguien. Comencé a pensar en ello, haciendo notas de los puntos importantes que deseaba hacer en mi libro y las historias que deseaba contar. Empecé a mantener un archivo de cartas que validaban lecturas de clientes anteriores.

No tenía un agente. Me preguntaba si debería de obtener ayuda para escribirlo. Pero mis guías me dijeron específicamente que no—lo haría yo solo. No encontré esto sorprendente, o un prospecto atemorizador. Me sentía que era un buen escritor y estaba envalentonado por la muestra de confianza que mis guías me habían dado. Entonces una noche, en febrero de 1996, algo muy extraño paso. Ellos metieron los frenos y dieron un ruidoso turno completo. *Tú necesitas ayuda con el libro.* Eso me confundió. Era muy raro de que mis guías me dijeran una cosa, permanecieran con eso por más de un año y entonces de repente dieran una vuelta de 180 grados. Me acordé de la película de 1982 *Poltergeist*—te acuerdas de, "Ellos están aquí"—en la cual una médium llamada Tangina, quien es una "guía terrenal", parece jalar por dondequiera a los padres de una niñita perdida. Primero Tangina los instruye que le digan a su hija Carol Ann que permanezca lejos de la luz. Pero después ella les dice que Carol Ann debe de ir a la luz. La lección fue de que diferente decisiones y tácticas aplican en diferentes tiempos. No estaba seguro el por que mis guías de repente me estaban guiando en una dirección diferente, pero yo no iba a discutir con ellos. Ellos son llamados guías por una razón.

LA NOCHE SIGUIENTE, una mujer delgada con pelo oscuro largo vino a mi casa para una lectura privada. Ella era muy amistosa y tenía una sonrisa que iluminaba su cara. Su nombre era Jamie y cuando nos sentamos para la lectura, sentí a su alrededor la clase de energía positiva abierta que hace de mi trabajo mucho más fácil y agradable. Si esta historia empieza a sonar conocida, es porque la relate en *One Last Time*. Pero no en su enteridad. Jamie fue llamada "Randi" ahí. Y, por razones que serán aparentes, el contexto de la historia fue removido. Simplemente lo presente como una intrigante y memorable lectura, lo cual lo fue. Pero deje fuera el final. Lo cual era, para mí, la cosa más importante de ello.

Casi desde el principio, la lectura de Jamie fue como un libro que estaba desdoblándose—lo suficientemente interesante, como resultado. Yo estaba recibiendo la información con claridad y detalle. Jamie trajo un cuaderno y empezó a garabatear cuando unos nombres empezaron a llegar rápidamente. No los sonidos usuales, o iniciales, pero sin duda nombres completos: Helen, Jacques—no Jack, pero *Jacques*. Estos eran los abuelos de Jamie. Y ellos estaban con un hombre joven. "Él me está diciendo Jon", dije. "Pero tú lo conoces por Jonny". Ese era su nieto de ellos, Jamie validó esto—su hermano menor. Le dije a Jamie que él estaba atravesando más bien como su hermano mayor. No. Dijo ella, él es nueve años más joven. Ella fue como una segunda madre para él.

"Él me está diciendo que ahora es tu hermano mayor. Él me está diciendo que tienes una pieza de su ropa. Una chaqueta, o a lo mejor una sudadera. Estoy viendo a ambas cosas".

"Tengo dos cosas de él", Jamie dijo con una calma que parecía que estaba elaborando para mantener, como si estuviera tratando de no permitir que sus emociones sobrellevaran su objetividad. "Su chaqueta y su sudadera".

Entonces de repente, sentí un dolor agudo atrás de mi cabeza y en el próximo instante una realización sorprendente. "Oh Dios Mío", dije. "¡Este hombre fue golpeado con un bate de béisbol! ¡Él me despertó esta mañana!"

Jamie me miro con una mezcla de sorpresa y confusión. Rápidamente explique que temprano en la mañana, fui súbitamente despertado por una voz que dijo, "¡John, despierta!" Yo sabía que era el espíritu de alguien quien había sido golpeado en la cabeza con un bate—sólo que no sabía quien era o por qué él estaba apareciendo en mi recamara antes del amanecer. Pensé que un espíritu tan atrevido estaría conectado conmigo o con mi familia. Así que me pase la mayor parte del día llamando amigos y familiares, preguntando si ellos conocían a alguien quien había sido asesinado de un golpe a la cabeza con un bate de béisbol. Nadie sabía de alguien.

"Ah—era tu hermano", le dije a Jamie. "Pienso que él no podía esperar".

Jamie explicó que su hermano menor, de dieciocho años en ese entonces, había sido asesinado por un extraño en una galería de videos en la ciudad de Nueva York en el día de Año Nuevo de 1984. "Estos muchachos vinieron buscando a otra persona", ella dijo. "Ellos tenían un bate. Ellos querían lastimar a alguien. Mi hermano trató de irse y uno de ellos lo golpeó atrás de la cabeza".

Jonny me dijo que su espíritu se había ido rápido, pero que su cuerpo dilato.

"Él estuvo con ayuda de vida artificial". Jamie dijo. "Lo quitamos de ahí el siguiente día".

Una extraña expresión apareció en su cara. "Esto es tan extraño", ella dijo. "Yo no te iba a decir esto porque tú ibas a pensar que estaba loca. Pero tuve un sueño acerca de tu madre esta mañana. ¿Tú sabes cuando estás seguro de conocer algo en un sueño? Era tu madre. Ella estaba cubierta en humo".

"Mi madre murió de cáncer en los pulmones", le dije. "Ella era una fumadora constante", Fui sorprendido con eso. ¿Yo no conocía a esta mujer y como iba ella a saber que mi madre había muerto? Había algo muy extraño acerca de toda esta situación. Primero, un espíritu entra a mi recamara y me despierta.

Luego escucho que mi madre visitó a su hermana alrededor del mismo tiempo. Sí, es extraño. Aún para mí.

La lectura continua por más de una hora y después de que la familia de Jamie se alejó, ella y yo empezamos a hablar. Estábamos los dos intrigados por lo que tomo lugar ahí.

"Sabes", Jamie dijo ahora, "soy una escritora de ciencia, así que soy escéptica por naturaleza. Pero siempre he creído en esto. Yo sé que mi hermano ha venido a mí. Mi esposo no cree en nada de esto. Él no estaba tan contento con mi venida aquí. Él piensa que todo esto es una tontería".

"¿Qué es lo que él hace?" Pregunté, no algo que normalmente hago con un cliente.

"Él es un escritor, también".

En ese instante, fue como que mis guías estaban diciendo, Ta-dahhhh. Sin siquiera una segunda duda—sin preguntar que clase de cosas él ha escrito, o sin saber si él era bueno para escribir, o sin siquiera detenerme a considerar que Jamie acababa de decir que él piensa que estoy lleno de tonterías—dije, "Esa es la razón por la cual estás aquí. Tu esposo me va ayudar a escribir mi libro".

Jamie soltó una gran carcajada. "No lo creo", dijo ella. "Tú tienes el hombre equivocado".

AMO A LARRY

UNA PROPOSICIÓN DE CUARENTA PÁGINAS MÁS TARDE, Empecé a visitar a los publicadores de Nueva York con mi nuevo socio en escritura. ¿Quién crees que era? Jamie se fue a su casa esa noche y leyó de su cuaderno y unos pocos días más tarde, su esposo estaba sentado en mi sala observando una lectura de grupo que—como le había advertido podía tener—incluido unos pocos mensajes extraviados para él. Cuando nos conocimos Rick era de seguro un incrédulo confirmado, la clase de hombre que piensa que cuando-tú estás-muerto-tú estás-muerto y con un temor de por vida del gran abismo que Woody Allen estaría orgulloso de tener. Pero ahora Rick estaba pasando por un ajustamiento en el departamento metafísico. Dime acerca de reconsiderar tu manera de ver las cosas. Cuando le dijo a su amigo Josh que su proyecto más reciente era un libro con un psíquico médium, un hombre que hace contacto con "el otro lado", Josh pensó que era una de las cosas más graciosas que él había escuchado. Él se carcajeó por lo ridículo de ello. Josh era un escritor de revistas y libros con especialidad en el Internet. Es obvio de donde este hombre está obteniendo su información, él le dijo a Rick: Del Internet. Él tenía sólo una cosa que decir cada vez que Rick le decía acerca de una lectura: "Investiga".

Le dije a Rick como yo creía que nuestra colaboración había sido arreglada—como mis guías me habían estado diciendo que iba a escribir el libro yo solo y luego de repente reversaron el campo. Repasando los eventos, nos dimos cuenta que en la noche del domingo cuando me dieron el nuevo plan, recibí una llamada en la maquina de mensajes en mi oficina de alguien que tenía planeado tener una lectura la siguiente noche. Ella no podía atender a esa cita. Llame a la siguiente persona en mi lista de espera para ver si ella podía tomar una reciente cita abierta, la siguiente noche. Y por supuesto ella, fue Jamie.

Encontré el acorde del tiempo aun más interesante cuando Jamie me dijo que ella había estado tratando de obtener una lectura por meses. Esa es una larga y envuelta historia en si sola, pero todo lo que necesitas saber es la parte acerca del encuentro casual un mes antes en el Abel Conklin, un buen conocido restaurante en Long Island con especialidad en carnes de res. Jamie y yo nos sentamos sin saberlo espalda-a-espalda en mesas adjuntas, cada uno de nosotros en una mesa con nuestros esposos y otra pareja—quien de casualidad se conocían una a la otra. Jamie me dijo que entre los tópicos durante la cena, uno fue el de que tan difícil era el obtener una cita con un médium en estas fechas. Y luego, a la salida, las dos otras parejas se vieron una a la otra, soltando una cadena de Oh-Dios-míos que terminó con Sandra insistiendo en escribir el número de Jamie y prometiéndole que ella iba a recibir una llamada. Yo sólo me le quede viendo a Sandra—ella nunca, nunca hizo esa clase de cosa.

Ahora todo tiene sentido. Mis guías realmente no se reversaron ellos mismos. Ellos solamente orquestaron el tiempo. Desearon prepararme para escribir un libro, pero si me hubieran dicho todo desde un principio, yo me hubiera desviado por el plan. Yo hubiera gastado demasiada energía buscando a la persona con quien se suponía que yo iba a trabajar, en lugar de hacer lo que necesitaba hacer: clavándome dentro del nado y ser un médium de tiempo completo, acumulando experiencia, y—sin la muleta de un colaborador—pensando sólo en el libro. Pensándolo, delineándolo y manteniendo notas. Si ellos tuvieron que engañarme para alistarme, yo no puedo discutir con su astucia. Porque ahora estoy listo.

Visitando algunas de las grandes casas de publicación que expresaron interés en nuestra propuesta, yo sabía que iba a haber peticiones corteses para que yo psíquicamente leyera a los editores quienes iban a decidir si compraban el libro. Eso no lo encontré como algo no razonable y le leí a cualquiera que lo pidió. Tuvimos algunas mordidillas, pero nadie estaba tumbando a golpes la puerta para tener el honor de publicar las memorias y sabiduría coleccionada de un psíquico de veintisiete años de Long Island. Por ninguna casualidad, la mejor lectura que di fue alrededor de una mesa de conferencias a un grupo de gente editoriales, de ventas y de mercadeo en la compañía que eventualmente compró el libro, una impresa de Penguin Putnam llamada Berkley Books. Ellos hicieron la única oferta. Era más o menos igual al salario inicial de un maestro de escuela pública—todo de lo cual se fue a los gastos hechos para que el libro pudiera ser escrito.

Mientras trabajaba por temporadas en el libro durante el siguiente año más o menos, continué tratando de seguir el sendero que mis guías colocaron para mí, el ser más que un psíquico de vecindad. Yo actualmente tome el primer paso años antes, mientras todavía trabajaba en el hospital. Una mañana en 1994, una compañera mía de nombre Pat se acerco a mi escritorio y me informó de que yo *tenía* que llamar WPLJ, una estación de radio popular en Nueva York. Inmediatamente. Pat era una persona muy asertiva y precisa que se parecía a Teri Hatcher, la actriz. Ella no daba sugerencias. Ella daba declaraciones de hechos. Yo tenía que llamar a la estación de radio. Y yo *iba* a llamar a la estación de radio. ¿De acuerdo, Por qué? ¿Es hoy la pregunta de conocimiento quien caracterizó al Dr. Bellows en *I Dream of Jeannie*? No, Pat contestó—Scott y Todd tenían una psíquica en el aire y ella le dio a Naomi malas noticias. Naomi DiClemente era la compañera de los locutores de la mañana, la predilecta del programa, amada por todos, y la causa de muchas bromas. Aparentemente esta "psíquica le dijo a Naomi que ella debería de cancelar su boda. Pat quería que yo llamara a la estación y deshiciera ese embrujo endemoniado psíquico.

"Yo no voy a hacer eso", le dije. "No puedo llamar a una mujer extraña en el radio y decirle, 'Tú no me conoces, pero soy también un psíquico . . .'"

"¿Te gustaría que alguien le hiciera eso a Sandra?" Pat dijo. Sandra y yo apenas nos habíamos comprometido. Me asusté. Llamé. Deje cuatro mensajes, incluyendo el último con alguien en la oficina quien me colgó, diciendo que Naomi había escuchado lo suficiente de psíquicos por un día. Pero Naomi me regresó la llamada, sonando nerviosa pero aparentemente en necesidad desesperada de que el Buen Psíquico del Este contrariara a La Psíquica Mala del Norte. Así que estaba yo ahí sentado en mi escritorio en el departamento de computadoras del hospital, preguntándole a Naomi la Animosa Compañera de la Mañana, como esa psíquica efectuó esa lectura. ¿Usó ella la astrología? No. ¿Numerología o las cartas? No, dijo Naomi, nada de eso. ¿Dijo ella algo que haya sido validado en alguna forma para darte a saber que es acierta en lo que hace? Bueno, no. ¿Entonces *por qué* le vas a prestar *alguna* atención a ella? Naomi me dio las gracias por haber llamado, dijo que ella se sentía mejor y siguió adelante para convertirse en alguien felizmente casada.

Unos pocos meses más tarde, mi amigo Ernie y yo fuimos a la tienda Tower Records en un centro comercial en Long Island. Él apenas había comprado un carro nuevo e insistió en estacionarlo en la siguiente zona postal para evitar el temido primer rasgón. La caminata larga a la tienda nos llevo por un Filene's Basement donde vimos que WPLJ estaba transmitiendo remotamente. Reconocimos a Naomi, quien estaba sonriendo, firmando autógrafos y posando para fotos. Ernie quería que yo fuera ahí y la saludara, pero había demasiada gente a su alrededor y yo opté por la comida de Ben's Kosher Delicadezas. Pero al estar sentado en el restaurante, sentí esta urgencia de hacer lo que Ernie me dijo, de ir ahí y presentarme a Naomi. ¿Los Muchachos me están empujando a hacerlo? Yo no lo sabía. "Voy a ir ahí a saludarla", le dije a Ernie, "pero sólo si ellos hacen que nadie esté alrededor." (Sólo para tu información—porque vamos a estar juntos tú y yo por más de unas doscientas páginas—siempre que me refiera a "ellos", y no haya nadie alrededor, ellos significa que estoy hablando de mis guías.) Era una promesa segura, porque había docenas de personas alrededor de la mesa de WPLJ cuando entramos al Ben's. Pero entonces salimos del lugar de delicadezas y fuimos a examinar la situación en la mesa y no había un alma alrededor. Ernie y yo nos miramos, y nos dirigimos ahí. ¿Me acerqué a esta hermosa mujer rubia que estaba sentada en una silla y dije, "Naomi?"

Ella volteó y me miro. "¡John Edward!" Ella se paró y me dio un grande y feliz abrazo. Yo no sabía quien estaba más sorprendido—yo o Ernie. Su cara decía, "Pensé que dijiste que no conocías a esta mujer." Una de las personas de la estación se acercó, mirando cautelosamente, sin haber visto que yo sólo lo que hice fue acercarme y saludarla. Naomi dijo más tarde que ella reconoció mi voz, sin embargo a estás fechas, no puedo imaginarme como fue eso. Todo lo que dije fue "Naomi." Platicamos por unos minutos y Naomi preguntó, "¿Cuando vas a venir al programa?" Oh, bueno, mmm . . . sólo la sugerencia de que fuera al radio—a una gran estación de Nueva York—fue lo suficiente para que me confundiera. ¿No había tenido ella ya lo suficiente con psíquicos extraños? Te voy a llamar, Naomi dijo. Muy bien, le contesté.

Naomi siguió pidiéndomelo. Yo me mantuve diciendo, no. Aparte de hacer su trabajo en el programa matutino, ella tenía su propio programa que era grabado y salía al aire los domingos muy temprano en la mañana. Le dije que yo no estaba listo. Yo fui a una estación de radio en Long Island, con Steve Harper en WBLI, para promover un evento donde yo aparecería. Pero a Long Island lo podía manejar. No estaba listo para la gran ciudad. Entonces, unos meses más tarde, recibí una llamada de un productor de la estación más grande de radio de Miami, Power 96, pidiéndome que saliera ahí. Un primo mío quien hacia los tratos para los comerciales en esa estación me había mencionado al productor. Estaba yo sintiendo la presión. Mis guías me estaban dando a saber que ellos estaban empezando a perder la paciencia conmigo. Ellos estaban actuando como diciendo, "¿Por qué estás desperdiciando tu tiempo? Tú sabes que vas a hacer esto". Como si fuera yo un niño corriendo en la oficina del doctor tratando de huirle a una inyección, cuando todos en la oficina sabían que no me iba a salir de ahí sin ella. Y, de verdad, yo estaba huyendo de la empresa de comunicación como si *fuera* ella una inyección.

Llame a Naomi y le pregunté que pensaba ella acerca de Miami. Ella me dio una lista larga de razones del por qué debería de hacerlo, probablemente figurando de que era su mejor oportunidad para que yo saliera en WPLJ. Una vez que sacara mi primera vez fuera del camino, me relajaría— y si salía en Miami, no podía ya decirle que no a ella. "Y si tú haces un trabajo pésimo", ella dijo, carcajeándose, "no importa. Es en Florida. Nadie aquí lo sabrá". Salí al aire en Miami, y todo salió bien. Descubrí que podía hacer lecturas igualmente en el teléfono que cara-a-cara. Llamé a Naomi para decírselo. "Ahora tienes que salir en mi programa", ella dijo. Y lo hice. Después de eso, Naomi habló con su colega Todd Pettengill, quien me llamó a un evento donde estaba yo hablando y me invitó a su programa. Yo le dije que sí, e inmediatamente pensé, *Oh Dios. Este es Nueva York—y Nueva Jersey, Long Island, y Connecticut.*

Salí al aire en agosto de 1995. Entre mis apariencias en WBLI y WPLJ en Nueva York, me estaba volviendo mejor conocido. Steve Harper, Todd Pettengill y Scott Shannon empezaron a escribirle por el internet a amigos en la industria. El radio es un negocio pequeño y la palabra de boca viaja rápidamente.

En el siguiente par de años, forme una red pequeña de estaciones alrededor del país, en las cuales los locutores me trataban seriamente— aunque no *demasiado* serio—y me sacaban al aire regularmente. No se me pagaba por esto. Era sólo algo que yo sentía que valía la pena hacer y algo que disfrutaba. Me caían bien los locutores, algunos de ellos se volvieron amigos telefónicos de distancia y yo anticipaba a los ocasionales viajes que empecé hacer a sus estudios. Ello también me llevó a una petición no usual. El dueño de un restaurante en Nueva York llamado Serendipity 3, el cual había sido el lugar predilecto de Andy Warhol, quería reunir a los amigos de Andy y hacer que yo lo trajera para una visita. Así que lo hice. Fue actualmente en ese evento que recibí la llamada de Todd de WPLJ para venir a su programa matutino.

Estaba contento con el radio como mi medio de comunicación. No tenía ningún deseo ardiente de salir en televisión, aunque tuviera la audacia de tratar de hacerlo. Me gustaba la sencillez del radio, pero más que eso, el anonimato físico. La gente no necesitaba conocer mi fisonomía porque esto no se trataba acerca de mí; era acerca del trabajo. Cuando mis guías me dijeron que iba a ser bien conocido, lo vi como el mensaje recibiendo la atención, no yo. Siempre lo sentí así. Recuerdo que cuando estaba haciendo lecturas en la casa de mi abuela, ella veía lo que traía yo puesto— shorts o pantalones de mezclilla rotos y una camiseta, sin zapatos—y preguntaba, "¿Es eso lo qué vas a usar para ver a tus clientes? No crees que deberías—".

"¿Qué—usar una camisa con corbata?" le contesté.

"¿No crees que deberías verte . . . presentable?"

"Oh, Abuela", le dije, "a ellos no les importa como me veo. Ellos sólo desean saber que es lo que voy a decir".

Mis pantalones de mezclilla ya no están rotos, pero básicamente todavía me siento de la misma manera. Trato de estar de buena apariencia, pero mientras la información sea buena, la gente no le importa si yo fuera Mister Rogers.

Después de establecer buenas relaciones con unos pocos programas de radio alrededor del país, empecé a salir de gira. Planeaba un seminario en un hotel, luego volaba y hacia un programa de radio en la misma ciudad. Los seminarios, los cuales he estado haciendo regularmente en la área de Nueva York, eran parte enseñanza y parte lectura en grupo. Obtenía aproximadamente de 50 a 200 personas. Pero yo estaba lejos de ser un nombre reconocido. Por 1997, James Van Praagh había estallado dentro de la escena con su libro mejor en ventas, *Talking to Heaven.* Yo estaba emocionado por el éxito del libro porque era muy bueno para este campo. Introdujo a mucha gente a la idea de una vida del más allá consciente e interactivo. Ello trajo la idea más dentro del área principal, lo hizo que fuera aceptable el hablar de ello. Más ojos que nunca antes estaban puestos en esto. Cuando su libro alcanzó lo más alto de la lista de mejor en ventas del *Nueva York Times,* llamé a James de Dallas para felicitarlo. "Caramba, número uno", le dije. "Un libro acerca de hablar con la gente muerta. Esto es enorme. Tú estás haciendo de todas nuestras vidas más fácil".

El libro de James fue una marca de inicio, al igual que lo fue el libro en el término de la década de los 80 de Joel Martín y Patricia Romanowski *We Don't Die,* acerca de George Anderson. Pero dos cosas eran diferentes cuando el libro de James salió. Una es de que nuestra sociedad se ha vuelto más interesada en examinar "el alma" y lo que significa. Gary Zukav *The Seat of the Soul,* publicado en 1990 y un libro continuamente mejor en ventas, fue un líder en avanzar la idea de que la raza humana está pasando por una gran transformación por todo el planeta—de que estamos llegando a entender que el "poder autentico" no viene de lo que vemos o escuchamos y tocamos, pero de las percepciones internas del alma. Zukav escribió de una manera muy accesible que los humanos son almas inmortales quienes pueden estimular su crecimiento espiritual y volverse mejor personas una vez que ellos empiezan a traer sus personalidades en línea con sus almas.

La otra cosa que ha cambiado no fue tan esotérica: Nos hemos vuelto mucho más definidos por la industria de comunicación y la cultura de celebridades. Había más programas de revistas de noticias en televisión tropezándose una con la otra por las mismas historias. Había entretenimiento sin fin, revistas de celebridades y programas de televisión. Había cable. El Internet.

Todos sabían quién era James. Pocos conocían quién era yo. Pero tenía que suponer, basado en lo que había estado escuchando de mis guías por un tiempo, que esto iba a cambiar una vez que mi libro fuera publicado. Yo creo que George había marcado el sendero y que James había pavimentado el camino. Ahora yo lo iba a anchar. Yo no estaba siendo presuntuoso o creído—por lo menos yo no me sentía de esa manera. Probablemente sólo no muy sofisticado. Berkley había pagado poco por el libro y estaba planeando publicarlo con cubierta delgada, lo cual, si hubiera sabido algo acerca de publicación, me hubiera dado una indicación de cuanto ellos iban a gastar para ponerlo en el mercado. Pero yo sólo creía en el libro. Era humano, pensé, y era honesto: Así es, este es quien yo soy. Y estas son las personas que he conocido y aquí están sus experiencias.

Había la historia de un niño pequeño llamado Mikey DiSabato, quien se había ahogado en una alberca en 1994 y cual espíritu se había vuelto mi visitante regular. Había Andrew Miracola, un adolescente matado mientras paseaba en su bicicleta quien era uno de los espíritus más fuertes y más asombrosos que he experimentado. Y Tracy Farell, una victima de accidente automovilístico que me hizo que ordenará subrepticiamente una prueba de laboratorio que terminó salvando la vida de una niña cuando estaba yo trabajando como un phlebotomista en el hospital. Rick, mi una vez dudoso colaborador, paso muchas horas entrevistando sus familias. Yo ansiosamente quería creer que estas historias tocarían a muchas personas.

Y deseaba creer que había completado mi meta más importante: demistificar mi trabajo y dándole a la gente un entendimiento del proceso. Siempre he deseado que cuando la gente se encuentre conmigo, así sea en una lectura privada o en un discurso, así sea su primera vez o su décima, ellos se vayan con una perspectiva nueva acerca de la comunicación de espíritus. Las historias emocionales de Mikey y Andrew y Tracy fueron agarradoras y reveladoras, pero mi capítulo favorito en el libro entero fue acerca del proceso: El Capítulo 8—"Apreciando los Mensajes".

Por la primavera de 1998, el libro fue terminado y arreglado para ser publicado en el otoño. No podía esperar. Alcanzaría muchas personas más de los que yo nunca podría por medio de los seminarios. También me gusto el hecho de que con un libro, había todavía una medida de anonimato en una manera extraña. Insistí que la fotografía de mí en la cubierta trasera fuera una que se me había tomado un par de años antes y usado en mi tarjeta de negocios. La iluminación y ángulo daban una clase de tono místico a ello, y de alguna manera se parecía a mí pero al igual no se parecía a mí. Así que podía ser conocido por mi trabajo, no mi rostro. Presta atención a lo que hago, pero déjenme fuera de ello.

Con eso, yo esperaba, se volvería en algo que yo deseaba. Credibilidad. Por todo el tiempo que he estado trabajando profesionalmente como un psíquico médium, mi meta era de ser respetado por mis colegas y que mi trabajo fuera entendido y aceptado por el público. No se podía negar que había escogido un campo manchado por los estereotipos de impostores y chiflados y ridiculizado por los cínicos. Si tú eras lo suficientemente prominente para que escribieran de ti en los periódicos o revistas, ello usualmente significaba que ellos iban a ser burla de ti. ¿Qué otra profesión trata con tal profundo tema y es tomado menos serio? En mi mente, un libro era una manera para mí de tomar algo de control de cómo yo—y la idea entera de comunicación de espíritus—sería percibido. Y significaba que había obtenido cierta altura. Un libro era algo que tú podías sostener en tus manos y mantener en tu repisa de libros. No iba a estar cubriendo el fondo de una jaula de pájaros de alguien. El tener el prestigio y credibilidad de una compañía publicadora mayor respaldándome significaba que gente cuidadosa e inteligente creyeron en mí. Por lo menos creyeron en mí, mi editor y la gente con la que trabaje cercanamente. No estaba seguro de lo que sus superiores creían, sólo que, así estuviera hablando con los muertos o no, yo era lo suficientemente convincente para vender libros.

Sin equivocación—vender libros es lo que quería hacer. No vi ninguna razón para tener pena por tomar esta oportunidad de ser pagado tanto dinero como yo pudiera ganar por mi arduo trabajo. No soy diferente de cualquier otra persona. Sólo tenía que asegurarme de una cosa: El dinero podía ser sólo producto de lo que hago. Pero no podía ser la *razón*. Si permitía que la balanza se volteara, si el dinero se volvía mi fuerza de empuje, yo tenía problemas. Era una lección que tenía que aprender una y otra vez. Si tenía un pago de casa ya vencido y veía cinco lecturas en mi calendario eso me pondría sobre y fuera de deuda, todas las cinco cancelarían.

Para sacar el libro al público, yo sabía que tenía que esencialmente parar de ganar mis ingresos y enfocar todas mis energías en promoverlo. Los publicistas dijeron que tenía que salir en televisión. Yo no espere que ellos lo hicieran. Yo empecé a llamar gente que conocía a gente. Hice llamadas frías a productores de programas de entrevistas. Envíe cintas promocionales. Parecía que después de que James Van Praagh fue dos veces dentro de un periodo de dos meses a *Larry King Live*, él empezó su elevación fenomenal a la cima de la lista de libros mejores en venta del *New York Times*.

Yo figure que Larry era un buen lugar para mí empezar, especialmente desde que un estimado amigo tenía un hermano que era un ejecutivo prominente en CNN. Larry parecía que le caían bien los médium. Salí una noche en junio, cuatro meses antes de que fuera la salida del libro. Hice lo suficientemente bien con Larry saliendo con una invitación para regresar cuando el libro estuviera a la venta. Unos días más tarde, los publicadores decidieron publicar *Una Última Vez* con cubierta gruesa. ¡El poder de Larry! Mi primera lección aprendida.

El libro arribó en noviembre de 1998. el publicador me envió a las ciudades grandes y a otras donde tenía relaciones con estaciones de radio. Dallas, Denver, Cincinnati, San Francisco, Seattle. Salía en el aire, hacia algunas lecturas y bromeaba con los locutores matutinos, luego aparecía en librerías. Hice amistad con una mujer llamada Ramey Warren Black, una productora veterana de programas de entrevistas en televisión quien recientemente había dejado el programa *Leeza* para empezar un negocio de consulta del medio de comunicación. Ella hizo algunas llamadas y me ayudo a que fuera al circuito de presentadores de sólo un nombre de televisión. Roseanne. Maury. Donny and Marie. Catherine Crier, una anterior juez, me invito a su programa y fue asombradamente honesta y objetiva acerca de un tópico que era riesgoso de embrazar para ella. Después de que ellos me comprometieron para mi cumpleaños, los productores de *Larry King* me ofrecieron una noche cuando Larry no estaría ahí, el día antes de Halloween. Su suplente sería Greta Van Susteren, analista legal de CNN. Yo dije claro que sí. Ella iba a hacer una entrevista interesante. Y ella lo hizo. Ella me preguntó acerca de mi carga de prueba.

"¿ADÓNDE ESTÁ EL PATHFINDER?" Sandra me preguntó por teléfono. Eran unos pocos días antes del Día de Gracias y yo había llegado en Los Angeles para otra parada de la gira del libro. Ella quería saber donde había dejado el carro. En la entrada de carros, le dije. ¿No, de veras, ella dijo, adonde está? *En la entrada de carros,* le contesté. *Exactamente donde lo dejé.* No está ahí, ella dijo. *Sandra, tú me viste subir al taxi para ir al aeropuerto. El Pathfinder está en la entrada de carros.* Bueno no está ahí, ella insistió. Yo me estaba empezando a molestar. Yo tenía muchas cosas con que tratar—*Entertainment Tonight* estaba haciendo una historia y había problemas—y no necesitaba que mi esposa me llamara de mi casa para decir que había perdido el carro. *¡Sandra! ¡Está en la entrada de carros!*

Hubo una pausa. "Bueno, muchacho psíquico. Uno de tus Muchachos te debería de haber dicho que tu fregado *carro* iba a ser robado de tu *entrada de carros*. Porque no está ahí".

No es una buena manera de empezar el día en una gira del libro. Algo me dice que debo hoy de permanecer un poco más entonado que usualmente.

Estaba citado esa noche para aparecer en un Barnes & Noble en Santa Mónica y un grupo de empleados de *Entertainment Tonight* iba a estar ahí para grabar, y entrevistarme para un segmento que ellos estaban haciendo. Los productores del programa le dijeron a nuestro publicista que sería la historia principal. Mis guías dijeron que esto era una mala idea. No permitas que *ET* esté ahí. Esta noche no. No tenía idea del por qué. Pero supuse que no me di cuenta de algo acerca del Pathfinder que iba a ser robado; mejor debo de poner atención ahora.

Si te preguntas como es el vivir dentro de mi cabeza, así es algunas veces: Tengo que llamar a la publicista de una publicadora grande de Nueva York, la cual está gastando mucho dinero enviándome alrededor del país para obtener en dos semanas la más atención como sea posible y decirle que bajo de ninguna circunstancia debe ella de permitirle a *Entertainment Tonight,* el cual está haciendo una *historia principal d*e mí, que venga a un evento público y me grabe enfrente de varios cientos de personas quien piensan que soy fenomenal—y no tengo ninguna idea del por qué. Pobre Kristen, la publicista. La conversación va de esta manera:

"Ellos no pueden venir. Esta noche no. Tú debes de cambiarlo".

"¿Qué? ¿*Por qué?*"

"Yo no sé".

"¿Tú no *sabes?*"

"Mis guías me están diciendo que ellos no pueden estar ahí. Yo no sé el por qué. Ellos sólo están diciendo que no pueden estar ahí".

"Bueno, yo no voy a cancelar a causa de *eso*".

"Bueno, entonces, yo no voy a ir".

"¿Tú no vas a *ir?*"

"Yo no voy a ir si ellos van a venir. Mi Pathfinder fue robado de mi entrada de carros y yo no obtuve un aviso. Ellos no me dijeron acerca de eso, pero ellos me *están* diciendo de esto. Ellos no pueden venir esta noche".

"Tu Pathfinder fue robado así que se supone que tengo . . . John, te estás portando ridículamente".

"¿Kristen, tengo que enseñarte mi tarjeta de negocios?"

"Yo no los voy a cancelar".

Llamé a Ramey. Ella no lo cuestionó ni por un segundo. Ella llamó a la productora de *ET,* quien era, como casi todo productor de tele entrevistas, en la ciudad, un amigo de ella. Escucha, Ramey le dijo a ella. Olvida Barnes & Noble. Eso es pequeño. Qué tal esto—John saldrá en *Leeza* mañana, mi viejo programa. Grábalo haciendo eso. Será mucho mejor material. Y entonces tú tendrás la completa cosa de cruce de promoción. Ellos son Importantes. Tú eres Importante. Vendido.

Gracias, Ramey. "¿Así que es lo que crees que va a suceder hoy en la noche?" Ella me preguntó.

"Yo no sé. Ellos no me dijeron. Todo lo que me puedo imaginar es que nadie va a ir, o yo voy a estar pésimo".

Arribé en el Barnes & Noble con dos de mis amigos más cercanos, Mark Misiano y Rick Korn, quienes estaban conmigo en la gira. Miramos alrededor. Era un grupo de buen tamaño. Y cuando empecé mi discurso, ellos estaban extremadamente receptivos. Todo parecía estar bien. A lo mejor yo estaba fuera de sincronía hoy, alguna clase de agotamiento psíquico.

Cerca de la mitad de mi discurso, una mujer alta de abrigo largo entró a la tienda y camino a lo largo de la pared trasera. Ella entró sin molestar a nadie, pero tenía una energía obscura que todos en el cuarto parecían sentir. La gente volteó a mirarla mientras se dirigía de izquierda a derecha y hasta que encontró un lugar en la esquina adonde pararse. La energía positiva que tome del grupo de gente abruptamente se cerro. *Sí, esto puede ser un problema,* pensé mientras que seguí hablando. Sabía que esta mujer era la razón por la cual *Entertainment Tonight* tuvo que ser cambiado para el de *Leeza.* Yo no sabía por qué, no sabía lo que ella iba a ser, pero definitivamente iba a ser algo que yo no desearía que se viera en televisión. Su energía negativa era tan fuerte que estaba bloqueando los espíritus que había yo sentido en esa parte del cuarto antes de que ella entrara.

De repente la mujer gritó. *¿Adónde está la prueba?*

Todos voltearon a mirarla.

¡Tú no puedes comprobar esto científicamente! ¡Esto es un disparate!

La audiencia empezó a murmurar. Un hombre le gritó, "Vete a escribir tu propio libro. Cállate o vete".

¡Todos ustedes son unos tontos estúpidos!

Antes de que se pusiera muy feo, yo intervine. "Esperen, esperen", les dije. "Respetemos a todos en el cuarto. Esta mujer obviamente tiene su propio sistema de creencia, o sistema de descreencia. ¿Así qué por qué no la escuchamos? Yo siempre le digo a la gente que conserve su escepticismo. Yo no estoy aquí para convencer a nadie de nada, pero vamos a entretener sus preguntas. Pero primero"—la miro—"tengo sólo una pregunta para *usted*. ¿Cree en Dios?"

¡No!

"Bueno, entonces no creo que pueda ayudarle, porque esto es algo que es guiado por una creencia en Dios. Es la energía de esa fuerza que pienso nos permite crear *esta* energía".

La gente aplaudió, Esta mujer fue mi primera interrumpidora pública. Y esta pequeña escena fea hubiera sido la pieza principal del reporte de *ET*. Sin la menor duda.

Me regrese a la audiencia. Cerré mis ojos, respire profundamente, y frote mis manos. "Voy a ir ahí", dije, caminado a mi derecha hacia donde estaba una mujer de edad madura. Noté que un hombre había estado sentado con ella, pero se había parado e ido. La mujer verifico unas pocas cosas. Mientras pasaba esto, Darth Vader estaba torciendo los ojos. Trate de mantenerme enfocado. Es su hija quien está cruzando, le dije a la mujer. Ella dice que fue asesinada. Pero quiere que sepa que ella está segura en el otro lado. La mujer dio crédito virtualmente a todo lo que le dije en los próximos minutos. "Yo sólo hubiera deseado que mi esposo estuviera todavía aquí para que hubiera escuchado esto", ella dijo finalmente.

"Lo escuché", dijo una suave voz proviniendo de una inapercibida esquina de la tienda.

La audiencia exhaló un suspiro colectivo. Darth Vader se salió. Fue como si hubiera sido el bien contra el mal y el bien ganó.

En el camino al aeropuerto, Mark dijo, "Ellos realmente cuidan tu trasero. Eso es asombroso, una cosa asombrosa. Ellos totalmente te protegieron hoy en la noche. No les haces caso alguna vez".

¿TIENEN LOS PUBLICADORES
GUÍAS ESPIRITUALES?

DESPUÉS DE ESTA GIRA TORBELLINO, después de toda la exposición en la televisión nacional, yo estaba seguro que el libro se vendería en grande. Esto acaba de venir de Los Muchachos: *Sorpresa—no está sucediendo.*

Uno de los regulares avisos que doy a la gente antes de hacer lecturas es de que dejen sus expectativas en la puerta. Cualquier cosa que pasa, pasará, y por una razón. Valora lo que recibes, aunque no sea lo que tú deseabas o anticipabas. Yo debería de haber recordado eso. Quiero decir, mi capítulo favorito era todo acerca de eso—"Apreciando los Mensajes". Pero yo actuaba como si no tuviera la menor idea. *One Last Time* no estaba yendo a ningún lado, por lo menos a la medida de mis propias expectativas inflamadas y no veía nada que apreciar en *ese* mensaje. ¿Era yo ingenuo? ¿Arrogante? A lo mejor ambos. Pero mayormente estaba muy enfocado en la Venta Grande para darme cuenta de que mis guías no lo iban a permitir. Sí, ellos me protegen. Pero a veces eso significa protegerme de mí mismo.

Tengo una roca en mi escritorio, un pisapapel, que dice "Confía". Tiene un significado muy específico para mí. No fácilmente confío en la gente. He aprendido a siempre confiar en mis guías. Sólo necesito recordar que algunas veces sus horarios no son necesariamente los mismos que los míos.

Por lo que me he dado cuenta los conglomerados publicistas no tienen guías espirituales. La gente de ventas y mercadeo pensaron que ellos podían haber cometido un error al usar mi título. *One Last Time* era muy genérico, ellos pensaron, que no era memorable o lo suficientemente al punto. Tú tenías que leer el libro para saber que *One Last Time* se refería a un deseo que compartí con mi madre hace muchos años—que la gente debería de tener una última vez para conectarse con sus seres queridos, no sólo antes de que ellos mueran, pero *después* de que mueren. Yo no pensé que el título fuera el problema. Me gustaba el título. Significaba mucho para mí. Pero no era un título que estaba en la boca de muchas personas.

La gente de Berkley puede muy bien haber considerado el libro un éxito. Ellos sólo me pagaron un pequeño adelanto, así que no tenían que vender un enorme número de libros para hacer dinero. Entonces ellos podían promover el de cubierta delgada, lo cual es lo que tenían en mente hacer en el primer lugar. ¿Y si eso no lo llevaba a ningún lugar? Bueno, eso es lo que hacen las grandes publicadoras. Sacar trescientos títulos al año, darle a cada uno unas seis semanas para hacer un alboroto y luego seguir con el siguiente. Yo siempre había sospechado, de todas maneras, que ellos no tenían grandes expectaciones para mí. A través de sus varias impresas, la enorme compañía parental de Berkley, Penguin Putnam, publicó a todas las establecidas estrellas psíquicas—Sylvia Browne, James Van Praagh, George Anderson. Yo era el novato, tratando de irrumpir adentro de las grandes ligas. Mi editora fue maravillosamente de un gran apoyo y muy entusiasta. Pero ella no podía hacer, al igual que yo, que las tiendas tomaran los libros.

Traté de no permanecer demasiado en la desilusión, aun manteniendo un rayito de esperanza que la palabra de boca de alguna manera aumentaría lenta pero seguramente y lo suficiente para levantar la venta del libro. Entre tanto gracias a Rick Korn, yo tenía otras cosas que hacer que me distrajeron de mis frustraciones y me mantuvieron en movimiento. Había conocido a Rick sólo un año antes, pero nos caímos bien inmediatamente y él no perdió el tiempo para empezar ayudarme a ampliar mis horizontes Rick es un gran orador que contó grandes historias. Él tenía toda clase de experiencia en el mercadeo de televisión y música y él estaba siempre brotando con ideas, nunca con perdida de contactos. Fue la llamada por teléfono a su hermano en CNN que primero me llevó a *Larry King Live*.

Yo había hecho una versión en video de *One Last Time* que estuvo lista antes del libro. Rick pensó que debería de usar la oportunidad de *Larry King* para venderlo. "Todo el que va ahí promueve algo, una película, un programa de televisión, un libro", él dijo. "¿Por qué tú no?" Él le preguntó al productor del programa si Larry podría sostener el video por un par de segundos al final del programa y dar un número de 800. El productor dijo que ellos usualmente no hacen eso, pero pienso que hicieron una excepción por la conexión de Rick.

Rick arreglo un banco telefónico por medio de una compañía de telemercadeo donde él había una vez trabajado. La noche del programa, Larry sostuvo la cinta y los productores fueron lo suficientemente buenos para enseñar el número en la pantalla. Yo no sé cuantas gentes querían el video, pero suficientes llamadas llegaron para chocar en el banco telefónico. La mayoría de la gente recibía una señal ocupada. Así que entonces ellos empezaron a llamar las oficinas de CNN en Atlanta y Washington, y estallaron *sus* líneas de teléfonos, lo cual la empresa no apreció. Unas pocas de miles de personas se pudieron comunicar y colocaron sus ordenes. Pero la compañía que empleamos para duplicar y enviar las cintas . . . bueno, no hay otra manera de decir esto. Nos robaron. Ellos se llevaron el dinero, dos o tres veces de algunos clientes y no enviaron las cintas. Algunas personas amenazaron con acción legal—ellos probablemente están por ahí pensando que fue una clase de chantaje de televisión. Tuvimos que movernos y agarrar una compañía nueva para que enviara estas cintas y tuvimos que pagar por envió de prioridad.

El entero desbarajuste me costó mucho dinero—acerca del salario de empiezo de *dos* maestros de escuela pública. Mientras tanto, estaba teniendo problemas con el productor independiente quien había hecho el video. Nos habíamos conocido en 1997, después de que di un seminario en Starchild Books, una tienda de Nueva Era en Florida propiedad de Sandi Anastasi, la única persona en este campo quien puede aclamar ser un maestro mío. Este productor se me acercó y dijo que deberíamos de hacer juntos un video. Yo no estaba interesado. Él siguió llamando, hablando del mucho dinero que íbamos a ganar. Le dije que se alejara. Luego él regresaba con una idea diferente: Piensa cuantas personas escucharan tu mensaje. Caí. Mientras estábamos haciendo el video, él nada más mencionaba lo hermoso que esto era, que importante esto era, como íbamos a alcanzar a tanta gente. Recordándolo, sin embargo, él parece que lo hizo más bien por el dinero.

Debería de haber tomado la insinuación, de que no podía estar allá fuera negociando al mundo de espíritus. Pero no. Déjenme seguir con esto. Por lo menos Una Última Vez. El desastre en *Larry King* fue una noche para olvidar, pero los muchachos en el negocio directo de mercadeo habían puesto atención a lo que paso. Quiero decir, no puede ser tan fácil el estrellar las líneas telefónicas de una compañía que sólo vende cosas por teléfono. Ellos preguntaron si estaba interesado en hacer un informe comercial. Empecé hablando con ellos y eventualmente acordé ofrecer un paquete que iba a incluir un video modificado y una copia del libro, al igual que otro video en como desarrollar tus propias habilidades de comunicación de espíritu, llamado (Construyendo Puentes al Realmo Espiritual) *Building Bridges to the Spiritual Realm.* Y, cortesía de Rick, un CD que él produjo con Annie Haslam, la cantante principal del grupo de Inglaterra llamado Renaissance. Tenía una canción que Annie había escrito después de haber leído el libro, llamada *Precious One.* Era acerca de Mikey DiSabato, el niño cual espíritu se había vuelto tan unido a mí a través de los años que él obtuvo su propio capítulo.

Los libros no se venden en la televisión, la gente del mercadeo directo me dijo, así que serán las cintas en las cuales ellos se iban a enfocar. *One Last Time* sería un "premio"—un obsequio. Oye, cualquier cosa que se necesitara hacer para llevar el libro a las manos de la gente. Cualquier recelo que tenía de pregonarme a mí mismo por medio de esa muy malignada forma de arte, el informe comercial, se calmo considerablemente después de que conocí a Chad Murdock, el hombre que la compañía de mercadeo deseaba emplear para producir y dirigir el programa. La primera vez que vi a Chad, quería saber si él era la persona correcta para el trabajo. Le pregunté acerca de sus antecedentes y de sus ideas. Pero entonces me di cuenta que él no estaba ahí para ser entrevistado por mí. Él estaba ahí para entrevistarme a *mí*. Cuando a él primero se le acercó la gente de mercadeo, él se sintió cauteloso. Ellos le dijeron que yo era legítimo, pero él quería asegurarse que yo no era uno de esos 1-800-Llama-A un–Psíquico charlatán. Así que cuando nos conocimos, él llegó con muchas preguntas acerca de *mis* antecedentes y trabajo. Y lentamente nos dimos cuenta de que nos estábamos entrevistando uno al otro.

Chad y yo estábamos con la misma mentalidad desde un principio. Vi el informe comercial como una oportunidad para introducir mi trabajo a muchas personas y ampliar el conocimiento de comunicación de espíritu. Yo esperaba que ellos compraran las cintas y se beneficiaran de ello y no me importaría si hacia mucho dinero, pero vi el informe comercial como un final en sí mismo. Chad estaba emocionado, también. Él vio un inicio para hacer algo especial, no el usual informe comercial. De hecho, él ni siquiera deseaba hacer un informe comercial. Él quería hacer un programa de calidad en la media hora. En el final, simplemente pudimos decir algo como, "Si está usted interesado en esto, llame a este número".

Desdichadamente, la compañía de mercadeo no tenía tales pensamientos. El jefe de la compañía era nuevo en el aspecto creativo de la industria de informe comercial—de hecho. Él nunca había estado en el estudio de una producción de televisión de ninguna clase—así que él trajo a alguien para que supervisara las cosas, mucho a la consternación de Chad. Y rápidamente, la mía. Olvida el estar con la misma mentalidad—este hombre ni siquiera estaba en una cabeza igual. Él llegó como Yosemite Sam, con armas humeando. *Ahora aquí está lo que vamos a hacer. Tú*—

hombre psíquico—colócate ahí. Cuando él pensaba que alguien estaba dejando de trabajar—como cuando iban a la casa para la Navidad cuando se suponía que había trabajo vital que hacer—Yosemite demandaba que ellos se "¡ESFORZARAN!" Así que no figurábamos ver mucha paz, amor y entendimiento alrededor de nuestro dulce proyectito. Yo deseaba dar mucha información educacional en el informe comercial. Ni oportunidad. Yo deseaba que me demostraran haciendo lecturas para que la gente pudiera ver como trabaja el proceso. Olvídalo—tú no lo puedes nada más así *dar.* Yo quería que Judy Guggenheim fuera la anfitriona, la co-autora de *¡Hello from Heaven!* Y probablemente la principal en documentales mundiales en el tema de comunicación de después de la muerte. Seguro, seguro, ella puede estar en él, pero vamos a tener a una profesional, una pelirroja, muy atractiva. Así que no esperes ver a esta Judy en el corte final.

En otras palabras, Yosemite Sam y su jefe, Elmer Fudd, estaban obstinados en hacer un informe comercial. Un grita-para-vender, como lo llaman allá en los altos canales, con el asunto del usual anfitrión de informe comercial brotando con sinceridad falsa, vendiéndome como si fuera yo el remedio más reciente para la Calvez Regular Masculina. Muchas personas diciendo lo estupendo que soy y como cambie sus vidas, bla, bla, bla, y si llamas en los próximos sesenta segundos, tú recibieras este gran ocho-en-uno saca filo de cuchillos, absolutamente gratis. "Tú no puedes vender espiritualidad", le dije a Elmer, con toda seriedad. "Es algo que la gente tiene que adquirir por sí sola". Oh, ellos pueden adquirirla por sí solos—por $29.95. Las llamadas nosotros las pagaremos.

Afortunadamente, el informe comercial nunca vio la luz del día (o la noche), sólo tuvo unas pocas pequeñas pruebas de mercadeo, donde salió como una tirada para vender un aparato de caminar que sólo va hacia atrás. Ello no expresaba quien era yo o que es lo que ago. Era desordenado y no muy convencedor. Era lo que me esperaba: un comercial igual de largo como un programa cómico acerca de la sobre vivencia del alma. Mis guías le dieron dos dedos hacia abajo, muy abajo.

"No puedo creerlo", Rick dijo. "Esto debería de haber sido un gran éxito". La compañía de mercadeo deseaba componerlo—hacerlo más "provocador". Les dije que lo olvidaran. Me preguntaba si mis guías no querían que esta gente hiciera dinero de mi. Y a lo mejor Los Muchachos pensaban que yo podía hacer algo mejor.

DESPUÉS DE ESO, ESTUVO TODO CLARO: Voy a volver a lo que sé hacer. Sólo yo y un cuarto lleno de gente. No cámaras, no líneas de teléfono, no vendedores de carros usados con equipos camarógrafos. Rick organizó un evento en un hotel en Dallas para el cual reservamos espacio en un salón para unas quinientas personas. Pero después de que salí en un programa de radio el día anterior del evento, la aceptación fue tan grande que decidimos agrandar el cuarto a uno con mil asientos, un compromiso mayor de dinero. Sería el grupo de gente más grande en el que yo he aparecido enfrente. Eso fue aceptable. Conmigo en el viaje estaba Lydia Clar, la psíquica que me ayudo a empezar cuando tenía quince años. Mis guías la escogieron para que me colocara en mi sendero. Ahora yo pienso que querían que ella viera adonde el sendero me estaba guiando.

Las líneas de teléfono estaban bien en esta ocasión. Todo estaba viéndose bien. Y entonces hubo un pequeño problema. La compañía que contratamos para manejar el evento había empleado un grupo de telemercadeo para procesar las reservaciones por teléfono. Y ellos perdieron la información de las tarjetas de crédito de todos los que llamaron, o eso es lo que dijeron. Rick estuvo en el teléfono todo el día y finalmente demando que el jefe de la compañía con la que estábamos tratando viajara a Dallas desde Philadelphia. Pero todo lo que él hizo fue disculparse mucho. Los otros hombres—todos están bajo investigación federal. ¿Por qué no sabía que esto estaba pasando? ¿De qué sirve ser un psíquico si tú no puedes ver el peligro que viene? No soy diferente a cualquier persona. Estoy aquí para aprender lecciones también.

Esa noche, Rick y un coordinador que trajimos con nosotros nos sentamos en una mesa en la puerta, rápidamente escribiendo los números de tarjetas de crédito de todas las 600 personas que vinieron. Ellos no tenían idea de quien había pagado y de quien no. El resto de la gente ni siquiera vino porque ellos no recibieron ninguna confirmación. Fue una pesadilla financiera, pero fue realmente peor que eso. Rick lo tomó muy duro. Él era un exitoso consultante de mercadeo. Él sabía que cosas pasan a veces. Pero él no estaba acostumbrado a la clase de fiascos espectaculares que estaban ocurriendo a mi alrededor. Rick era un maestro de mercadeo que estaba sólo haciendo lo que le era natural. Lección para mí: Poniendo el negocio primero que el trabajo—no es una buena idea. Lección para Rick: Mira la Primera Lección.

En el vuelo a casa, éramos un grupo de derrotados. Rick abrió el *USA Today* y me enseño un artículo acerca del éxito de varios psíquicos médium. Yo estaba muy contento por ellos y por el campo psíquico. Ambos estaban obteniendo el reconocimiento que merecían. Pero no podía dejar de preguntarme que es lo que estaba haciendo mal. Ustedes querían que escribiera un libro, les dije a mis guías, escribí un libro. Ustedes me dijeron que iba a alcanzar a mucha gente y hacer mucho el bien. Trabajé duro para sacarlo al público. ¿Así que por qué fracasó—y por qué todo lo que toco es un desastre financiero?

Mi ego estaba recibiendo una golpiza, sin duda, pero no tan brutal como la paliza que estaba recibiendo mi cuenta de banco. Por viajar para promover el libro, yo no me estaba ganando la vida por medio de lecturas y seminarios. Y, claro que, yo no tenía un trabajo en el que podía volver. En ese entonces, Sandra y yo habíamos invertido dinero prestado para que así ella pudiera ser socia en un estudio de baile. Por el mes de diciembre, estábamos realmente batallando. Muchas personas afuera del círculo de mi familia inmediata y de nuestros amigos cercanos asumieron que había triunfado. Tenía un libro en venta, yo salía en televisión—debería de ser un millonario. No podía estar más lejos de la verdad.

No podía imaginarme como sería que esto posiblemente quedara en el plan universal que pensé que estaba yo siguiendo. Pero lo fue. Estaba demasiado cerca para verlo. La perspectiva es todo.

LA VIDA ES MUY PERRA —Y LUEGO TÚ NO MUERES

TENGO UNA FILOSOFÍA MUY SENCILLA acerca de toda la idea del destino y lo que escogemos. Si encuentras obstáculos, tú tratas de sobrepasarlos. Tú arreglas lo que necesitas arreglar para alcanzar lo que tú crees que es tu meta. Si aún no lo puedes arreglar, si estás topándote con una pared, probablemente significa que no estás haciendo lo que se supone que debes hacer. Cambia de carrera. Cambia de dirección de vida. Significa que debes de estar haciendo otra cosa.

Para mí, la pared era esta: estaba siguiendo las reglas—por lo menos yo creía que lo estaba haciendo—y sin embargo estaba cargado de una de la más horrible energía que haya conocido. Lo negativo de la Era de

Información es que una cosa mala es imposible de controlar. Se desparrama como un retrovirus. De repente, gente que nunca había conocido me estaba atacando con venganza en los tableros de mensajes psíquico y en Amazon.com. La mayoría de los comentarios en el Amazon fueron muy positivos, pero claro que me enfoqué en los negativos. Que el libro era desquiciado, cosa de nueva-era, o peor; que yo era un estafador en busca de personas afligidas y crédulas, usando historias que obviamente eran fabricadas. Recibiendo golpes en mi camino ha sido una batalla en todos los años que he sido un médium, pero ahora yo era un tiro al blanco más grande—aunque mi libro haya sido un fracaso. Yo no leí la critica en mi computadora, pero la gente me enviaba escritos por fax. Oye, gracias por pensar en mí. Traté de ignorarlos. Pero me enfurecía que estos críticos de Internet—la clase de gente que le da a la expresión libre un mal nombre— estaban diciéndole al mundo entero que las historias en el libro habían sido inventadas cuando yo sabía que ellas eran completamente verdaderas, verificadas por un respetado reportero y escritas sin ninguna exageración.

Después de la gira del libro, regrese a casa y volví a hacer lecturas privadas. Moví mi oficina de mi casa a un edificio comercial después de que tuve demasiadas pasadas de carro por la casa, demasiadas "Por si las dudas", como en "Por si las dudas tenías una cancelación, pensé en tocar tu puerta". La nueva oficina estaba en un edificio de dos pisos en una zona ocupada en Long Island llamada Jericho Turnpike, arriba del salón donde me cortaban el pelo. Era una oficina de esquina con muchas ventanas que dejaba entrar a la luz.

Estaba en un lugar diferente emocionalmente también. Saliendo de las frustraciones de los pasados seis meses, era mucho más sensitivo que lo usual, a los sube y bajas de mi mundo de trabajo diario. Las lecturas privadas siempre me han sido importantes; ellas son mis raíces, y me mantienen con los pies en el piso. Como un comediante que sale en televisión y aparece en las películas pero necesita volver a estar parado frente al público, en clubes pequeños, para mantener su balance, yo necesito hacer lecturas de persona a persona en mi oficinita con nadie más ahí. Necesito una conexión personal intima. Pero la última cosa que alguien necesita es que llene el cuarto con energía negativa. *Aléjate* del médium.

Le leía a alguien en mi oficina, y la persona me daba a saber que estaba desilusionada por que su hijo no había cruzado, o de que no obtuve el nombre de su esposo. O tenía lo que yo pensaba había sido una gran sesión con alguien, en ambos niveles, profesional y personal y dos días más tarde iba a mi buzón de correo y encontraba una carta mordaz de esa misma persona, quien aparentemente había decidido después de salir de mi oficina que era atroz que cobraba dinero por lo que hago. Estas clases de ataques no eran nuevos para mí. Tampoco lo era mi propia reacción sombría. Un particular comentario o incidente lastimoso, o un ataque personal a mi integridad, eran completamente capaz de ponerme fuera de comisión por un par de días. Pero he mejorado en permitir que los tiros me pasen por la oreja, usualmente con la ayuda de una carta bonita de un cliente contento diciéndome cuanta paz y conforte le trajo su lectura. Pero ahora estaba encontrando que era más difícil salir del boquete.

Nunca había estado tan amolado. Lo más parecido a esto fue en la primavera de 1997, en un tiempo cuando estaba preocupado acerca de la demanda física y emocional de mi trabajo y sintiendo un poco de lástima para mí mismo. "La gente no entiende que tan difícil es esto", le dije a Sandra. "No se dan cuenta que tanta energía se lleva esto. Y sólo son tan rápidos para criticar. '¿Por qué mi mamá no dijo esto en lugar de eso? Por qué no vino mi abuelo en lugar de ese tío Tony que yo odiaba?' ¿Cómo no pueden estas gentes apreciar el regalo que están recibiendo? Sus gentes están tratando de venir para ellos, y yo estoy trabajando como endemoniado para que ellos vengan. Pero ellos no están satisfechos. Ellos quieren más. ¿Qué es lo que les pasa?" No hay nada peor que un médium enfurecido.

Estaba programado para salir en Albany en un evento organizado por Todd Pettengill, la personalidad del radio WPLJ cual programa tenía mucho que ver con el comienzo de mi carrera profesional de tiempo completo. En el camino al norte, Sandra vio que tan deprimido estaba yo. Ella nunca flaqueó en la convicción de que conectando gente con espíritus es lo que se supone que tengo que hacer. Ella es como un guía terrestre. Pero nada de lo que ella dijera me podía sacar de este estado.

Llegamos a Albany y nos dirigimos al auditorio en el Colegio de St. Rose. Cuando salí en el escenario, se me recibió con una increíble imagen: La gente me estaba dando una ovación de pie. Estaba asombrado. Nada como eso había antes pasado. Yo no sabía el por qué estaba pasando ahora. La energía en el cuarto me jaló de regreso a la vida. Tuve una gran noche, y al final, abrace a Todd. "Tú no tienes idea cuanto necesitaba yo esto esta noche", le dije. Miré a Sandra, y nos sonreímos. La manera en que lo vi, ellos no estaban de pie y aplaudiendo para *mí*. Ellos estaban aplaudiendo para el trabajo que yo hice. Ellos lo apreciaban. Eso es todo lo que necesitaba saber. Fue un momento de cambio para mí, porque si no hubiera salido de mi estado de animo hubiera sido mejor volver a trabajar en el hospital, o hacer otra cosa.

Ahora, dos años más tarde, empecé a pensar que no solamente estaba chocando con una pared, pero a lo mejor había algo escrito en ella. Me aislé de Sandra y de mis amigos. Rick Korn me llamó, y casi no podía hablarle. No tenía nada que decir.

Nunca olvidaré esta noche: estoy sentado en mi silla, sin los zapatos, como siempre estoy cuando hago las lecturas privadas. Estoy solo en mi oficina después de haber terminado la última lectura. Es acerca de las diez en punto. Miro a mis calcetines blancos. Están sucios por caminar sin zapatos. Me pregunto si mis clientes los vieron. Ellos probablemente pensaron, *el hombre está cobrando $200 por una lectura; lo menos que puede hacer es tener calcetines limpios.* Me hace pensar en mi abuela, y me risoteo en voz alta. La abuela definitivamente estuviera regañándome, y luego me vuelvo a sentar en la silla un rato más, y finalmente me digo, "ya termine".

Agregué todo: estoy teniendo el periodo más largo de infelicidad que he tenido como un médium. No he tenido unos peores seis meses desde los días que estaba muriendo mi madre. Estoy cansado todo el tiempo, estoy gastando mucha energía y no estoy recibiendo mucha de regreso. Los últimos seis meses han sido una paradoja. Con toda la exposición que he tenido, estoy recibiendo más atención—más cartas y llamadas telefónicas que nunca. Pero no estoy ganando el suficiente dinero para ser otra cosa más que una operación de una persona. No deseo aumentar mis honorarios. Tengo una regla que no quiebro: sólo cobro lo que yo pagaría. Estaba tan seguro que el libro sería mi gran punto de partida. A lo mejor lo era. Fui a la escuela por casi cinco años, llegue a pocos créditos antes de una maestría. Puedo hacer otra cosa. Es hora de moverme a hacer otra cosa.

El teléfono suena. Es Mark. Él y yo hemos sido amigos desde la edad de doce años, cuando yo les decía a los maestros acerca de sus auras. Aún veinte años más tarde, somos como hermanos muy apegados. Escogimos carreras diferentes. Soy un médium; él es un contador. Una gran combinación: la muerte y los impuestos. Hay solamente dos temporadas cuando

Mark y yo pasamos por un día sin hablarnos. Una es durante la estación de impuestos. La otra es cuando estoy pasando por medio de un mal tiempo. Esta vez, estoy en un mal tiempo durante la estación de impuestos. Mi mediocre ingreso del año anterior no ayuda en nada. No hemos hablado en días. Él recibió una llamada de Rick Korn. Sonaba tan mal por teléfono. Rick estaba preocupado.

"¿Qué es lo que pasa?" Mark preguntó.

"Ya no voy a hacer esto", le dije a Mark.

"¿Bien, cual es el problema?" Mark no era nuevo en esto. Él me ha visto completamente agotado, con cara de zombi y aislado después de los seminarios. Entro a una zona de aislamiento por unas dos horas, me duermo, luego vuelvo a ser el mismo a la siguiente mañana. Él también me ha visto hacer mi parte con quejas en las fallas percibidas. Él una vez trató de reanimarme después de un evento con un monólogo de cuarenta y cinco minutos. Yo sólo permanecí sentado. "Acabo de gastar en vano los últimos cuarenta y cinco minutos, verdad", él finalmente dijo.

Ahora le di el discurso de no-siento-que-soy-apreciado, el cual él ha escuchado antes.

Él me dio el discurso de pero-tú-traes-mucho-consuelo-a-la-gente, el cual yo he escuchado antes.

"Esto es diferente", le dije. "Yo creo que quiero hacer otra cosa".

"De veras", Mark dijo.

"No quiero tratar con la gente".

"¿Qué es lo que vas a hacer en lugar de esto?"

He estado recordando acerca de cuando era más feliz con lo que estaba haciendo. Fue en el hospital. Y no cuando era el hombre de las computadoras con muchas responsabilidades y un futuro prometedor. Era cuando estaba sacando sangre. El trabajo en si era irrelevante. Lo que me encantaba era relacionarme con los pacientes. Los miraba antes y después de la cirugía, y me sentía como que podía afectar sus vidas de una manera positiva, calmando sus nervios con algunas palabras alentadoras, un leve jugueteo, o con sólo una sonrisa en el momento correcto. *Oye mañana es el gran día. Te veré cuando salgas. Tú vas a estar tan drogado que ni siquiera tendrás el placer de sentir cuando te saque la sangre.* Cuando tenía diecinueve años, sólo un par de años antes de que empezara a trabajar en el hospital, pase día tras día al lado lecho de mi madre mientras ella yacía muriéndose de un cáncer que había sido diagnosticado sólo unos meses antes. Ahora me sentía como si cada paciente que miraba fuera mi madre. Y cada persona que venía de visita fuera yo. El hacer la situación un poco más fácil para ellos era tremendamente premiadora. Ahora, *eso* si era apreciado. Lo extrañaba—todavía lo extraño.

"Entonces tu deberías de volver al hospital", Mark dijo. "Regresa al cuidado de salud".

Pero yo no quería regresar al hospital. Yo quería regresar al sentimiento de satisfacción que tenía, pero no al trabajo en sí. El hospital estaba lleno de, tú sabes, gente. Recientemente agregué un segundo Bichon a nuestra familia. Ahora Jolie tenía una hermanita, Roxie. Sandra y yo nos referimos a ellas como "las muchachas". Amo a esos perros.

"Voy a ir a la escuela veterinaria", le dije a Mark.

— CAPÍTULO 2 —

MIS TRES SEÑALES

PRINCESA

Cuando estaba empezando el colegio, pensé que eventualmente me gustaría ir a la escuela de medicina. Era un paso elevado a mi anterior ambición, la cual era el ser dueño de una salchichería. Me podía imaginar el convertirme en un cirujano. Lo que no me podía imaginar era como pagaría por la escuela. Mis padres no la podían pagar. Aunque pudieran, yo no estaba seguro que tuviera la paciencia para esperar hasta que tuviera casi 30 años para terminar mi escuela y empezar mi carrera. Así que baje mis aspiraciones un poco. Pensé acerca de entrenarme a ser un asistente médico. Incluso busqué información para convertirme en un perfusioncista de cardiología. Así era que tan seriamente deseaba trabajar en el cuidado médico.

Eventualmente, me conformé con la administración médica. Pero aún antes de que me graduara, estaba entrando en un sendero de carrera diferente, aunque completamente no lo entendiera en ese tiempo. Fue la experiencia que rodeo la muerte de mi madre cuando tenía diecinueve años la razón por la cual me encuentro, una década más tarde, conversando con los muertos para ganarme la vida. No tengo que estirarme demasiado para ver que lo que hago es una clase de cuidado médico.

Mi madre fue una fuerza mayor en mi vida, y ella siempre parecía estar conectada cercanamente con todo lo psíquico que me pasaba a mí. Ella me introdujo a ello de niño, de una manera gradual y no amenazante. Más tarde, cuando obtuve una miradita de mis habilidades, ella tiernamente me alentó a desarrollarlas. Cuando tenía preguntas acerca del significado de todo. Ella me ayudó a contestarlas, aunque ella a veces ni siquiera sabía que eso era lo que ella estaba haciendo. Pero sus lecciones más grandes vinieron en el final de su vida y en la docena de años desde que ella ha estado en el otro lado.

Su nombre de pila era Perinda, pero todos la llamaban Prin, en corto para Princess, un apodo que se le dio cuando ella tenía unos pocos días de nacida. Una enfermera pensó que ella se veía como una princesita en su cuna, y el nombre se le quedó. Así que la novena de once niños fue la princesa de la familia, aunque ella no se haya sentido como una. Ella me dijo años más tarde que siempre se había pensado como el patito feo de la familia, una imagen propia que los demás no hicieron nada para desvanecer.

La familia de mi madre se movió de Brooklyn a Glen Cove, Long Island, cuando ella era una adolescente. Una década más tarde, conoció y luego se casó con Jack McGee, quien más adelante se convirtió en un policía de la ciudad y un reservista de carrera militar. Ellos se cambiaron de regreso sobre la línea de la ciudad, a Queens, donde nací. Fui bautizado John Edward McGee. Para contestar la pregunta: Sí, John Edward es mi nombre verdadero, sólo que no es mi nombre completo de nacimiento. Pero lo es ahora. Ya no respondo al apellido McGee. Y para su información, es Edward. No Edwards. Algunos de mis amigos piensan que debería de terminar con todo esto y cambiar mi nombre a Edwards, con sólo agregar esa condenada "s".

Nací dos días y tres paradas del subway de distancia del 1969 coronamiento y momento de gloria de los Milagrosos Mets en el Shea Stadium. Tú pensarías que esto me haría un fanático de deportes en algún nivel orgánico y karmico. Pero nunca he tenido mucho interés en el béisbol, o en cualquier otro deporte. (Esta es la razón por la cual cosas como esta pasan: Durante una lectura, se me enseño una barra de dulce de Baby Ruth. Resulto que el espíritu le había dado a esta persona un bate firmado por Joe DiMaggio. No estoy obteniendo bien estas referencias de deportes, muchachos.)

Regresando a mi madre. Ella trabajo por diecisiete años de secretaria y manejadora de oficina en una fabrica que hacia cintas para maquinas de escribir y papel carbón. Luego ella ascendió a un trabajo en Manhattan. Y para ella, eso realmente era el ascender. Ella ya no estaba trabajando en una fabrica pequeña en Long Island que hacía un producto que estaba empezándose a ver como una reliquia. Ella era la manejadora de oficinas para una firma de ventura capital de multi millones de dólares, responsable en mantener las cosas en movimiento en seis pisos de oficinas. Ella se sintió como si hubiera arribado al éxito. Pero creo que ella nunca soltó el sentimiento de patito feo, así que gastaba su dinero en ropa, en tener su pelo pintado, y sus uñas arregladas. Era importante para ella el verse bien. El tratar de honrar su apodo.

Por ese tiempo, ella y mi padre estaban separados, y mi mamá y yo estábamos viviendo con mi abuela en Long Island, en la casa donde había vivido mi madre en su adolescencia. Las razones por la desintegración del matrimonio de mis padres fueron complicadas . . . y no eran complicadas.

¿No es esa la manera que usualmente es? Ella era una Italiana de voluntad fuerte. Él era un Irlandés de voluntad fuerte. Fue un choque de culturas que era evidente en la manera en que ellos se relacionaban con sus propias familias. El que mi madre se rehusó cortar ataduras con su madre y hermanos fue un problema. Como fue la devoción de mi madre para mí, su único hijo. Para ella, yo siempre era primero, aun así fuera al costo de su vida personal. En algún nivel básico, mi madre y padre tenían una atadura de amor intenso, pero fue roto por su falta de habilidad para entenderse uno al otro. Mi mamá me decía que ellos se amaban demasiado. Sólo que no podían vivir juntos.

Mi abuela me instiló un gran sentido familiar, siempre teniendo grandes fiestas con mucha música en lo que llegó a ser conocido como "el cuarto de baile". Pero tan fuertes como hayan siempre sido mis ataduras al lado materno de mi familia, no he podido igualar la cercanía con mi padre o la mayoría de su familia. Esto no es fácil, teniendo mi filosofía de la vida. Hace pocos años, reconociendo que siempre le estaba diciendo a la gente que apreciara y validara a sus seres queridos que habían muerto, me di cuenta que debería de aumentar el mensaje a lo obvio: No nos deberíamos de enfocar tanto en comunicarnos con esos en el otro lado que nos olvidamos a apreciar y validar a la gente en nuestras vidas en Este Lado. Pero, por supuesto, a veces, a pesar de las mejores intenciones, eso no es posible. La simple respuesta en mi caso es de que mi padre y yo nunca hemos podido ser unidos, por cualquiera razones de personalidad, distancia, y experiencia.

Mi cercanía con el lado de mi madre, especialmente con mi abuela y tías, se desarrollo naturalmente después de que se separaron mis padres. Con mi madre yendo a trabajar a la ciudad, mi abuela fue la que me cuidaba cuando regresaba de la escuela. Entraba por la puerta y la encontraba en el mismo lugar diariamente, tejiendo y mirando novelas en una silla entre la sala y el comedor. Y quiero decir novelas. Ella tenía dos televisiones prendidas: Una, una gran consola vieja RCA con fotos de la familia colocadas arriba, estaba volteada ligeramente hacia el comedor y prendida en el *Another World* en el Canal 4. La otra, la nueva y popular Zenith, estaba volteada hacia la sala y prendida en *Guiding Light* en el Canal 2. Mi abuela se sentaba en medio y actualmente miraba y seguía ambos programas simultáneamente, su cabeza moviéndose de un lado a otro como si estuviera viendo un juego de tenis desde el centro de la cancha.

Yo hubiera preferido caricaturas, pero esa no era una opción porque la abuela no tenía una tercera televisión. Nosotros escogemos en la vida. Me fui al lado de *Guiding Light* porque parecía tener mejores historias. Aprendí a no prestar atención a *Another World*. La abuela no soltaba la televisión hasta las 4:30, a ese punto yo la cambiaba a las repeticiones de *Batman*. Pero usualmente me quedaba con eso solamente si Batgirl se aparecía a través del montaje de apertura en su motocicleta. Eso significaba que el episodio iba a tener a la bibliotecaria hija del Comisionado Gordon quien se cambiaría en una atractivísima Batgirl, quien fue caracterizada por Ivonne Craig, por quien yo tenía una seria atracción sin importar que carácter ella tomaba. Y si tú tenías a ambas Batgirl y Catwoman . . . bueno, la vida te era buena. Pero resulto como la mayoría de las ilusiones, el amor no duro. Fue *Guiding Light* en la que me aficioné. Y eventualmente, mi abuela dejo de ver *Another World*. Nos sentábamos en el sofá, la abuela y yo, mirando los imposiblemente complicados sucesos en Springfield.

Mi mamá, la proveedora de la familia, tomaba el tren de regreso a casa y entraba por la puerta precisamente a las 6:30 cada noche, pareciéndose más a los papás que a las mamás que yo veía en la televisión. Ella estaba cansada después de un día largo en la oficina, y no de muy buen humor. Tú no podías hablarle. Tenías que esperar que ella te hablara primero. Todos estábamos mejor de esa manera. Pero sólo así era ella—tú debes de aceptar que no siempre fueron rayos de sol y pétalos de rosa alrededor de mi madre. Pero ella era tan fuertemente devota como madre como cualquiera otra, más porque se había visto claro que yo iba a tener una relación mínima con mi padre.

Aquí está una cosita que te dirá mucho: Yo era un niño llenito, el que siempre era escogido al último en los juegos. Mi madre me llevaba de compras a las tiendas de departamentos May y JC Penney, y me daba cuenta que antes de que ella me enviara a los vestidores a probarme un par de pantalones o chaquetas, ella ocultamente les quitaba una etiqueta a cada uno. Descubrí más tarde que estas eran las etiquetas que decían "Grueso". Ella no quería que las viera.

Por mucho tiempo, pensé que mi madre también estaba loca. Era la cosa psíquica. Ella siempre estaba yendo a psíquicos y ferias psíquicas, teniendo fiestas psíquicas en casa. Mi padre no quería tener nada que ver con eso y no quería nada de eso para mí, tampoco. Asegúrate que Johnny no esté en casa cuando traigas a esta gente aquí, él le decía a ella. Yo estaba de acuerdo con eso.

Ella no estaba interesada en los médium. Yo sólo recuerdo haber escuchado de niño la palabra *séance* una vez. El hermano de mi madre, Joey, había invitado a una médium con el nombre de Reverenda Craig a la casa de mi abuela. Me sacaron fuera del cuarto por ser niño. Esta médium de cinco pies de altura, cuerpo pequeño y pelo blanco puso su dedo en mi cara y me dijo que me fuera, que yo iba a tener el tiempo suficiente para esto más tarde en mi vida. Una declaración interesante dado a lo que escogí de carrera. Pero, más allá de eso, nunca escuché la palabra hasta en mi adolescencia. Mi madre deseaba saber acerca de lo de aquí y ahora, y si no te importa, un poco acerca de la próxima semana. Y, si es posible, cualquier cosa importante en los próximos veinte años más o menos. Como iba yo creciendo, le bromeaba acerca de ser una adicta de psíquicos, pero aparte de encontrar su obsesión inane, la encontraba tan irritante hasta no decir. Mamá, le decía, estos son chantajistas. ¿Te están sacando el dinero, y para qué? ¿Para decirte acerca de tu vida? Tú estás *viviendo* tu vida. Predice tu futuro. De acuerdo, Mamá. Está bien. Lo que tú digas. De que siempre he podido saber de cosas que no debería de saber no pensaba en ese momento. Viendo las auras alrededor de la gente y teniendo sueños que parecían llevarme fuera de mi cuerpo eran cosas que eran una parte normal de la vida, a mi saber. Ello no tenía nada que ver con todos estos "psíquicos" con los que andaba mi mamá.

Cuando tenía quince años, la más reciente psíquica de mi madre vino a nuestra casa y leyó para varios miembros de la familia en mi recamara. Su nombre era Lydia Clar. Desde la sala, escuche como mis tías y primos iban a mi cuarto y cerraban la puerta, y luego la puerta se abría un poco más tarde y el siguiente entraba, uno tras otro, por toda la noche. Cuando mi prima Roseann salió, ella se me acerco y dijo, "John, ella es buena. Tú debes de recibir una lectura". No gracias, Ro. Pero ella me insistió hasta que dije muy bien, muy bien. Recordándolo ahora, de ninguna manera mis guías le hubieran permitido a Lydia dejar mi casa esa noche sin leer para mí. Ella era su mensajera.

No había estado en el cuarto ni dos minutos cuando Lydia me dijo que yo era la razón por la cual estaba ahí. "Tú tienes unos guías espirituales muy altamente avanzados, y ellos están listos para trabajar contigo", me dijo. "Se me envió aquí para introducirte a este mundo, para abrirte a tu futuro". Ya te puedes imaginar como me cayó eso. ¿Un psíquico, aja? Oh, por favor. Ella probablemente les dice eso a todos los vírgenes de lecturas psíquicas. ¿Quién eres tú, la Mrs. Robinson del ambiente psíquico? (De acuerdo, y que, si la película *The Graduate* salió dos años antes de que yo naciera. Pero aun así escuche de ella.) Pero cuando Lydia se sentó en mi recamara y me dijo que yo estaba destinado a ser famoso como un psíquico, pensé que ella lo estaba poniendo un poco grueso. ¿Ni siquiera pensaba que *ella* pudiera hacer esto, y se supone que debo creer cuando ella dice que *yo* lo puedo hacer?

Figuré en seguirle la corriente. Lydia me dijo cosas acerca de mi familia que fueron verdaderas, pero las tomé como que por pura suerte las adivino o había sido un truco. Ella podía haber sabido de todo eso con sólo hablar con mi madre. Esa era mi forma de pensar, siempre analizando las cosas que esos psíquicos le decían a mi madre en todas esas ferias psíquicas en las que ella iba los fines de semanas. Pero entonces Lydia habló acerca de cosas en mi vida de las cuales ella no podía haber sabido. Y acerca de eventos que iban a pasar en el futuro. En unas pocas semanas, todo lo que ella dijo que iba a pasar *paso*—nada serio, mayormente cosas de adolescentes.

Tenía que admitir que tenía curiosidad. ¿De qué se trataba todo esto? Empecé a leer acerca del espiritualismo y el fenómeno psíquico. *Esto es extraño,* pensé. Los libros describen todas esas cosas que pensaba eran normales, cosas que he estado haciendo desde que puedo recordar. Cuando le pregunté a mi madre acerca de la posibilidad de que yo "fuera psíquico", ella me dijo, "Bueno, tú sabes que siempre te he dicho que eres especial".

"Tú tenías que decir eso; eres mi madre",

Ella se rió. "No lo dije como una madre. Estaba hablando acerca de tus . . . habilidades".

Hubo de haber tomado alguna clase de control-propio para que ella no hubiera dicho nada más que eso en todos estos años, especialmente cuando le estaba diciendo a ella, a la edad de siete años, que teníamos que regresarnos a casa rápidamente porque la prima Phyllis iba a venir de visita. Es la prima Phyllis de Florida, haciendo una visita sin anunciar. Mi madre nunca hizo un gran alboroto acerca de estas cosas. Ella sólo quería que yo fuera un niño. Mis habilidades se desarrollarían o no, ella pensó.

¿Tú sabes como, cuando estás joven, le abres tu mente a algo y luego de repente estás realmente muy metido en ello? Bueno, eso era, sin la menor duda. Cuando me envuelvo en algo, me *envuelvo*. Era como si yo hubiera sido presentado a una nueva persona—y esa persona era yo. Estaba siendo empujado por la necesidad de saber quien en realidad era yo. Empecé a pasar mucho tiempo en la biblioteca. Empecé a estudiar el tarot y otras filosofías metafísicas con una mujer llamada Sandi Anastasi, que dirigía un pequeño "instituto psíquico" en la Orilla Sur de Long Island. Ella estuvo de acuerdo con lo que dijo Lydia. Ella me invitó a una clase, y a media clase dijo que era una perdida de tiempo para mí el estar ahí—mis habilidades estaban ya demasiado avanzadas para esta clase. Ella me convenció para tratar de trabajar en ferias psíquicas. "¿Qué es lo que tú haces?" La mujer que dirigía la feria me preguntó cuando me presenté la primera vez. "Realmente no sé", le dije. "Yo no sé lo que hago". Ella me hizo hacer una lectura, y estuve terrible. Pero ella fue otra que pensó que tenía "habilidad". Estaba escuchando mucho esa palabra. Estaba tratando de obtener un entendimiento de lo que eso significaba.

Empecé a trabajar en ferias psíquicas los fines de semana. Deseaba estar alrededor de psíquicos, hablar con ellos, aprender como ellos trabajaban. La más impresionante que conocí fue una mujer llamada Shelley Peck. Ella era una psíquica asombrosa, pero también era conocida por su astrología y el arte de médium, el cual yo aún no sabía nada de ello. Ella tenía experiencia en psicología, y también enseñó metafísica y era una terapista de hipnosis certificada que hacia regresiones de vidas pasadas. Eso era mucho para digerir, pero Shelley se convirtió en una de mis amigas más cercanas. Ella estaba más cercana en edad a mi madre, pero eso no importaba. Hablábamos acerca de nuestro trabajo por horas a la vez.

En las ferias psíquicas, yo era una novedad. Podía escuchar a la gente hablar de mí y observándome. No tenía nada que ver con mi "habilidad". Sentado en una mesa en un cuarto lleno de místicos suburbanos, maduros y lectores de tarot, me veía como si me hubiera perdido en camino a mis exámenes de escuela. Era un joven diciéndole a gente mayores que yo por décadas lo que yo pensaba que estaba pasando en sus vidas.

Muy rápidamente recibí mi primera llamada para una "fiesta casera", una lectura en grupo en la casa de alguien. Fui en el día escogido y soné la campana. Por la puerta de vidrio, pude ver a una mujer en el teléfono de la cocina. Ella volteó, me miró, y gritó, "¡Te acabo de pagar!"

Sólo me le quede viendo. "Mm, yo no soy quien tú crees", le dije a través de la puerta. Ella pensó que yo era el muchacho que entregaba el periódico.

Ella miró otra vez, y de repente se vio muy preocupada. "¿Tú no eres John, verdad?" ella preguntó. Moví la cabeza afirmativamente. "¿Qué? ¿Por qué no me dijiste que era un muchacho? Oh, Dios. Tengo una casa llena de gente que va a venir". Ella abrió la puerta. "Bien, entra rápido. Tú tienes que leerme a mi primero. Y apresúrate. Porque si tú no lo puedes hacer, tú tienes que irte de aquí antes de que alguien venga. Puede que tenga yo que llamar a todos y cancelar. ¿Por qué no me dijiste que edad tenías?"

Terminé pasándome seis horas en la casa de esta mujer. Ella me pidió que regresara. Yo decliné.

NO MUCHO DESPUÉS DE QUE EMPECÉ hacer lecturas psíquicas, algo muy extraño empezó a pasar. Un día estaba haciendo una lectura de cartas para mi Tía Anna, mayormente por diversión porque ella no lo tomaba muy en serio. Estaba haciendo la lectura. Una mujer se apareció detrás de ella. Ella era sesentona, tenía puesto un vestido negro. Ella tenía solamente una pierna, pero tenía una sonrisa serena en su cara. Cuando la describí, mi tía dijo que sonaba como su difunta suegra. Luego un hombre se apareció, delgado, con pelo canoso. Yo no sabía quien era él, ni tampoco sabía mi tía. Para mí, era como si esta gente estuviera actualmente ahí, parados enfrente de mí. Las imágenes eran rápidas y pasajeras. Yo registré los más pequeños detalles—un broche de flor que la mujer traía puesto, un reloj de bolso que el hombre estaba sosteniendo. Él estaba vestido elegantemente, aunque un poco fuera de estilo. Cuando le pregunté quien era, él sacó un peine de peluquero del bolsillo de su traje de rayas azul y crema.

Oh, Dios mío. *Veo gente muerta.* Discúlpame—he estado esperando para poder decir esto.

Y luego, en las ferias psíquicas, empecé a sentir una clase diferente de energía. Pensé que estaba haciendo otra cosa de lo que yo pensaba que estaba haciendo. No que yo haya tenido alguna idea de lo *que* estaba haciendo. Shelley y otros tenían noticias para mí: Estaba conectándome con el mundo de espíritus.

Oh, de verdad. Esto no era tan interesante para mí. Yo era un muchacho. Yo no quería hablar con gente muerta. Yo deseaba predecir el futuro de la gente, como lo hacía Lydia. Eso era divertido. Y era bueno en ello. Yo incluso estaba obteniendo una reputación por ello y la gente estaba viniendo a las ferias específicamente para recibir una lectura psíquica de mí. El muchacho. Pero al pasar el tiempo, la gente que conocí en la subcultura pequeña del cirquito psíquico de Nueva York me alentó para que desarrollara mis habilidades como un médium, que las llevara a cualquier dirección que ellas fueran destinadas.

Y luego, llegó un cambio. Shelley Peck quería tratar de ponerme en una "regresión de vida pasada". Esto es lo que se suponía que iba a pasar: por medio de una serie de meditaciones, yo sería transportado a un plano diferente de conciencia, donde podría sacar hechos y esencias de una o de más vidas previas de mi alma y relatarlas inconscientemente a ella. Más o menos algo entre hipnosis, meditación, y un viaje en el tiempo. Literalmente una investigación del alma.

Pero la regresión se fue a una dirección no planeada. Vamos sólo a decir que en el camino a mis vidas pasadas, paramos para un conocer-y-saludar a mis guías espirituales—Los Muchachos, como ellos estaban destinados a ser conocidos. En reflexión, pienso que ellos escogieron a Shelley para hacer la introducción en ese día porque teníamos ella y yo una gran conexión. Ella pensaba de mí como su aprendiz, este joven muchacho siempre hipnotizándose acerca del potencial de "nuestro trabajo". Yo la miraba más bien como una clase de guía terrestre.

PENSÁNDOLO BIEN, YO SIEMPRE HABÍA SENTIDO la presencia de mis guías. Recuerdo decirle a mi madre cuando yo era niño que sentía como si estuviera viviendo la apertura de las caricaturas de Scooby Doo. Ellas enseñaban a Scooby Doo afuera en la oscuridad de la noche, y luego todos estos ojos se abrían y lo miraban. Cuando sentía esta presencia, por supuesto que yo no sabía que eran mis "guías". Yo no sabía quien eran ellos o el por qué estaban ahí. Yo no sentía ninguna guianza en particular. Yo sólo sentía que *alguien* estaba observando lo que yo estaba haciendo. De hecho, sentía unos cinco o seis de ellos. Ahora finalmente hemos sido introducidos.

Mi madre estaba gustosa de que yo había entrado en el grupo. Ahora era yo uno de ellos. Ella se convirtió en una madre del escenario psíquico, presumiéndole a sus amigos y familiares acerca de su hijo, el psíquico. Más de un familiar pensó que ella era una ridícula—no menos ridícula que su hijo. Ella les aseguró que yo sería famoso un día.

A fines de 1987, mi tío Carmine murió de un ataque al corazón. Paso esto sólo dos meses después de que tuve una visión, durante una meditación, de él apretándose su brazo izquierdo y desplomarse. Le dije a mi prima Ro, la hija de Carmine, y ella dijo que su padre estaba citado para un examen físico en esa semana. Ella me llamó al día siguiente y dijo que a su padre se le había dado un resultado de buena salud. Su muerte me impresionó: De alguna manera me sentía responsable. Yo tenía esta "habilidad". Yo debería de haber hecho algo. ¿Culparé al doctor? Tenía que hacer algo mejor que eso.

En este velorio, supe de familiares que el hombre que yo había visto cuando estaba tratando de leerle las cartas a mi tía Anna era el padre de Carmine. Él fue un peluquero. Era totalmente confuso para mí en ese entonces, pero ahora me doy cuenta de que no sólo era la visión del ataque del corazón de Carmine un aviso, pero también fue la aparición de su padre. Él estaba esperando en el otro lado para recibir a su hijo. Ese fue un punto de cambio mayor para mí. Los mensajes de espíritu empezaron a atravesar mucho más fuertes. Era como si Carmine hubiera entrado a una casa, dejándome afuera en la oscuridad, y luego le prendió a una luz de afuera. Pero era más como una lámpara de sesenta vatios que un reflector halógeno. Tenía mucho que recorrer aún para poder llamarme un psíquico médium, aunque yo quisiera hacerlo.

HASTA LA EDAD DE DIECINUEVE AÑOS, yo tomaba mi trabajo psíquico y arte de médium como una clase de pasatiempo. Yo sólo era un poco bueno en ello. Tenía dificultades manteniéndome con la velocidad de las imágenes y sonidos. Ellas venían y se iban tan rápido. Y mis interpretaciones de los símbolos eran frecuentemente fuera de la marca. Yo no estaba tan motivado para trabajar en ello y desarrollar mis habilidades. Pero entonces todo cambio.

En abril de 1989, mi madre fue diagnosticada con cáncer terminal en el pulmón. Es la madre de todas las expresiones el decir que me golpeó fuera de balance. Mantuve mi congoja y mi pánico muy fuertemente escondido. Deseaba permanecer fuerte para ella.

Un día, unos pocos meses después de que mi madre fuera diagnosticada, cuando era evidente de que ella no iba a sobrevivir el año, empezamos a hablar acerca de su transición al otro lado. El sentido que había obtenido de mis anteriores experiencias haciendo lecturas como un médium era de que en el otro lado todo era acerca de paz. Nada de las cosas que te molestan en la tierra importan ya, y te hace sentir—a lo mejor no superior, pero promovido a un nivel más avanzado. Avanzado, usando un decir. Era como una variación de unas de esas letanías de ayuda propia de los años 70: "Yo estoy bien; Tú estás preocupado acerca del Testamento". Pero por supuesto, nadie en este lado podía saber con seguridad si esto era verdad, o si alguien tenía tal dichosa existencia una vez que ellos eran liberados de sus cadenas terrestres. No podíamos saber como era el viaje hasta que lo tomáramos nosotros mismos, y no podíamos saber como era la vida en esa forma hasta que nuestra hora llegara de vivirla. Sólo podíamos suponer, desear, y trazar de eso un sistema de creencia con la que pudimos vivir. Después de todo, sólo escuchábamos de los que eran felices—una implicación temerosa para todos.

Hice que mi madre me prometiera que ella iba a volver para decirme que estaba segura.

"Johnny", ella dijo asegurando, "cuando llegue al otro lado te voy a hablar todo el tiempo".

Le dije que no era tan sencillo. Yo sabía demasiado, e iba a estar lastimado. ¿Cómo iba a distinguir entre un mensaje actual de espíritu, y un pensamiento concebido por mi propia necesidad emocional? Yo era un médium; necesitaba ser imparcial para ser mi trabajo. Esto sería como un cirujano operándose a sí mismo. Mi madre podía venir a mí en una "visita astral" mientras yo dormía. Esas son inconscientes y yo iba a poder distinguir entre una visita, la cual es increíblemente clara, y un sueño ordinario. Eso estaría bien. Pero sería como el mirar algo en una cinta. Yo deseaba algo consciente, en vivo, mensajes en el tiempo real confirmando que ella estaba bien. Sólo había un requerimiento: ellos tenían que venir a través de otra gente. Ella tenía que usar a otros médium, así para poder estar seguro de que no estaba engañándome a mí mismo. Nos decidimos en tres señales que iba a usar para validar que era ella.

La primera, una fácil. Princesa. Ella podía enseñar a Diana, ella podía enseñar una corona. Ella podía aun enseñar un teléfono rosa. O sólo podía decir su nombre.

La siguiente señal sería algo que era especial entre nosotros. Desde niño, tenía una atracción por Winnie the Pooh. Quiero decir, una verdadera obsesión. Empecé en kindergarten con un sólo oso Pooh que venía conmigo a la escuela. Lo conservaba en mi mochila. Nadia sabía que él estaba ahí, sólo yo. Exactamente. A la hora de la comida, lo sacaba para que así él pudiera respirar. Pronto me cansé de tener sólo un oso Pooh, y demandé tener más y más osos Pooh. Y el oso Pooh ni siquiera era tan popular en ese entonces. Estoy seguro que mis recuerdos son exagerados, pero parecía que mi madre casi nunca venía a casa sin un oso Pooh para mí, y a veces también un Tigger. No importaba que tantos tuviera, yo tenía que tener más. Tenía sabanas de Pooh, música de Pooh y pósteres de Pooh. Mi madre me empezó a llamar Winnie. La hice que me llevara a ver la película *Winnie the Pooh and Tigger Too* diecisiete veces. Luego quería yo salirme. Pero ella me hizo que me sentara a ver una de Simbad diecisiete veces. Estoy seguro que había una lección por ahí. A ella no le podía gustar Patrick Wayne tanto como eso.

Yo no era un admirador del Pooh clásico, quien yo pensaba le faltaba personalidad. No fue hasta que las compañías como el Sears y Disney obtuvieron los derechos de Pooh, que el encanto de Pooh se le hizo justicia por la industria mercantil. Esa es sólo mi opinión. Ellos tienen grupos enteros de gente en batas de laboratorio trabajando en el "embellecimiento" de caracteres de cuentos. Aún cuando estaba un poco grande para esto, vi un Pooh que era tan adorable, lo tenía que tener. Mi madre se carcajeo. "Tú gran tonto", ella dijo. "¿Cuantas cosas de estás tienes?" Yo sé, pero él es tan bonito. Ella me lo compró.

La segunda señal tenía que ser un oso Pooh.

Y luego, la última señal. Quería que mi madre hiciera una alusión a algo que se había convertido en un ritual para mí: *Guiding Light*, tres en punto, Canal 2. La había estado mirando religiosamente por más de diez años, y ahora, en estos días grises mirando a mi madre irse poco a poco, día a día, la novela se convirtió en una diversión esencial para mí. Mi madre deseaba morir en la casa. Así que arreglé un cuidado de hospicio. Pasaría horas con ella, tomando sólo un descanso cuando un cuidador de hospicio estaba ahí. Cada tarde a las tres, me disculpaba e iba a la sala a mirar *Guiding Light* con mi Abuela. "Voy a ir a Springfield", dije. No por cambiar de tema—estoy seguro que mi madre apreciaría el buen humor en esto—pero las cosas no estaban mejor ahí.

El problema en Springfield—aún más problemas que lo regular—empezó unos años antes, cuando yo estaba en la preparatoria. Mi madre me llamó a la salchichonería donde yo estaba trabajando y dijo seriamente, "John, tengo un poco de malas noticias para ti. Sólo deseo que estés preparado cuando regreses a casa".

Mi corazón se hundió hasta mis intestinos. "¿Es mi Abuela? ¿Está ella bien?"

"No, ella está bien. Pero mire *Guiding Light* hoy".

"¿Sí?"

"Reva brinco de un puente".

"*¡¡Ella brincó de un puente!?*" Todos en la salchichonería voltearon. "¿Quién? ¿Quién brinco de un puente?" todos empezaron a preguntar. "¿Qué ha pasado? ¿Está ella bien?"

Reva Shayne era mi carácter favorito en el programa. Ella era un amoroso cable de corriente en vivo actuado melosamente por una actriz llamada Kim Zimmer. Tres años más tarde, Kim no estaba renovando su contrato, así que los escritores empujaron a Reva del puente (otra vez) en el Florida Keys, dejando a su esposo devastado. Así que ahora que mi madre estaba en sus últimos días, mi única distracción era el penar por un carácter de televisión que había amado desde que estaba en la secundaria. Trataba de imaginar por lo que los hijos de Reva estaban pasando, como ellos estaban tratando con la misma cosa que yo iba a enfrentar en unos pocos meses . . . o semanas, o días.

El cuerpo de Reva nunca fue encontrado, pero años más tarde ella regresó a Springfield. Cuando la vi por primera vez, pensé: *¿No sería a todo dar si sólo de esta manera, la vida la imitara—bueno, si no el arte, a lo mejor televisión de día?* Nosotros tenemos el potencial de comunicación de espíritu, pero eso nunca es suficiente. No importa que tanto yo crea en alcanzar a espíritus a través de dimensiones, nunca puede ser lo mismo a cuando ellos estuvieron aquí.

"*Guiding Light*", le dije a mamá junto a su cama. "Esa es la tercera señal." Pero yo sabía que podía ser una señal difícil de enviar para ella, solamente que estuviera con un médium que fuera un admirador de la novela. Así que le di una salida más fácil. "Llévame a Springfield", le dije. "No me importa si es Springfield, Illinois, o Springfield Boulevard. Tú puedes enseñarme un (spring) manantial y un (field) campo. No me importa como lo hagas, pero sólo llévame a Springfield. Llévame a *Guiding Light* de alguna manera".

"Johnny, haré lo mejor que pueda", ella dijo.

Esa noche, hice una promesa de que no iba a revelar las tres señales a nadie. Quería estar seguro, más allá de cualquier duda, de que cuando ellas llegaran, vinieran directamente de ella.

UN DÍA, UN PAR DE SEMANAS MÁS TARDE, con su cuarto lleno de familiares, mi madre me miró y empezó a decirme que tan triste estaba de que ella no iba a vivir para ver mis veintiún cumpleaños. A los demás les empezaron a salir lágrimas en los ojos y empezaron a salirse del cuarto para dejarnos solos. Mi madre y yo no lloramos. Queríamos ser fuertes uno para el otro. Este era el momento que algunas personas nunca llegan a tener. Una Última Vez en este lado. Ella me dio un juego de anillo de oro con brazalete de diamante para el cumpleaños que ella no iba a estar para celebrar conmigo. Ella quería dejarme con este momento de amor, y yo quería darle la misma cosa para que llevara con ella en su inminente jornada. Ambos estábamos absorbiendo el poder de esta unión que sabíamos que no iba a terminar sólo porque ella estaba dejándome físicamente.

Mi madre murió a las cuatro de la mañana rodeada por su familia. Unos pocos segundos antes de que ella tomara su último aliento, salí fuera de su recamara y entré a la mía y empecé a hablarle, tratando de ayudarle hacer la transición al otro lado. Le dije que ella iba a estar bien, que pronto iba a ser recibida por su padre y por el tío Carmine. Y luego le pedí que me diera una señal rápida de que ella había llegado ahí, de que fue una feliz y bendita salida de mundo como yo pensaba. Yo no estaba pidiendo por una de las señales de las que habíamos hablado que tenían que venir por medio de otro médium. Algo palpable que pudiera ver. Le pedí que me enseñara un pájaro blanco. Tenía que ser personal, no sólo un pájaro blanco volando al azar en el cielo. Tenía que ser obvio que era para mí. Tenía que saber que realmente había un otro lado y de que ella había arribado ahí seguramente. Una ola enfermiza de incertidumbre me estaba cubriendo; de repente tenía el mismo temor de lo desconocido que todos los demás sienten. Le dije a mi mamá que fuera hacia la luz. Y me diera a saber que estaba segura.

En la tarde del último día del velorio, mi primo Anthony se acerco para confortarme. "Tantas flores", él dijo. "Las tuyas sobresalen más. Esos pájaros blancos son hermosos". Me acerqué y vi que había dos pájaros con plumas blancas de plástico anidados en un arreglo colorido. No los había notado por tres días.

"¿Por qué dijiste que eran *mis* flores?" le pregunté a mi primo.

"Yo no sé", él dijo. "Roseanne y Jocy las escogieron para ti".

Les pregunté a mis primos si ellos habían pedido los pájaros. Ellos dijeron que no. Llamé a la florería y le pregunté al dueño por qué había pájaros en mis flores. "Oh, lo siento, esos son para confirmaciones", él dijo. "Estábamos muy ocupados ayer. Una de mis muchachas debió de haberlos puestos ahí por error. Lo siento mucho". No disculpa es necesaria, le dije. Ellos son hermosos.

En ese último día del velorio, encontré mi oso Pooh favorito, el que obtuve cuando estaba ya grande, y lo traje a la funeraria. Después de que todos se fueron y yo estaba solo con mi madre por la última vez, metí el oso junto a ella en la caja. El día siguiente, ella fue enterrada con el oso.

La muerte de mi madre fue, por supuesto, un tiempo profundamente triste en mi vida, uno que ha permanecido conmigo todos estos años. Pero también cambio mi vida de una manera positiva. Mi sentido de perdida, mi necesidad de que de alguna forma tenía que permanecer conectado a mi madre—aunque estábamos separados por esta misteriosa dimensión entre el mundo físico y el espiritual—era tan poderosa de que no era nada menos de una revelación: Oh Dios mío. Así *es* como estas personas sienten. Madres, padres, hijos, hijas, esposos, esposas—todos fueron a un médium para aliviar su dolor, para mantener la clase de unión que yo necesitaba desesperadamente ahora. Si puedo hacer esto para ellos, me di cuenta, entonces lo haré.

Señalado

"Obtuve una aplicación para la escuela veterinaria", le dije a Mark casi exactamente diez años más tarde.

"Fregado, lo dices en serio", él dijo.

"Entre en el Internet y hice algunas investigaciones".

"Explícame esto. Tú estás haciendo esto porque . . ."

"Así no tengo que tratar con gente. Voy a poder sanar, a, perros y gatos. Parece que los animales te dan amor incondicional. No que sea el Dr. Doolitle, pero siento que entiendo a los animales".

Mark sólo se quedo sentado, mirándome con una cara que decía, "¿*Qué le pasa a este hombre?* "¿Tú sabes que estos seres peludos incondicionales?" Él dijo finalmente.

"¿Sí?"

"Ellos están atados a *gente*. Será la *gente* quien los traerá. Será la *gente* quien pagará la cuenta. Será la *gente* quien se quejará cuando muera su perro".

No lo había pensado de esa manera. Contadores—ellos pueden ser tan condenadamente inteligentes.

"Fregado", le dije. "Tú tienes razón".

"Mira", Mark dijo. "Deja de sentir lástima por ti mismo. Tú has pasado por esto antes; tú pasaras de nuevo por esto. Dios te dio esta gran habilidad. ¿Cómo puedes pensar en no usarla? Mírame a *mí*. Soy un contador. ¿Cuánta paz y consuelo crees que les traigo a la gente? Qué llamo a la gente y digo, 'tú debes cincuenta dólares, pero los bajé a diez'".

Me carcajeé y le dije a Mark, está bien, ya hiciste tu punto. Pero todavía me sentía mal. No rompí la aplicación a la escuela veterinaria, todavía no.

No le dije a Sandra lo que estaba yo contemplando. No le quería dar la oportunidad de decir lo que sabía que iba a decir: que esto era lo que se suponía que debería de hacer, el ayudar a gente, etcétera, etcétera. Lo podía tomar de Mark. Él es como Cher en *Moonstruck*. Él está encargado de las bofetadas. ¡*Oye—avívate!* Pero si lo escuchaba de Sandra, ello me traería a un lugar que no quería ir. Últimamente, ella me apoyaría en cualquier cosa que yo decidiera. Pero odiaba desilusionarla.

Nosotros los Libras, somos terribles para escoger. Ese es el gran chiste entre la gente cercana a mí—no le des opciones. Pero como mi madre, cuando finalmente decido algo, lo hago. No hablo de ello ya, y no cambio de opinión. Pero puede llevarse un tiempo para llegar ahí, lo cual no es fácil para la gente a mi alrededor. Primero, discutiré ambos lados, como si realmente deseara a ambos lados. Discutiré tan apasionadamente un día del por qué necesitamos hacer algo y discutiré igual de apasionadamente el siguiente día del por qué eso sería la cosa posiblemente peor de hacer. Luego sacaría una línea de probabilidades para ambas opciones. Si hacemos esto, esto puede pasar, luego esto pasa, luego esto . . . pero si hacemos esto, luego esto puede pasar y esto puede pasar, luego . . . siendo un psíquico sólo complica las cosas. Si se necesita tener una decisión de consenso y soy jalado a una dirección por mis guías, lo cual pasa todo el tiempo, me pongo muy frustrado cuando la gente no me escucha. Otro peligro ocupacional que a veces me hace sentir como que estoy solo en este planeta.

De todas maneras, como tú probablemente ya has de haber supuesto, decidí no convertirme en un doctor de mascotas. Lo cual quiere decir que tenía que confrontar de lo que se trataron los pasados nueve meses. No era tan sencillo como Así es la Vida. Así no es como funciona mi vida. Las cosas pasan por una razón. Como lentamente salí de mi pequeño abismo, empecé a realizar de que no era la gente desagradecida quien me estaba haciendo infeliz. Yo básicamente las estaba usando—la misma gente que salí a ayudar—como puentes de escape por lo que realmente me estaba molestando: yo estaba enojado *conmigo mismo*. Les quede mal a mis guías. Fallé en ejecutar lo que se suponía que tenía que hacer. Había fallado.

Por este tiempo en mi vida, mis guías y yo habíamos pasado juntos por muchas cosas. Es una relación única, por así decir. Todos tienen guías que los ayudan y les dan información, pero para la mayoría de la gente, la conexión es suave, aún imperceptible. Yo puedo estar más en tono con mis guías, pero ellos no son diferentes que de los demás. Ellos no están ahí para tomar mis decisiones, pero para ayudarme a encontrar mi camino para tomar las decisiones correctas—aun si esto a veces significa el hacer que pasen cosas para que la decisión sea un poco más fácil. Ellos brillan una luz, me empujan, y luego me permiten usar mi voluntad propia basada en las lecciones que he aprendido. Es una clase de relación colegial profesional. Ellos son como un comité de vigilancia, un grupo de cinco o seis, basado en las energías que he sentido, ellos parecen guiar por consenso. Ellos me jalarán en una dirección o en otra. Nunca escucho una opinión de minoría.

No creo que los guías que tengo ahora no son todos los mismos de hace diez años, o veinte. Al igual que los guías de todos, ha habido algunos que se van y vienen. Dependiendo en lo que ha estado pasando en mi vida y que lecciones necesito aprender. Algunas energías son traídas para propósitos específicos—al igual que cuando buscamos a un especialista para que administre cirugía, prepare nuestros impuestos, o repare nuestros carros. Una psíquica con quien he trabajado, Mary Jo McCabe de Baton Rouge, Lousiana, dice que debo de dejar de referirme de mis guías como "Los Muchachos". Ella me dijo estaba entrando una energía femenina. Pero yo todavía les llamo Los Muchachos.

¿Así que estaba haciendo este comité personal de guianza con la dirección que estaba yo tomando en 1998, cuando las regalías del libro y los informe comerciales estaban en la atmósfera? Esta es la pregunta que he estado evitando. Ahora era tiempo de tratar con ello.

El lado de negocios de la vida psíquica es cosa enredosa. Este es un trabajo espiritual, sin embargo no se puede negar que si tú tienes una habilidad o talento, es posible el ganarte la vida con ello. Algunos pueden aun hacer mucho dinero con ello. Pocos realmente lo hacen, pero hay los que cargan con el peso de la percepción del público para los demás. Cuando tome la decisión de actualmente hacer una carrera de esto. Tuve que llegar a un arreglo con mis guías. Llámalo un entendimiento: por mientras que no lo hiciera *sólo por* dinero yo iba a estar bien. Por mientras que el trabajo permaneciera enfrente y en el centro de todo, ellos cuidarían de mí. ¿La gente siempre me ha dicho, Caramba, pueden ellos decirte que bolsas de valores comprar? ¿Qué tal acerca del número ganador de lotería? ¿Pueden ellos darte algo de su guianza famosa en las Vegas? Ellos lo pueden hacer. Pero no lo harán. Aprendí desde un principio que si llegaba a tratar de usar mis habilidades para esa clase de cosa, ellos me abofetearían hasta atontarme. Ellos me dijeron una y otra vez: si tú haces algo con tus habilidades específicamente por dinero, te vamos a sonar tan fuerte que tu cabeza dará vueltas.

Así que aquí está mi regla: está bien el desear ganarse la vida como un médium, aún una buena vida—y está bien el tener éxito. Como mi colega Suzane Northrop dice, "No hay nada espiritual acerca de la pobreza". Lo que no está bien es el cruzar la línea delgada entre el simple deseo humano y la simple avaricia humana. Para mí. Si la cruzo, me tuesto. Esto no quiere decir que no puedo hacer cosas que me pueden traer premios financieros. Sólo que no puedo usar el dinero como la medida de mi éxito, como si fuera un participante en (Quien Quiere ser un Millonario) *Who Wants to be a Millionaire*. No puedo usar una calculadora como mi compás moral. Y no puedo abusar de mis habilidades al cobrar una tarifa obscena por una lectura privada sólo por que eso es lo que el mercado acepta. Y realmente, no es que mi campo sea tan especial. En cualquier carrera, si tú haces del trabajo lo primero, el dinero vendrá por si solo. Tú no tienes que ser una persona espiritual para embrazar esta ética. Y no tienes que ser un tiburón del Wall Street para perder la vista en ello. Especialmente si tú también te permites caer victima de algunos de los otros impulsos humanos: la competición con compañeros, resentimiento por ser dejado atrás, el deseo por el control y poder.

Estoy siempre diciendo que no son los espíritus los que lo están dando equivocadamente; es más bien que estoy mal interpretando sus mensajes. Así que ahora que me estoy descompresionando de mi más reciente choque y quemada, empecé a considerar si yo había mal interpretado los mensajes de mis guías en todos estos años. ¿Me permití convertirme tan seducido por la expectativa de lo que ellos me estaban enseñando—realmente desde el día que Lydia Clar se sentó en mi recamara y me dijo que iba a ser un psíquico famoso—que empecé a pensar de ello como una clase de privilegio?

Nunca deje de honorar el trabajo. El traer conocimiento y consuelo a mucha gente permanecía siendo mi meta. También permanecí con el principio de que si podía ganar mi dinero por medio de libros, cintas, o un boleto para un seminario, ni siquiera tenía que pensar acerca de cuanto ganaba en las lecturas de persona a persona, las cuales creía yo que era muy importante seguir haciendo, no importando que tan exitoso me volviera. Aún, tenía que reconocer que la humanidad podría haber perdido algo de la partida últimamente al impulso de ganar dinero. Esa nunca fue mi intención o motivación. Pero podía haber parecido de esa manera a cualquier guía espiritual que de casualidad estuviera observando. Así que ahora Los Muchachos me estaban abofeteando hasta atontarme.

Ellos me estaban regañando. Se supone que no debo de estar muy a la vista, eso decidí pensar finalmente. Por lo menos ahora no. Se supone que tengo que hacer el trabajo—hacer mis lecturas en mi oficina, y mis seminarios en los Holiday Inn—y continuar tratando de aumentar el entendimiento de la comunicación de espíritus. Pero era tiempo de ir despacio, respirar hondo, y volver a poner algo de espiritualidad dentro de esta empujadora, cosa torbellino médium que estaba yo haciendo. No era algún Tipo A en el Wall Street—cualquiera que hable más con la mayoría de la gente muerta obtendrá una gran compensación anual. (Disculpa las metáforas—ellos me dan un millón de ellas.) He estado operando bajo la asunción de que tenía que hacer todo *ahora mismo*. Opuestamente a cuando me jalaron dentro de una estación de radio y yo estaba pateando y gritando.

Por supuesto no tenía que hacerlo todo de una vez. Primero, tenía una lección que aprender: si iba a subirme a un escenario grande, tenía que dar una mirada por detrás de las cortinas. Necesitaba pasar por la experiencia de perder la perspectiva y hacerlo mal. Y necesitaba aprender a reconocer y saber como tratar con gente quien no necesariamente pusiera el trabajo en primer lugar. Nunca iba a poder controlar las acciones de la gente con quien tratara—y definitivamente ni a sus motivos y actitudes—pero yo condenadamente podía muy bien controlar los míos.

Eso me daba a saber, que no estaba listo para ser dueño de este conocimiento. Aún necesitaba algún tiempo para que entrara dentro de la herida y la limpiara. "Yo creo", le dije a Sandra, "que mis expectativas para el libro fueron irrealistas".

FUIMOS AL CARIBE, Sandra y yo, con su familia y algunos amigos. Rentamos una cabaña rústica en un hermoso precipicio junto al mar que tenía una alberca y un kiosco—y esparcido ante nosotros estaba el mar. El agua era de un deslumbrante color aguamarina, pero era áspera. Olas de cuatro pies de altura chocaban contra la pared debajo de nosotros. Hay una energía en las islas que parece cargarme de ella cada vez que voy ahí. Hay un lugar adonde nos gusta ir, y yo no sé si fue mi hogar en alguna vida pasada, pero algo hay acerca del lugar que es mágico para mí.

Los demás no pudieron ir hasta el Domingo, así que fui con mi amigo Steve Guddat un par de días antes que los demás. Y casi inmediatamente después de que llegué, supe que las cosas iban a estar bien. Muy en la tarde del primer día, estaba acostado en un flotante en la alberca. El sol ya había empezado a meterse, y podía ver la siluetas de las palmas en mi piel. Mi mente empezó a volar . . . *me preguntaba acerca de la aura de un árbol. ¿Cómo se veía eso?* Respire hondo y sentí la tensión del año previo dejar mi cuerpo. Las desilusiones y frustraciones; el estar firmando libros en el departamento de ropa intima de mujeres; el desastre en Dallas, Yosemite Sam y Elmer; la gente a quien no le gustaron sus lecturas; los ataques en el Amazon—nada de eso importaba ya.

Flotando en la alberca, casi me sentía como si yo hubiera cruzado al más allá, en un sentido. Los espíritus siempre están diciendo que ellos han dejado todos sus problemas atrás. Su dolor físico se desvaneció y todas sus preocupaciones del mundo desaparecieron. A ellos no les importa quien recibió la casa, no les importa que tú no estuviste ahí cuando murieron, nada de eso importa ya. Ellos están bien ahora. Y así es como me sentía. La única manera en que pueda describirlo es que me sentía purificado. Como que finalmente había soltado y rendía esta capa de energía negativa que yo solo estaba sosteniendo. Solamente se deslizó y cayó en el agua y se disolvió.

Había algo acerca de ese momento que era familiar para mí. Me di cuenta de lo que era. Hace años, cuando era un adolescente dando seminarios psíquicos los fines de semanas, compartía un cuarto con otros psíquicos, un lugar diferente cada semana y me di cuenta que había una competición entre los psíquicos: ¿Por qué está ella haciendo veinte lecturas en un día y yo sólo estoy haciendo diez? ¿Por qué está él recibiendo más clientes que yo? Era de naturaleza humana el sentirse competitivo y aún en ese entonces recuerdo de estar consciente de esa trampa. En su lugar, adopté una filosofía parecida a la Zen: Ellos quienes se suponía que tenían que verme me iban a ver. Si en un Domingo le leía a sólo tres personas, entonces se suponía que tenía que leerle a sólo tres personas. Si esa otra persona se supone que debe de leerle a quince personas, ella le leerá a quince personas y no tiene nada que ver conmigo. ¿Dinero? Lo que sea. Sólo haz el trabajo lo mejor que puedas.

Sólo que la balanza era diferente ahora—el principio era el mismo. A quien se suponía que iba a alcanzar con mis libros—o discursos y seminarios por esa razón—se suponía que tenía yo que alcanzar. Si sólo 100 personas leen mi libro, entonces esas fueron quienes se suponían que tenían que leerlo. Tan pronto como me reconecté con ese modo de pensar, estaba otra vez en el sendero correcto.

No tenía idea del por qué paso tan súbitamente o en ese momento. A lo mejor era la manera que mis guías decían, bien, tú has aprendido tu lección, puedes salir de tu cuarto ahora. Ve al Caribe. Descansa. Luego ve a casa y regresa a trabajar.

Reva y la Princesa

No mucho después de la muerte de mi madre en 1989, había empezado una gran búsqueda por Las Tres Señales. Era exactamente la clase de mentalidad cerrada y búsqueda mal guiada de las que siempre regañaba a mis audiencias y clientes. Sin tomar en cuenta que durante los próximos años tuve dos visitas asombrosas de mi madre en sueños, o de que varias veces mis colegas me pasaban mensajes que sabía eran de ella. Esos no eran los mensajes que quería escuchar. El pájaro blanco en el velorio, el cual técnicamente no era uno de ellos, sólo aumento mi deseo para los Tres Grandes. Cuando le digo a la gente que venga a una lectura sin ninguna expectación, yo sé que tan malvadamente difícil puede ser eso. Por mucho tiempo, yo no lo pude hacer.

Empecé a hacer citas con otros médium que conocía o había escuchado de ellos. Pero la primera señal vino durante una lectura que mi primo Joey tuvo con un médium en mi área. Joey se quería comunicar con su padre, mi tío Carmine. Pero durante la lectura, era una tía con una "P" en el nombre quien vino. Joey, quien era muy apegado a mi madre, fue escéptico, y básicamente reto al médium para que saliera con el nombre completo. "Ella me está diciendo que diga . . . Prin . . . ¿Princesa?" el médium dijo, aparentemente pensando que esto no podía ser correcto. Pero Joey se rió y dijo, "¡Sí! Ella fue mi tía Princesa". Ella quería que Joey supiera que ella y su padre estaban juntos, y bien.

Joey vino de visita y me trajo un regalo: una cinta de la sesión. Estaba un poco desilusionado de que el primer mensaje haya venido por medio de mi primo y no directamente a mí, pero no iba yo a discutir. Figuré que mi madre quería que Joey supiera que su padre estaba con ella, y que él estaba bien. Estaba seguro de que ella me iba a dar las otras dos señales a mí—y muy pronto. Figuré de que cualquier médium decente recibiría por lo menos una de las dos.

Al estar en el negocio, así fuera yo sólo un miembro menor de la fraternidad, no tenía ningún problema para encontrar el camino a los médium. Algunos yo conocía, tal como Shelley Peck; algunos no. Debí de haber visto ocho o diez en mi búsqueda para una confirmación, visitando algunos de ellos dos o tres veces. Fui a ver a la misma médium que Joey había visto. Nada. Otros recibieron buena y validada información, pero no Las Señales. Yo quería Las Señales.

Un año paso, luego dos, luego tres . . . mi madre realmente me estaba empezando a molestar y frustrar. Quiero decir que entre lecturas privadas por mis colegas y en eventos donde compartí un escenario con ellos, ella tuvo más de una gran oportunidad para que me sacara de mi miseria. Empecé a trabajar en *One Last Time*, y supuse que tendría las señales para el tiempo que estuviera terminado. Realmente deseaba poder escribir en el libro que había recibido todas las tres señales. Pero todo lo que puede decir en el libro fue: Deja tus expectaciones en la puerta. Porque estos espíritus no te van a dar lo que tú deseas escuchar. Aún yo recibo lo que ellos me quieren dar— y eso que yo tengo conexiones. Nueve años han pasado. Obviamente, mi madre tenía sus razones para hacerme esperar. Ella me enseño mucho acerca de la vida. Y esto también era una lección. Aún así, yo sabía que ella iba a venir eventualmente, cuando ella creyera que era el tiempo correcto. Me aseguré de continuar protegiendo la integridad de nuestro pacto. No revele las señales faltantes en el libro. Rick, mi colaborador, me preguntó, pero no le dije nada a él. No le dije a Sandra. No le dije a nadie.

EN SEPTIEMBRE DE 1998, encontré un nuevo libro por una médium de quien no había escuchado antes. Era llamado (*Comunicándose con el Mundo de Espíritus*) *Contacting the Spirit World*, y era una guía para la gente quien deseaba desarrollar sus propias habilidades para comunicarse con ese mundo. Este libro me sorprendió. Estaba escrito de una manera muy directa, realista y útil. Ningún esponjado balbuceo psíquico acerca del amor y paz y alguien parado detrás de ti jugando con tu pelo. Yo estaba tan impresionado con el libro que cuando lo terminé, estaba probablemente como todos los demás. Quería una lectura con la autora.

Su nombre era Linda Williamson, y aparentemente ella era de Gran Bretaña. Leí el libro en un vuelo a Puerto Rico, y cuando llegue a casa y fui a una junta a la oficina de mi publicador, le pregunté a Denise Silvestro, mi editora, si ella me podía ayudar. "¿Puedes investigar quien es esta mujer y como puedo ir a verla?" le pregunté.

Denise empezó a carcajearse.

"Yo sé, es gracioso. Soy un psíquico que está buscando una lectura".

"No, no es eso", ella dijo. "¿De casualidad notaste quien publicó su libro?" Ella se paro y fue a su repisa. Ella recogió una copia de *Contacting the Spirit World*. "Yo publiqué este libro".

"No me digas".

"Fue publicado en Inglaterra. Lo leí y me gustó. Compré los derechos en los Estados Unidos".

Denise me dio el número de teléfono de Linda Williamson, y yo no podía esperar para llamarla. Eran las diez de la noche—en Nueva York. Eso sería—bueno, muy tarde en Inglaterra. "¿Hola?" Escuché en un muy soñoliento acento Inglés. Aja. Ella atentamente me dio a saber que hora era en su parte del mundo. Pero no parecía importarle mucho eso. Ella estaba emocionada de que uno de sus compañeros médium estaba llamando desde América para decirle que tanto le gustaba el libro. Ella, por supuesto, no sabía más de mí que yo de ella.

"¿Podrías ser tan bueno y llamarme en la mañana?" ella pidió.

"Bueno, yo sólo estaba preguntándome si tú podías darme una lectura por teléfono en alguna ocasión".

"Yo realmente no hago eso. Pero si tú estás algún día en Inglaterra, me gustaría verte".

"Bueno, si tú eres una médium y lo has hecho por un sin número de años, estoy seguro de que puedes hacerlo por teléfono. Lo hago en el radio todo el tiempo. Es la misma cosa". Usualmente no me gusta molestar—yo más que nadie debería de saber como es el estar en el lado de recibir—pero yo sólo sabía que tenía que tener una lectura con esta mujer. Yo no me iba a quitar del teléfono sin una cita.

"Bien", ella dijo finalmente, sólo para poder regresarme a dormir. "Podemos hablar mañana. No puedo prometerte nada".

A la mañana siguiente, me paré todo emocionado. Linda me iba a dar una lectura fenomenal. Lo sabía, lo sentía. Tenía un fuerte sentir de que esto iba a ser lo que había estado esperando por nueve años por esa razón pensé que ella iba a colocarse en el teléfono y decir, "Hola, John, tengo a tu madre Perinda aquí. Ella se murió de cáncer del pulmón el 5 de octubre y ella quiere decir Princesa y Springfield y gracias por poner el oso Pooh en el féretro". Ya empecé. Calma, muchacho. Disminuye esas expectativas.

Le llamé, ya listo. Tenía mi auricular de teléfono puesto, el que uso cuando voy a programas de radio y en lecturas por teléfono. Tengo mi lapicero y mi libreta. Estoy listo para arrancar con la escritura veloz que aprendí en la preparatoria.

"Estoy muy emocionada de estar haciendo esto", Linda dice. ". . . tengo a una encantadora mujer aquí, y ella está parada detrás de ti . . ." Oh, no. "Y ella está enviando mucho amor y . . ."

"Estoy desilusionado. Ella no puede ser una de *esas*. Esto no es de lo que se trataba su libro. Totalmente me cerré. En lugar de escuchar lo que ella estaba diciendo, o pensar en ello, sólo lo escribía, por falta de algo mejor que hacer. Ella se mantiene hablando, y en respuesta, yo ofrezco solamente un gruñido ocasional de indiferencia. Ella me arroja algunas cosas y me pide que las validara. *Aja. Sí. No. Bien.* Ya había vendido mis acciones en ella; ella no va a ser la IPO quien me va a hacer millones. Ella es como una gitana lectora del futuro de las calles del Lower Manhattan.

Pero te da lo que vale tu dinero, lo digo a su favor. Estoy ya en la página seis de mi libreta. "Tu mamá me está pidiendo que te diga que ella era tu *luz guiadora (guiding light)*", ella dijo.

"Realmente no", respondí sin darle importancia. "Ella me dio mucha dirección, pero no sé si le llamaría eso".

"Oh, caramba".

"¿Qué?"

"Tu mamá es una mujer muy fuerte".

"Ella lo puede ser". No le voy a dar ni una pulgada de oportunidad.

Ahora Linda cambia su tono, habla despacio, baja su voz como si algo importante fuera a venir. "Ella quiere que te diga . . ."

"¿Sí?" ¿Bien cual es mi gran mensaje?

Una pausa. "Guiding . . . Light".

Silencio en mi lado. ¡Luego . . . Pumm! Esto es—se fue. Terminado. Caso cerrado. No puedo hablar. Las lágrimas me brotan. Nueve años de anticipación brotaron en un espectáculo de amontonada emoción.

Sandra entra, ve que estoy muy abatido. *Oh, Dios. ¿Quién se murió?*

Trate de serenarme. Todavía no he podido decir una palabra, así que Linda no tiene idea de que ella se acaba de volver mi nueva mejor amiga. "Tú eres un joven muy difícil de leer", ella dijo. "Tú realmente no ofreces mucha validación. Yo no sé si lo que te dije tuvo sentido".

"Linda", le dije, finalmente pudiendo decir más de una palabra a la vez, "tuvo más sentido que yo posiblemente te pueda decir". Le conté la historia completa, y ella dijo en su muy moderada forma Británica, "Bueno, me da gusto que haya podido ayudarte".

Y luego pensé que tan asombrosa era mi madre. Era tan obvio de lo se habían tratado los últimos nueve años. Al detenerse en todo ese tiempo. Ella estaba haciendo el punto de que quería que yo llegara a estar contento en mi trabajo primero: el problema con las expectaciones. Ella quería que enseñara por medio de mi propia experiencia. Aquí, yo, un médium profesional que conoce todas las trampas, y estaba haciendo la misma cosa humana de esperar por ese único grano de oro que tenía yo que escuchar, como si ello contuviera los secretos del universo, o por lo menos el significado de la vida. Como si al escuchar el nombre de una novela realmente iba a cambiar alguna cosa. Yo ya sabía que mi madre estaba alrededor, llevando una activa vida en el más allá. Mira todas las cosas que deje pasar por un lado mío porque no deseaba perderme de la Grande. Cosas de las que ni siquiera recuerdo—eso demuestra cuanto las ignoré. Grandes regalos de validación de médium quienes solamente no estaban entregando los paquetes que yo había ordenado. Así que los regresé. Fue una cosa ridícula de hacer.

Sin embargo, yo sé por qué lo hice, y sé por qué todos lo hacen. Si tú obtienes la cosa que estás pidiendo, parece ser como si fuera algo de un nivel un poco más elevado de validación. Es como si tu madre o tu esposo o tu hija está contestándote directamente. Y si eso está pasando, realmente significa que ellos están ahí, como si ellos estuvieran haciendo una llamada telefónica a través de una constelación tan lejana que no ha sido aún descubierta. En un nivel emocional, eso es increíblemente poderoso. Y es maravilloso si lo recibes—Viste el desastre sentimental que me volví cuando una mujer a quien yo no había conocido me dijo dos palabras por teléfono desde el otro lado del océano. ¿Pero que tal si tú *no* lo recibes? ¿Significa eso que ellos no están ahí? ¿Significa que no hay vida después de la muerte? ¿Qué tal si un médium no puede obtener para ti *eso*, pero en su lugar puede obtener *otra cosa*? ¿Si no es una sólida, especifica y factual validación, eso lo hace menos valioso? Esta es la trampa inevitable de la Gran Expectación.

Escribí en mi libro de que después de nueve años, aún no recibía las señales de mi madre que ella estuvo de acuerdo en enviar. Dije que yo estaba bien con eso. Y por el tiempo en que el libro fue terminado, lo estaba. Ella había venido a mí en muchas ocasiones, en muchas formas maravillosas. Me encanta recibir las señales, dije, y aún siento anticipación por el día cuando ellas vienen. En mis momentos de debilidad, puedo aún caer dentro de la trampa. Pero me ofrecí como la Exhibición A: No pierdas la gran pintura. Aprecia los mensajes que recibas.

Dije todo esto en el libro *One Last Time*. El libro fue editado, prensado y estuvo listo para la venta en septiembre. Unas semanas más tarde, yo estaba en el teléfono a Inglaterra, a media noche y mi espera de nueve años estaba apunto de terminar. Fue un regalo muy apreciado de mi (Guiding Light) *Luz Guiadora*.

LA ASOMBROSA DONNA

EN ENERO DE 1997, cuando estaba empezando a volverme conocido alrededor de Nueva York, por lo menos dentro del conocido grupo psíquico, *Newsday*, el periódico grande de Long Island, publicó una historia no muy usual en la sección de domingo de historias. "¿Está John Edward comunicándose con los Muertos?" preguntaba el encabezado. Lo que hacia de la historia no usual era de que no trataba de hacer burla o arrojaba ofensas o estaba desestimando lo que yo o los otros hacemos llamándoles "lecturas frías", adivinación de suerte, o que estábamos ejecutando algún absurdo y elaborado juego de estafadores. Fue un artículo más objetivo, aceptador, y genuinamente inquisitivo que yo haya alguna vez leído acerca de la comunicación de espíritu, en una publicación principal. También fue la primera historia mayor acerca de mí. Suerte de primerizo, pienso.

El escritor, Bill Falk, me había llamado y dicho que él había escuchado acerca de mí a través de un colega quien conocía a alguien que tuvo una lectura conmigo. Él estaba intrigado y quería pasar algún tiempo explorando lo que yo hago. Ya cauteloso de la prensa—sabía que mis colegas mayores no siempre eran tratados con respeto y a mi se me había hecho burla en un par de pequeños artículos de periódicos—llame a un amigo reportero y le pregunté que sabía él acerca de Falk. Él me dijo que era un reportero serio con una inclinación investigadora y con una reputación sólida. "Él no va a hacer un trabajo de hacha", mi amigo dijo. "Él es exactamente la clase de hombre que tú quieres que escriba acerca de ti".

Falk tomo el tiempo para entrevistarme a fondo e independientemente exploró el fenómeno. Una de las cosas que él hizo fue traerme a alguien para una lectura. No fue una idea original, pero me impresionó que no sólo quería una lectura para él. La persona que él trajo era una mujer madura llamada Joan Cheever. Supuse que ella era una amiga o familiar de él, pero ella salió siendo una licenciada quien aparte de ser una anterior manejadora editorial del *National Law Journal*, había pasado nueve años tratando de salvar a un convicto asesino llamado Walter Key Williams de ser ejecutado en Texas. Junto con otro licenciado, ella había discutido apasionadamente de que este hombre estaba emocionalmente perturbado y había recibido una defensa incompetente. Él había sido convicto después de un juicio que duro solamente un día y medio. La apelación falló, y a petición de Williams, Joan estuvo presente cuando el hombre fue atado a una camilla e inyectado con un veneno mortal.

"Cheever no es una amiga personal, o nadie quien Edward pudiera trazar a mí por medio de cualquier trabajo de detective privado", Falk escribió, mencionando una de las usuales especulaciones con que la gente sale cuando no pueden explicar como los médium legítimos hacen lo que ellos hacen. "La encontré por medio de una cadena larga de contactos personales y profesionales. Ella no ha salido en televisión o en periódicos aquí en la área de Nueva York. Estoy tan seguro como pueda estar de que él no sabe nada acerca de ella—ni siquiera su apellido".

Como Falk más tarde reportó en su historia, varios familiares de Joan Cheever atravesaron dando las estándar iniciales y los incompletos detalles que son lo suficientemente cerca para emocionar a un creedor, pero muy generales para un escéptico. Y luego otro espíritu salió al frente, uno que no fue familiar de ella. "¿Hubo alguien a tu alrededor quien tuvo una muerte repentina?" Pregunté, con la grabadora de Falk aún andando. "Estoy recibiendo un sentido muy repentino. ¿Hubo alguien cuales acciones guiaron a su muerte? No fue un suicidio, pero sus acciones trajeron su propia muerte".

Recibí un sentir de un piquete, o uno de atravesamiento. Joan me dio una mirada no comprometedora, como si dijera, bueno, a lo mejor . . .

"¿Salió eso en el encabezado del periódico? Porque él me está enseñando titulares. Pero no sólo fue su muerte que lo colocó en los encabezados de periódico".

Recibí sólo dos iniciales: "M" y "L". Los padres de Walter Williams fueron Melba y Lucian.

¿Hiciste algún trabajo para esta persona, tuviste una conexión de trabajo para él o con él?" le pregunté.

"Sí"

"Trabajaron juntos en un proyecto, en un grupo. No es como si sólo trabajaron para la misma compañía".

Joan estaba reconociendo casi todo lo que le decía, pero aún sentía que no había sido una gran lectura. Este espíritu tenía mucha más información que podía decirme, pero no lo hacía. Había alguien más interfiriendo, confundiendo las cosas, pero más que eso, sentía que el espíritu principal no estaba comunicándose claramente porque él no estaba muy avanzado espiritualmente. Falk más tarde escribió que él sintió que aquí yo estaba andando con rodeos. Pero entonces el espíritu rápidamente reconoció a un Bob que trabajaba en la televisión, y por primera vez, Bill y Joan registraron una reacción fuerte. Como más tarde supe, el compañero de Joan en el caso era un licenciado llamado Bob Hirschon. Él trabajó parte del tiempo como un comentador y analista legal para una estación de televisión en Texas.

Recibí una "H".

"Sí, hay una 'H'".

"¿Suena como Hirsh?"

Joan pauso, obviamente asombrada. "Sí", ella dijo finalmente.

El espíritu me dijo que Joan estaba escribiendo algo acerca de él. Sí, ella me contestó, ella estaba escribiendo un libro basado en su experiencia con Williams.

"Él dice, 'Asegúrate de que lo hagas correctamente'".

Otra vez, Joan fue tomada de sorpresa. Antes de la ejecución, ella le había pedido a Williams si estaba bien que ella escribiera acerca de él. "Asegúrate de que lo hagas correctamente", él le dijo

"¿Tenía este caballero sentimientos para ti?"

"No".

"Sí, los tenía".

"No".

"Lo siento, pero él estaba enamorado de ti. A lo mejor tú no lo sabías".

Joan se puso un poco apenada, luego confesó. "Nunca le dije esto a nadie", dijo ella. Era verdad, Walter Williams estaba enamorado de ella. Pero era una cosa de prisión, ella dijo. Él estaba aislado y dependiendo de ella. Ella sólo ignoro eso y hizo su trabajo.

"Él está muy contento acerca de eso", le dije.

Después de eso, Joan Cheever dijo que ella estaba "100 por ciento convencida de que era Walter". Mientras Bill Falk, dijo que él estaba una pequeña fracción corta del 100 por ciento, "a lo mejor sólo porque estoy afligido con el peligro ocupacional de no estar completamente seguro de nada".

Falk entrevistó a otros y observó a Shelley Peck. Él también hizo la obligatoria entrevista con James Randi, quien tiene la distinción de ser la única persona en América quien lista su ocupación como "escéptico" y usa el preferido primer nombre "El Asombroso". Nunca he conocido al

Sr. Asombroso, pero él parece conocer todo acerca de mí. Él debe de ser psíquico. Falk concluyó su historia de cinco mil palabras con una declaración asombrosamente atrevida para un reportero serio de una publicación principal: "O Edward y Peck están recibiendo estos detalles de conversaciones con el mundo espiritual. O ellos conjuran toda esta información por medio de una forma astuta y difícil de imaginar de trabajo de adivinanza. Habiendo visto toda la evidencia, me dejan con la extraña conclusión de que tiene más sentido el creer que ellos se están comunicando con los muertos".

Escuche de mi amigo más tarde que la historia causó un gran debate en el salón de prensa del periódico. Mucha gente, incluyendo el editor, no podían creer que su periódico ganador del Premio Pulitzer haya actualmente corrido una historia sería diciendo que un hombre local se sienta a platicar con la gente muerta. Mi amigo creyó que si realmente te pones a pensar en ello, esta era la historia más grande que cualquier reportero estaría esperanzado a tener. El titular: NO HAY MUERTE. Y el subtitular: SÓLO LOS IMPUESTOS SON INEVITABLES. Pero la historia de Bill Falk no sólo era una pieza valiente de periodismo. Era también una argolla de una cadena de eventos que finalmente me dieron un regalo que ni yo podía haber pronosticado. Bill nunca supo que tan poderosa su historia fue. Ahora lo sabrá.

DONNA MARIE (un seudónimo) era una mujer delgada y bonita quien hablaba rápido y sonreía dulcemente mientras las palabras salían trompeándose. Ella era cerca de mi edad y enseñaba biología en la preparatoria. No tenía ningún problema con imaginarme que ella era una maestra popular.

El padre de Donna se había muerto en noviembre de 1995, y después de leer la historia de Bill Falk en *Newsday*, ella llamó a mi oficina para hacer una cita. Cuando la vi, la primera cosa que ella me dijo fue de que casi había tenido una lectura conmigo hace más de diez años atrás, cuando yo sólo tenía diecisiete años de edad. "Yo tenía dieciséis", ella dijo, "y estaba con mis amigos. Decidimos ir sólo para diversión a una feria psíquica que tenían en el Holiday Inn. Y tú estabas ahí. Ellos estaban tratando de hacerme ir a tu mesa. 'Tú tienes que ir a ver a este hombre. Él tiene tu edad.' Pero yo era muy tímida". En su lugar ella fue a ver a una psíquica más tradicional, una de las mujeres mayores.

"Todavía hago una buena lectura de cartas", le dije.

Casi tan pronto como empezamos la lectura, el padre de Donna vino. "Él me está diciendo que ya conoce a tus niños", le dije. "Él está hablando acerca de Anthony, quien vendrá aquí abajo y será tu hijo. Él me está diciendo específicamente de Anthony, no Tony", Donna dijo que ella apenas se había casado y aún no tenía niños. Pero ella siempre había sabido que algún día ella tendría un hijo llamado Anthony. De hecho, su padre solía juguetear diciéndole que él iba a llamar a su nieto Tony. "Y yo le decía, 'Tony No. Anthony'".

El mensaje de su padre ahora era un poderoso consuelo para Donna. Su muerte, de un ataque al corazón mientras dormía a la edad de cincuenta y tres años, le fue muy duro. Ella estaba tan triste de que él nunca iba a ver a sus niños. No recuerdo de algún momento cuando un espirito haya atravesado con un mensaje tan significante. Era también intrigante de que él estaba diciendo que conocía a sus niños aún sin ellos haber nacido. Parecía significar que sus almas estaban todavía en espíritu, alistándose para regresar a la tierra. Cuando tenía veinte años, un año después de la muerte de mi madre, tuve un sueño en el cual mi madre, vestida en un traje de lino de negocios y mirándose bronceada, vino a verme sosteniendo a una niña de mejillas llenitas y de pelo chino rubio. "Mira lo que te traigo", dijo ella.

En el final de la lectura. Le dije a Donna cuanto había disfrutado el haberla conocido. Resulto que yo conocía al primo de su esposo. Éramos del mismo mundo. "Siento como si te conociera", le dije. "Siento como que conozco a tu padre".

Donna vino a una lectura de grupo un par de meses más tarde, ella y una amiga, una colega maestra, se inscribieron para otra que iba yo a tener en el Holiday Inn en noviembre. Pero en un mal tiempo para ella, o así parecía. Esa noche, su abuelo, quien había estado en una casa de ancianos con la enfermedad de Alzheimer, se estaba muriendo. "Él estaba cerca del final y toda la familia estaba ahí", Donna me contó eso más tarde". "Una enfermera dijo, 'Él probablemente se va a ir esta noche', y la gente le estaba diciendo, 'Está bien, te puedes ir', aunque él no los escuchaba".

Donna quería permanecer con sus familiares al lado del lecho de su abuelo, pero ella también sintió que tenía obligación con su amiga. "Me sentía terrible porque su esposo e hijo habían muerto seis meses aparte, y ella estaba acongojada. Ella no creía en una vida después de la muerte, pero lo deseaba creer. Habíamos esperado seis meses para ir al seminario. En la casa de ancianos, todos dijeron, 'Donna, ve. Está bien'. Así que decidí ir. Me incliné y le susurré, 'Abuelo, por favor espera hasta que regrese'. Me sentía tan mal al irme".

Donna manejó hacia el hotel y se encontró con su amiga. Le di a Donna un beso saludándola, y ellas tomaron asiento con las otras veinte personas. Le leí a casi la mitad de la gente—Donna no había sido una de ellas—y luego tomamos un descanso para ir al baño de diez minutos. Durante ese tiempo, vi a Donna en el pasillo, llorando. Mi primer pensamiento fue, el ser honesto, es una molestia. *No puedo creer eso,* me dije a mí mismo. Pensé que ella deseaba escuchar otra vez de su papá, y estaba molesta de que él no había venido.

Nos regresamos al cuarto, y resumí las lecturas. Le leí a una mujer, y luego me sentí atraído a la dirección de Donna. Para este entonces, ella se había calmado. "Tu papá está aquí", le dije. "Oh. Él trajo a gente con él. ¿Murió tu abuelo?

Donna movió la cabeza afirmativamente y empezó a llorar otra vez. "Espera un minuto", dije. "*¿Acaba* él de morir? Él es como realmente nuevo".

Eso era de lo que Donna había estado llorando en el pasillo. Ella había recibido una llamada de su madre en su teléfono celular, diciéndole que su abuelo acababa de cruzar al más allá. Y ahora él estaba viniendo. Pero él estaba al fondo. El padre de Donna era el que estaba hablando.

"Tú acabas de venir de un hospital", le dije a Donna. "Tú estabas en una fiesta. Hubo *dos* fiestas". Donna dijo que ella y su familia habían celebrado el 80 cumpleaños de su abuelo en el comedor de la casa de ancianos, la semana anterior. Y los globos todavía estaban ahí. Y en esta noche, ellos habían ordenado comida para toda la familia. "Tu abuelo está aquí, pero tu padre es quien está hablando por él porque es tan nuevo. Él quiere decirle a todos que escuchó todo lo que ellos le dijeron, y él les da las gracias, porque lo hicieron más fácil".

Aunque él no estaba diciendo mucho, el abuelo de Donna estaba atravesando con una gran energía. "Él se siente como Superman, él está como un zumbido por todo alrededor, él está tan contento de estar aquí. Como que ha sido liberado. Como que ha estado dormido por sesenta días. Hay mucha energía ahí. Es como si se haya ido de una fiesta a otra. Hay un gentío con él". Yo estaba siendo cubierto con nombres y sonidos. Rose. Gregory. "Hay mucha gente quien lo recibió. Ellos querían que él viniera, y ellos querían que tú vinieras aquí para recibir el mensaje. Esa es la razón por la cual todos te dijeron que vinieras. Así que no te acongojes por no haber estado ahí. Tú tenías un trabajo mucho más importante que hacer".

El abuelo de Donna parecía estar realmente disfrutando de todo esto. Él me estaba haciendo sentir su personalidad. "Él es como un político trabajando el cuarto".

"Así era él", dijo Donna. "Él era el presidente del local de los Trabajadores de las Prendas para Damas; él ayudo a gente de Italia a obtener trabajo en la industria textil. La Asociación de Negociantes Italiano-Americano lo nombraron el Hombre del Año".

"¿Quién es el cantante?" Pregunté.

"Oh, Dios. Él tocaba el órgano y cantaba todo el tiempo. Él grabó un disco de una canción que él escribió. '*Baci, Baci*'. Significa 'Beso, Beso'. Es acerca de alguien que va a Italia y se enamora con el país. Él tocó el órgano y nos guiaba en la cantada en todas las fiestas. Todos en la familia conocían las palabras. '*Beso, beso, besa así*'".

Cuando le hablé a Donna acerca de esa noche muchos meses después, ella todavía no podía creerlo. "Eso fue tan irreal", dijo ella. "Mi abuelo *acababa* de morir. Y él estaba presentandose ahí".

Donna se volvió cautivada por la comunicación de espíritu por la misma razón que yo lo hice. "Mi padre murió tan de repente", ella explicó. "Fue una gran sorpresa. Un día él estaba aquí, el próximo—pumm. Desde ese entonces, había deseado saber donde estaba él. ¿Qué es lo que estaba haciendo, como es allá? Tenía está búsqueda de querer conocer como *se veía* el otro lado. Iba a Borders y compraba montones y montones de libros acerca de las experiencias de la gente. Los leía todos en una noche. Ni siquiera sabía quien los había escrito. Yo estaba obsesionada".

Pero ella no estaba contenta con sólo leer acerca de las experiencias de otras gentes, o aún con venir a lecturas y seminarios y escuchar a alguien decir como era allá. Ella quería una conexión más directa. Ella quería ver si podía desarrollar sus propias habilidades. Eso es algo que trato de alentar a que haga la gente, así que de vez en cuando presento un taller llamado "Construyendo Puentes", Donna atendió uno en el verano después de que la conocí, en el verano de 1997. Ella y los demás en el grupo empezaron con una meditación. Luego los guié a través de una serie de ejercicios de visualización para traerlos a un lugar en su conciencia donde pudieran recibir y comunicarse con espíritus. Empieza en una playa, les instruí. Respiren profundamente, cierren sus ojos. . . .

Donna recuerda:

Estoy sentada ahí haciendo los ejercicios. John dice que permitamos a la luz blanca fluir a nuestro alrededor y a través de nosotros. . . . Recibo a una mujer en sus años sesentas o setentas con pelo crispo rojizo. Ella tenía un cuerpo de una forma de pera. Ella está cargando un maletín antiguo negro de doctor, y con esto estoy recibiendo que esto representaba que ella estaba cuidando de un hogar. Ella está sonriendo. Y luego veo, escrito a través de su pecho, "Jean". Ella se ve vieja, pero estoy recibiendo que ella es la madre de alguna persona de mi edad. Esta es la primera vez que estoy haciendo esto, así que pienso que lo estoy inventando, imaginándomelo. Después de unos minutos, John pide a esos que sintieron alguna cosa que se levantaran. Me levanté, aunque no sé lo que estoy haciendo y no tengo idea si lo que paso fue realmente una comunicación de espíritu. Realmente no lo creía.

Le dije a todos lo que vi y sentí, pero no dije "Jean", porque ese es el nombre de mi cuñada, quien estaba conmigo, así que no pensé que eso significaba algo. Pero entonces alguien dijo, "Yo pienso que esa persona puede ser mi madre". Ella describió a una mujer quien tenía esa forma de cuerpo. Su pelo era rojizo, pero se lo pintaba negro. Ella tuvo cuidado de hospicio. Pero eso es información muy general. Y luego ella dijo que el nombre de su madre era Jean.

"¡Oh Dios mío, por Dios que ese es el nombre que recibí!" Le dije. "Yo no lo mencioné porque mi cuñada se llama Jean".

La muchacha que se paro tenía más o menos mi edad. Ella dijo, "La razón por la que estuviste confusa es porque ella me tuvo cuando estaba en sus años cuarenta. Esa es la razón por la cual ella se mira como si fuera mi abuela. Pero ella es mi madre".

"Me debes de estar bromeándome", le dije.

Ella dijo, "¿Te gustaría ver una fotografía de ella?" Ella sacó una fotografía, y esta era la mujer que había visto—la misma forma de cabeza y exactamente la misma forma de cuerpo. Su cara era casi común. Todo era lo mismo excepto su pelo era negro. Si hubiera descrito a la persona que vi a un dibujante, esto es lo que él hubiera dibujado. No podía creer que había hecho esto.

Después del taller, Donna empezó a hacerlo en su casa. Ella practicaba con su cuñada. "Trataba de recibir cosas acerca del hermano de Jean", dijo Donna. "Y ella las validaba. Cosas acerca de la personalidad de él, acerca de la boda de ella. Él era alguien con el síndrome de Down quien funcionaba elevadamente, y yo totalmente recibí su personalidad. Dije. 'Caramba, a lo mejor realmente estoy haciendo esto'. Eso me hizo sentir bien porque yo le estaba dando a Jean tan grandiosa cosa".

Le hablaba a Donna de vez en cuando y siempre le decía que yo pensaba que ella debería de seguir trabajando en sus habilidades. En los dos años siguientes, ella ocasionalmente practicaba en Jean. Ella no era lo suficientemente atrevida para pedírselo a otra persona, así que había un limite de cuanto ella se podía desarrollar. Aparte de eso, ella se volvió muy ocupada. Ella tuvo su primer retoño—no un hijo llamado Anthony, pero una hija que ella y su esposo, Tommy, llamaron Julia.

Una noche en octubre de 1999, Donna estaba sentada en la silla mecedora en el cuarto de la bebé, sólo viéndola dormir. Ella se preguntaba si algo podría venir si no había nadie en la casa excepto Julia.

De repente, recibo a esta mujer que viene al frente. Ella parece como si tuviera el pelo rubio pintado. Ella se acerca y recibo dos nombres escritos en ella. Estoy entendiendo que así es como recibo los nombres. Yo no los escucho. Los veo, en letras grandes. Los dos nombres son Carol, y Annette o Antoinette. Pasaron muy rápido. Luego ella me enseñó un perrito, una cruz y luego un atardecer. Inmediatamente conecté a esta mujer. Era la madre de John. Había visto una fotografía de ella en el video *One Last Time*. Le dije, "si tú realmente eres la madre de John, dime algo realmente importante para validar que esta eres tú". Ella me miró y dijo, "Dile 'Pooh'. Fue como una película en mi cabeza. La estaba viendo decir esto, pero escuché mi propia voz. Agarré una libreta y escribí lo que había pasado. La mañana siguiente cuando desperté, la primera cosa que sentí fue la madre de John. Ella dijo, "Dile oso".

"John, tú vas a pensar que estoy loca", Donna dijo por teléfono. "Yo no sé si esta fue tu mamá. Se parecía a ella en la fotografía del video. Ella me dijo Carol y Annette. O a lo mejor Antoinette". Una amiga mía llamada Carol estaba empezando a pasar parte de su tiempo libre ayudándome a organizar mi oficina. Y Antoinette era una mujer a quien apenas se le había empleado para hacer la publicidad para una gira que estaba yo haciendo por medio del Learning Annex, una organización de educación para adultos en todo el país.

"Y después le pedí una validación más fuerte. Y ella dijo, 'Pooh', y luego hoy en la mañana dijo 'oso'".

"Oh Dios mío", le dije. "¿Sabes lo que acabas de hacer? Ese era mi tercer símbolo".

Estaba más calmado esta vez. Después del mensaje del *Guiding Light*, esto sólo fue el betún en el pastel. Estaba emocionado por haberlo recibido, pero a estas fechas había llegado a entender que no debería de ponerme más emocionado por el oso Pooh que cualquier otra validación.

Desde que se publicó *One Last Time*, había recibido docenas de cartas y comunicaciones de gente afirmando haber recibido una visita de mi madre, dándoles mensajes que absolutamente no tenían sentido. ¿Es esa una de las señales? Ellos preguntaban. La gente me ha detenido en público para decirme que ellos "recibieron una señal". Encontré esto gracioso porque de ninguna manera mi madre iba a hablarle a todas estas personas. Ella no fue una persona muy sociable aquí. Yo no creo que ella se haya vuelto la amiga de todos allá. Deje de estar prestando atención a todos los que no fueran médium profesionales tales como Shelley Peck y Suzane Northrop, quien yo sé que han pasado mensajes de mi madre. Pero ella parecía que le gustaba más Donna Marie.

Después del mensaje del oso Pooh, le dije a Donna que no esperara escuchar de mi madre en el futuro cercano. Pero dos semana más tarde, ella tuvo otra visita. Cuando ella primero empezaba a tratar de construir puentes al mundo de espíritu, Donna había comprado una libreta de cubierta mármol para escribir todo lo que pasaba. Pero después de un tiempo. La única cosa escrita adentro eran reportes y notas de encuentros con mi madre. La primera fue el 10 de octubre de 1999. La siguiente fue sólo quince días más tarde, el 25 de octubre. Luego otra vino una semana más tarde, el 2 de noviembre. Diez visitas por todas, la última el 11 de julio de 2000.

Alguna de esa información que recibió fue increíblemente detallada, tan acertada como cualquiera que haya yo recibido en mi propio trabajo. A principios de junio del 2000, Donna vino a verme y dijo que ella había tenido unos días antes lo que pensaba que era otra visita de mi madre. "Tengo que preguntarte esto", ella dijo. "Tengo que preguntarlo. ¿En tu recamara, tienes un armario grande de madera obscura con un tocador con espejo? ¿Porque tu madre me enseñó tu recamara. Los muebles son de madera clara, y si tu sacas el cajón de arriba del lado derecho, hay una cajita con una carta adentro es de tu mamá, o un pedazo de papel con algo escrito en él. Estoy viendo esto como una película. Ella me está convirtiendo en una cámara. Ella trae puesto un vestido azul. Ella me está enseñando un brillante volante de oro".

La descripción que hizo Donna de mi recamara con los muebles en ella era acertadísima. Y en el armario que ella describió, hay sólo un cajón que es mío. Todos los demás son de Sandra. Y en ese cajón está el joyero rojo viejo de mi madre, el cual tiene algunas de sus joyas viejas, junto con algunas de las mías. Y con las joyas está una carta doblada que escribió mi madre, especificando quien debe de recibir ciertas joyas.

¿El volante de oro? Acababa apenas de comprar un carro nuevo.

Donna continuo relatándome la más reciente visita. "Le dije a ella, 'Dime algo que tú acostumbrabas a decirle a John todo el tiempo'. Ella me dio la canción 'C'est La Vie'. Era una de esas maravillas de sólo un éxito en los años 80. La escuchaba en el radio todo el tiempo. La escucho en mi cabeza ahora".

"¡Mi madre decía eso todo el tiempo!" Dije cuando Donna me dijo esto. "Le preguntaría si era Italiano".

Donna dice que no fue hasta que mi madre le dio la imagen de Pooh que ella creyó que a lo mejor realmente podía hacer comunicación de espíritu. "Yo ni siquiera estaba tratando de comunicarme con ella", ella dijo. "¿Por qué me escogió ella a mí? Eso es cuando empecé a sentir que a lo mejor había algo en esto".

Empecé a alentar a Donna para que trabajara en sus habilidades, al igual como Lydia Clar y Sandi Anastasi y Shelley Peck me animaron a hacerlo hace años. Lo más importante, le dije a Donna, era que ella tenía que hacer lecturas. "¿A quien le voy a leer?' ella preguntó dudosamente. Ella tenía razón. Ella no podía leerle a amigos y a familiares por la misma razón que no lo hago yo. ¿Qué era lo que se suponía que tenía que hacer, preparar una mesa en el Sunrise Mall? Así que empecé a hacer que viniera a mi oficina a dar lecturas, usando un cuartito a un lado del piso de baile que instalé en medio de la oficina para que así yo todavía pudiera enseñar a unos pocos estudiantes el baile de salón.

Empecé a traer amigos anónimos míos para que Donna les leyera, al igual como los periodistas lo han hecho cuando están tratando de ponerme a prueba. Hice que se sentara en una silla mirando a la pared, luego metía al sujeto que se sentaba detrás de ella. Porque así ella no los podía ver y estaban instruidos para que dieran solamente respuestas de sí y no, así ella estaba forzada a enfocarse en las energías, con sólo mi enseñanza como una guía. Porque seguido estoy tocando de las mismas energías, yo pude darme cuenta de lo que ella estaba recibiendo y de lo que no recibía, y a veces la razón del por qué.

Una noche, traje a dos amigos. Ella trató de leerle al primero, mi colaborador de escritura, Rick, pero ni una singular cosa registró. Un cero virtual. Pero mientras escuchaba a los detalles que Donna estaba impartiendo, algo se me ocurrió. Fui afuera a la oficina y le pedí a Joanne, una amiga quien estaba en la oficina esa noche, que entrara al cuarto. Cuando ella entró, *todo* tuvo sentido para ella. La segunda persona fue mi buen amigo Ernie, quien su abuela vino muy fuerte y claramente para Donna. Como cualquiera otra persona que tiene un maravilloso talento natural pero virtualmente ninguna experiencia, Donna sólo necesitaba seguir *haciéndolo*. Como ella se familiarice más con la manera que los espíritus atraviesan para *ella* y por medio de la practica, afile sus conocimientos para interpretar los mensajes, ella así se convertirá en una espléndida médium. Un día, ella vino al estudio de *Crossing Over* y estaba en mi vestidor mientras mi productor ejecutivo Paul estaba ahí. Ella lo miró y dijo, "Estoy viendo 'MARTY, MARTY, MARTY' enfrente de ti". Paul se sonrió. "Mi padre", él dijo. "Él murió hace unos años".

Así como mis guías convocaron a Lydia Clar a mi casa para que hiciera que yo empezara cuando tenía quince años, yo creo que debo de colocar a Donna en su propio sendero. Tres veces en mi vida, personas me dijeron que iba a conocer a alguien llamada Donna, quien tenía un bebé, y que iba yo ayudarla. Dos de ellas eran compañeros psíquicos. La otra fue el mismo Ernie, quien me miró hace unos años y dijo, "¿John, quien es Donna?" Tampoco no es accidente de que mi madre escogió a Donna para darme el tercer mensaje y la señal final, o de que ella ha venido por medio de ella tan frecuentemente.

¿Cómo se siente Donna acerca de todo esto? Es poner mucha presión en alguien que sólo desea criar a su familia y enseñar biología en la preparatoria.

"Si Dios realmente desea que yo haga esto, Él colocará cosas en mi sendero", ella dice. "¿Por qué tu mamá vino a verme a mí? Ella podía haber venido a ver a cualquier otra persona. Es más que una coincidencia". Ella sabe que habrá retos para su vida personal si ella activamente sigue esta línea de trabajo que algunas personas consideran un cruce entre la practica de brujería y el vender terrenos de pantanos. "¿Qué es lo que dirá mi familia? ¿Qué es lo que dirá la gente en la escuela? Tendré que tratar con ello". Ella no estaba todavía lista para dejarme usar su apellido aquí. El esposo de Donna, Tommy, un hombre de negocios con un titulo de leyes, empezó como un escéptico, pero él no permaneció así por mucho tiempo. Él ha visto demasiada evidencia por sí mismo, mucho más que la mayoría de la gente. Él siempre ha apoyado la necesidad de Donna para explorar este mundo. Y él sabe que tan bien esto la hace sentir.

"He leído para nueve personas a estas fechas", Donna dijo un día en la primavera. Cuando estos espíritus vienen a mi mente, es casi como el conocer a gente nueva. Ellos hacen que los sienta yo tan fuertemente. La abuela de Ernie—su calidez literalmente me hizo sonreír. Me cubrió. Ella dejo una impresión tan grande que pensé en ella por varios días. Esto ha cambiado la manera que miro la vida y la muerte. Ha sido una gran ayuda en el proceso del afligimiento sobre la muerte de mi padre. Así que si puedo ayudarle a alguien, tengo que hacer eso. Me siento muy humilde. ¿Si Dios quiere que haga esto, quien soy yo para decir que no?"

— CAPÍTULO 3 —

LOS
PRODUCTORES

La Tele

Como tú debes de haber adivinado ya, soy un recuperado adicto a la televisión. Bueno, a lo mejor no muy recuperado. Nadie conoce esto mejor que mis amigos en el mundo espíritu. Cuando estoy haciendo una lectura, tú nunca sabes cuando voy a arrojar el nombre de algún carácter secundario de un programa que ha sido cancelado después de trece episodios en 1987 porque el padre de alguien pensó que esa era la mejor manera de hacerme decir que él era un plomero llamado Ed.

Pero el gustarle a uno ver la televisión y el querer estar *en* televisión son dos cosas muy diferentes. Cuando apenas firmé el contrato para escribir *One Last Time,* le dije a la gente de publicidad que ellos tenían que figurar como promover el libro sin ponerme en el circuito de televisión. Yo no quería mi cara en la televisión odiaba la idea de que alguien me iba a decir que tenía que hacer este o aquel programa—y a lo mejor iba a hacer un programa que pudiera sensacionalizar o menospreciar el tema. El control, especialmente en mi trabajo de médium, es muy importante para mí. Había también una parte de mí que no se sentía bien con hacer lo que terminarían siendo comerciales para mí mismo, pregonando la comunicación de espíritus como Paul Reiser lo hace cuando está vendiendo diez centavos por minuto para la compañía de larga distancia AT&T. No iba eso a suceder conmigo.

Estaba sucediendo. Un año más tarde, yo mismo estaba llamando a productores de televisión y pidiéndoles que me pusieran en sus programas. Tuve, podemos decir, un cambio de opinión. La gente de publicidad me sentaron y dijeron: John, escucha muy cuidadosamente. Esta es América. Es 1998. Si deseas colocar tu libro en muchas manos, tú tienes que salir en la televisión. Ellos estaban en lo correcto, por supuesto. Si quería que el libro fuera exitoso, tenía que bajar de mi gran pedestal y hacer lo que todos hacen. Quiero decir, mira cuantos libros hay en Barnes & Noble. Pero eso no significaba que estaba dispuesto a entregar la C grande. Si quería mantener control de esto, tenía que ser yo mi propio publicista. Muy al fondo de mi mente, pensé que si hacia suficientes conexiones por mí mismo, yo a lo mejor pudiese escoger los programas donde iba a salir. Mis guías me dieron la luz verde, o a lo mejor una amarilla intermitente. Procede con precaución.

Cuando empecé a salir en radio unos años antes, descubrí que no necesitaba a una persona o agente de publicidad para que consiguiera que yo saliera en los programas. Yo estaría mejor haciendo contacto con los productores por mí mismo explicándoles quien era yo y que era lo que hacia. Es algo muy directo—llamar a una estación, hablar con el productor, hablar de mí, y usualmente, planear una hora cuando salir. O, mejor que eso, recibir una llamada de un productor que había escuchado de mí por medio de un colega en una estación hermana de radio y quería que saliera en ella. ¿La televisión era algo más grande, lo sabía, pero los productores son productores, verdad?

Empecé llamando a los números principales de teléfono de los programas y me entere de quien estaba a cargo de ellos. Siendo la persona organizada que soy, mantuve muy cuidadosas listas de contactos y números de teléfono en una carpeta, dejando un espacio para escribir notas de lo que la gente decía cuando yo llamaba y como y cuando yo debería proceder. Empecé a llamar a productores de las dos costas del país, esperando hablar mi entrada a un estudio de alguien. No estaba en ninguna posición de ser muy escrupuloso, pero esperaba que si desarrollaba suficientes contactos, yo lo podría estar. ¿Qué tan difícil puede ser esto? Creía que si ellos sólo hablaran conmigo, iban a recibir un ejemplo real de mi trabajo, no la tan mencionada mitología del abra–cadabra. Recuerdo un programa que salía por todo el país en 1994 llamado *The Other Side* que seguía tratando para que yo saliera en él y hiciera tópicos como los lugares con fantasmas y de cosas que se mueven por sí solas, espíritus malignos y de hechizos. Cuando les dije que todo lo que quería hacer era salir en el programa y hacer lo que hago ellos me dijeron no gracias—eso ya se estaba haciendo por alguien más.

Ahora, cuatro años más tarde, parecía que si esto era algo que ya se había hecho, estaba otra vez regresando y muy bien. La gente que habla con la gente muerta estaba positivamente de moda—y los que tenían libros siempre estaban saliendo en la televisión. Así que por lo menos ellos sabrían de lo que yo estaba hablando, pero por supuesto había siempre el riesgo de que esta vez realmente ya lo estaban haciendo. *Oh, no, no otro médium.* Por lo que podía darme cuenta, todavía había más programas de televisión con tiempo para llenar que médiums con libros para vender.

Uno de los primeros programas que llame fue *Leeza*. Me caía bien Leeza Gibbons. Ella se veía sincera e inteligente y su programa parecía estar en un nivel más alto que los usuales del día. Tú sabes como los de, el tema de hoy es: "Me acosté con el novio de mi madre y ella se enojó y empleo a un asesino y esa es la razón por la cual ella está en prisión y yo me visto como una mujerzuela y tengo setenta y tres aretes en el cuerpo".

Tenía un contacto en el programa *Leeza*, una productora llamada Joyce a quien le había llamado antes. Yo sabía que ella era una persona espiritual pero no pensaba que ella estaba interesada en la cosa psíquica. Aún, ella era un buen lugar para empezar. Cuando llamé otra persona contestó su teléfono y me dijo que la productora con quien yo estaba tratando de hablar había dejado el programa. ¿Oh, dije, está ahí alguien más con quien yo pueda hablar acerca de una idea que tengo para el programa? Tú puedes hablar conmigo, la mujer dijo agradablemente. Su nombre era Ramey y ella explicó que era una productora de "proyectos especiales". Era su trabajo el encontrar ideas no muy usuales, "no tu programa de cosas esperadas de invitados de un parque de casas trailer y todas esas cosas".

"Bueno soy un psíquico médium y tengo un libro que va a salir a la venta. El departamento de publicidad de mi publicadora dijo que voy a necesitar empezar a salir en televisión y hacer cosas así, y deseo ser selectivo con lo que hago. Deseo saber que el tema va a ser tratado con integridad, lo cual sé que tu programa lo haría".

"Una gran idea pero una mala hora", dijo Ramey. "Acabo de hacer un programa con otro médium no hace más de dos semanas. La estación no me permitirá hacer otro tan pronto". Creo que hablé con la persona correcta, aunque dos semanas tarde.

"Tengo cosas que puedo enviarte", le dije. Había hecho un pequeño conjunto de cosas que incluían mi video de *One Last Time*, algunas partes del libro, y el artículo del periódico *Newsday*. "¿Crees que podrías mirarlo en alguna ocasión?" Seguro, ella contestó. Empaqué una caja y escribí el nombre de Ramey en mi carpeta—Ramey . . . Warren . . . Black—con una nota de llamarle otra vez en unas pocas semanas. Yo sabía que ella no me iba a llamar. Esta gente nunca te llama. Tú tienes que mantenerte buscándolos. Me moví al siguiente programa en mi lista.

Hay un programa en las mañanas llamado *Fox After Breakfast* que pensaba que pudiera estar interesado. Llame a la persona en mi libro de contactos, Paul Shavelson, el productor ejecutivo. Empecé con mi letanía, pero él parecía estar solamente escuchando a medias. Él dijo algo gentil como, "No estamos realmente interesados en hacer ese tópico en estas fechas", y me paso con uno de sus empleados, quién dijo, "Sí, no creo que estamos haciendo esa clase de cosas".

Después de unas llamadas más, me di cuenta de algo. Esto no es como el radio. En el radio, tú hablas con el productor del programa. Así es. En televisión, es como que cada programa tuviera veinte personas y todos ellos son productores. Productores ejecutivos, productores asociados y algunos sólo productores. Tú tienes que hablar con cuatro personas antes de que hables con una persona que pueda tomar una decisión, y luego todavía no llegas a ningún lugar porque su decisión puede ser: Lo siento, en estas fechas no. Algunos de ellos eran del tipo engreído de televisión que yo probablemente estaría mejor con permanecer lejos de ellos.

Unos días después de que empecé a hacer llamadas, el teléfono sonó: "¿Hola, John? Soy Ramey del programa *Leeza*".

"¿De veras?" Contesté. "¿*Leeza*? ¿Tú me estás regresando la llamada? Yo no pensé que lo harías. Que a todo dar".

Ramey se carcajeó. Ella no estaba acostumbrada a una demostración sin ninguna vergüenza de gratitud. Yo no creo que hagan esto en Los Angeles. "¿Así que cosa pensaste de lo que te envié?" le pregunté.

"Bien. Esto es lo que pienso. Pienso que la cinta no te representa tan bien como creo que necesitas ser representado. Pero creo que eres asombroso y me gustaría ayudarte a salir a la vista. Si esperamos un tiempo, vamos a tener una oportunidad de ponerte en el programa".

Pensé que era grandioso de parte de Ramey el regresarme la llamada para decirme unas bondadosas palabras. Ella era alguien que definitivamente valía la pena mantenerme en comunicación. Le llame más o menos un mes más tarde y terminamos hablando acerca . . . de cosas. Religión en comparación con la espiritualidad. La familia. La televisión. Después de eso, empezamos a hablar regularmente y nos convertimos en amigos de teléfono. Ella me dijo que el programa *Leeza* sólo era el último en una línea de trabajos en la televisión que ella había tenido en los últimos veinte años. Ella empezó como coordinadora de talentos para Johnny Carson en el programa *The Tonight Show*. De ahí ella se fue al de *Hour Magazine*, el *Late Show* en Fox, el *Home Show*, *Will Shriner*, *Body by Jake*, y el programa que disfrutó más—el programa *The Tammy Faye Show*. Pero ella estaba inquieta después de producir para estos programas sindicados día tras día, año tras año. Era como alimentar bocados a una bestia insaciable. Grabarlos, hacerlos otra vez al siguiente día, y cinco veces la siguiente semana. Ella estaba lista para hacer algo que había estado pensando y planeando por años. Ella quería formar su propia compañía de producción y entrenamiento del medio de comunicación. Era un paso natural. Ella tenía amigos por toda la ciudad. Ella ya tenía un nombre para la compañía: Media-Savvy. Y una socia: Adora English, una productora de entretenimiento para las noticias de la mañana en KTLA quien ha trabajado en "cada fabuloso y terrible programa de entrevistas en América", como a ella le gusta decir. "En ambas costas". Ahora todo lo que ellas necesitaban era la bravura para hacerlo.

Ramey vino a Nueva York en el mes de mayo a los premios Emmy para programas televisados durante el día, pero no pudimos arreglar que concordaran nuestros horarios, así que no fue hasta octubre cuando finalmente tuvimos oportunidad de conocernos en persona. Iba a ir a Los Angeles con Rick Korn a encontrarme con un viejo amigo de él llamado Marc Gurvitz, quien era un manejador de talentos y productor de televisión.

Rick, Marc, y el amigo de ambos Alan habían crecido juntos en Plainview, Long Island. Una noche, unas semanas después de graduarse del colegio en 1978, Rick se encontró por casualidad con Alan en su lugar favorito en Long Island. Alan dijo que él salía en la mañana para California, siguiendo a su novia y figurando que él encontraría un trabajo cuando llegara ahí. Su viejo amigo Marc estaba ya ahí, y él podía quedarse con él por un tiempo. "¿Oye, cuate, por que no vienes conmigo?" Alan le dijo a Rick, quien tenía un primer buen trabajo en mercadeo pero estaba viviendo con sus padres y estaba abierto para escuchar sugerencias. Fue la tercera cerveza que lo hizo tomar la decisión. Alan se fue a su casa a terminar de empacar y Rick se fue a la suya a empezar a empacar. A las cinco de la mañana, él despertó a sus padres y les dijo que se iba para California. *¿Qué? ¿Cuándo?* Ahora mismo. Mi amigo está allá abajo y está estacionado en medio de la calle. Y se fueron, Rick, Alan, y Goat el perro de Alan.

Marc Gurvitz estaba ya en Los Angeles tratando de entrar en el negocio de entretenimiento. Según Rick, a quien le gusta hablar de Marc y sus hazañas, su amigo era un hombre valiente y divertido que diría o haría casi cualquier cosa para entrar en el juego. En el día, Marc manejaba el departamento de envíos en el Capitol Record, un trabajo que él astutamente usaba para hacer conexiones. Si una cinta tenía que ser enviada a Jackson Browne, Marc hacia el trabajo él mismo y encontraba la manera de entregarlo personalmente, lo cual siempre terminaba con una introducción completa a ningún costo. En la noche, Marc visitaba los clubes humorísticos diciéndoles a los comediantes que a él le gustaría que llegaran muy lejos y lo iban a hacer si él los manejaba. Bill Maher y Sam Kinison, para nombrar a dos, encontraron que Marc tenía una misteriosa habilidad para saber lo que era gracioso y lo que era *realmente* gracioso. Marc usó sus ahorros para rentar un apartamento en un edificio llamado el Oakwood donde él conocía que los estudios de películas hospedaban a los actores. Él venía a casa a la hora de la comida y hacia llamadas telefónicas para encontrar trabajo para sus clientes y para hacer negocios. Cuando Rick, Alan, y Goat llegaron en el Toyota, ellos encontraron un muchacho de veintidós años con las palabras Voy A Tener Éxito prácticamente estampadas en su frente.

Los tres muchachos Judíos de Long Island vivieron juntos por un tiempo. Rick encontró otro trabajo en mercadeo, pero eventualmente se regresó al este. A Alan le encantaba de corazón pasarse el día en la playa en California, así que Nueva York estaba permanentemente en su espejo para retroceder. Él había ido a la escuela de biología marina pero se convirtió en un instructor de buceo. Un par de años más tarde, él se movió a la Cayman Islands. ¿Y Marc? Marc se quedó en Los Ángeles y Tuvo Éxito.

En 1998, él era un socio y dirigía la división de gerencia del Brillstein-Grey Entertainment, la cual Rick me informó era una muy importante agencia de Hollywood que maneja talento y produce programas. Ellos hicieron el programa *The Larry Sanders Show*, y ahora estaban empezando la producción en otro programa para HBO, alguna clase de serie acerca de mafiosos que ellos estaban llamando *The Sopranos*. Marc estaba alistando *Just Shoot Me* y era un productor ejecutivo de *Politically Incorrect with Bill Maher*, el cual le obtuvo una nominación para el Emmy. Rick quería que yo conociera a Marc. Él estaba convencido que debería de tener mi propio programa de televisión. ¿Una comedia acerca de un psíquico, a lo mejor?

Desde que nos hicimos amigos, Rick ha estado tratando de aumentar mi biografía. Él es un hombre de mercadeo, pero a él le gusta pasar por lo menos alguna parte de su tiempo en cosas buenas, en beneficios como el Año del Hambre Mundial. Él estaba en el mercadeo del medio de comunicación, pero él fácilmente puede hacer la pequeña transición al mercadeo de médium. No sólo era la oportunidad del negocio que lo empujaba. Era su deseo genuino para introducirme al mundo y viceversa. Pero yo no sabía de estas cosas de televisión. Estoy teniendo dificultades para salir en *Leeza,* y Rick piensa que debo tener mi propio programa. No sólo eso, pero debe de ser producido por una de las compañías más populares y más tumbadora de barreras en la ciudad. *Tú estás* tumbando barreras, Rick me dijo. Bien, lo que tu digas.

Marc Gurvitz estaba pasando un tiempo en ese verano en el Hamptons, y Rick y yo fuimos a reunirnos con él. Él era un hombre agradable y parecía interesado en mí, pero yo sabía que era probablemente sólo por Rick. Pasamos la tarde juntos, leí para él y luego hicimos planes para reunirnos en California en octubre. Durante ese tiempo, Marc llevaría la idea a Kevin Reilly, el encargado de la división de televisión de Brillstein-Grey.

Un día antes de que se supusiera que teníamos que salir de vuelo, Rick me telefoneó con unas malas noticias. Él recibió una llamada de Reilly, quien dijo lo que Rick considera las cuatro palabras más feas en el idioma inglés: "Vamos a dejarlo pasar", Ellos no hacían mucho de sindicación, lo cual es lo que ellos consideraban el tipo del programa que Rick estaba hablando. De hecho, su primero estaba en el comienzo. Era un programa con Martín Short. Ellos iban a empezar con eso. Ellos estaban interesados en mí, pero su preferencia era realmente la comedia. Un programa con un psíquico médium no daba la medida.

Por lo menos tratamos, Rick me dijo, tratando de no sonar tan derrotado. Habrá otras oportunidades. Y hay muchas cosas para estar emocionado—el libro, por supuesto, y el informe comercial que después salió con *Larry King* como un video fiasco. La compañía directa de mercadeo ha empleado un buen productor-director de Los Angeles y lo estábamos empezando a planear. Aunque técnicamente estaba siendo llamado un informe comercial, lo vi de una manera menos tosca. A lo mejor estaba siendo ingenuo, pero lo vi más como televisión educacional. Como sea que yo lo llamare, Rick pensó que esto no podía salir mal.

Aún, él estaba desilusionado acerca de Brillstein-Grey, mucho más que yo lo estaba. Pero le dije que no cancelara nuestro vuelo. Vamos a ir a Los Angeles de todas maneras.

¿Por qué? Él deseaba saber, algo que no era sorprendente. ¿Qué sucede?

Nada, le dije—sólo necesitamos ir.

Pero la junta se canceló.

Yo sé—pero todavía necesitamos ir.

¿Para *qué?*

Sólo necesitamos estar ahí. Podemos ver a los hombres del informe comercial. Voy a llamar a esta mujer, Ramey, quien ha sido tan amable conmigo. Todo lo que sé es que tenemos que ir.

Bien. Lo que sea.

Así que salimos de vuelo hacia California. Con nada en la agenda, manejamos hacia Malibu. Nunca había estado ahí y Rick deseaba enseñarme por los alrededores. Yo no estaba impresionado. De hecho. Los Angeles en general no hizo mucho para mí. Nueva York y el Caribe—eso me tenía cubierto muy bien.

En el camino de regreso por el Pacific Coast Highway, nos hicimos a un lado para mirar a este otro océano. "John", Rick dijo finalmente, "¿por qué estamos aquí?"

"Yo no sé", le contesté, agregando con una carcajada, "a lo mejor sólo necesitamos unas vacaciones". Habíamos llamado a Chad Murdock, el productor del informe comercial y hicimos planes para reunirnos. Pero sabía que esa no era la razón por la que habíamos venido. "Tú sabes, creo que necesito conocer a esta Ramey. Creo que esa es la razón por la que estoy aquí. A lo mejor ella va a poder ayudarme con el libro o alguna otra cosa".

Por esas fechas, la vida profesional de Ramey Warren Black había cambiado de una manera grande. Durante el verano, Paramount Productions había empleado a un nuevo productor ejecutivo para la siguiente temporada de *Leeza*, y él quería traer a su propia gente. Así que aunque ella tenía otro año en su contrato, ella tomó una decisión. Un día ella le dijo a su esposo en el carro, "¿Sabes qué?" Ya terminé con ellos. He tenido veinte años de estar hablando y eso es suficiente. Es hora de crear el Media-Savvy". Ella negocio un acuerdo por su contrato, llamó a la socia que estaba esperándola, Adora English, y ellas decidieron que era tiempo de saltar de la barranca. Thelma y Louise entraban a los negocios. Ellas iban a empezar dando entrenamiento del medio de comunicación, metiendo a gente en los programas y preparándolos para sus 15 minutos de fama. Eventualmente ellas se moverían para producir. En su tarjeta, Ramey se identificaba como "Presidente los (Días Nones)". Adora tenía los días pares. Su primera oficina era el comedor de Adora. Un par de meses más tarde, ellas recibieron una llamada desesperada del *TV Guide* diciendo que la revista necesitaba inmediatamente una docena de celebridades para ayudar a lanzar el canal de TV Guide. "Pedimos una extraordinaria suma de dinero", dijo Adora, "y ellos contestaron y dijeron que sí". Adora tenía su comedor de regreso.

Cuando Ramey salió para trabajar para ella, significaba que ella estaba libre para ayudarme más allá de su propio programa. Quién mejor para explicar de mí a los productores que otro productor? "Sabes una cosa, John, me gustaría hacer eso", ella dijo.

"Perfecto, estás empleada".

"No, no me emplees. Sólo envíame algunos libros y permíteme hacer mis doce llamadas. Yo no soy una publicista, pero sé a que puertas entrar. Adora y yo hemos trabajado con todas estas personas; todos ellos son nuestros amigos. Puedo llamar a mi amigo quien es el productor ejecutivo de *Sally,* nuestro amigo quien es el productor ejecutivo de *ET.* Así que permítenos hacer nuestras llamadas, y va a dar resultado o no".

No lo podía creer—mi primer contacto de Hollywood, y ella salió siendo totalmente una dulzura. Ella sólo deseaba ayudarme. ¿Qué tan a todo dar era *eso?* Así que ahora a fines de octubre, me di cuenta que esa había sido la razón por la cual fui jalado a través del país. Se suponía que tenía que conocer a Ramey, aunque mi razón original para ir ahí fue cancelada.

Chad y su asistente, Nicole, subieron a mi cuarto del hotel en West Hollywood, y pasamos un par de horas hablando acerca del próximo informe comercial. Luego una llamada vino del escritorio de enfrente diciendo que Miss Black se dirigía a mi cuarto. ¿Cuándo abrí la puerta unos minutos más tarde, mire largamente a la mujer enfrente de mí y dije, "Sí?" Ella me vio a mí y dijo, "¿John?" "¿Mm . . . Ramey?" miré a Rick, y ambos empezamos a reírnos. "¿Qué es lo que pasa? Ella preguntó.

"Tú no eres negra", le dije.

"¿Qué?"

"Que psíquico soy. Yo te visualizaba como una mujer negra por teléfono. ¿Cuándo te volviste blanca? Yo no sé por qué—Ramey no tenía un discernible dialecto por teléfono—pero en todos estos meses tenía una imagen muy fuerte de una mujer negra.

"No", ella dijo. "Sólo mi nombre es Black (Negro)".

Nos reímos, me preguntaba que significaría cuando un psíquico pensaba que ella era negra, y dijimos nuestros es-un-placer-de-finalmente-haberteconocido. Luego todos estos tipos de productores—Ramey, Chad, Rick— estaban platicando uno con el otro mientras que yo me salí de onda. Y luego fui de repente superado por algo—realmente superado. "Lo siento, pero necesito que todos se vayan en este momento", anuncié. "Necesito leer para ella".

Rick protestó levemente. Él me recordó que dije que iba yo a relajarme en este viaje y no iba a hacer ninguna lectura. "Yo sé", le dije. "Pero ella trajo un grupo de acompañantes". Fue lo que yo llamo un ataque de lectura sorpresa. Chad y Nicole se dirigieron para afuera, y Rick se fue a la alberca.

Ramey se sentó en el sofá y yo tomé una silla. "Siento mucho el emboscarte como esto", le dije, "pero tú no viniste sola. ¿Quieres que haga esto?"

"Oh, absolutamente", ella contestó.

"¿Has hecho esto antes?"

"He sido leída unas pocas veces por psíquicos".

Mencioné las preeliminarías, luego me quité los lentes y pedí sostener su reloj. Respire profundamente y me puse a escuchar. Si tú me preguntas que paso durante los siguientes veinte minutos más o menos, no te podría decir mucho de ello. Como frecuentemente es el caso, aún para una gran lectura, yo recuerdo sólo unas pocas cosas que destacan. Puedo recordar la esencia de ello, los sentimientos y la calidad, pero los detalles son como el vapor. Ellos no son mis pensamientos, así que cruzan a través de mí sin parar a registrarse en mi cerebro. Afortunadamente, muchas personas toman notas cuidadosamente; otros pueden recordar el diálogo tan acertadamente como si ellos tuvieran una grabadora en sus cabezas Ramey pertenecía a ese grupo. Ella sacó una libreta pero no la necesito ella recordó todo y luego escribió acerca de ello para sí misma. Eso es de lo que esta basado la mayor parte de lo siguiente.

Una de las cosas que recuerdo, es de que la lectura empezó muy fuerte, saliendo así desde el portón. Había una mujer muy impaciente que estaba atravesando y apuntándome hacia la mano derecha de Ramey. "Ese es mi anillo", ella me estaba diciendo. Ella era realmente agresiva acerca de ese anillo, el cual tenía un diamante en medio de él. Ramey me dijo que esta era obviamente su abuela del lado paterno. "¿Impaciente?" ella me dijo más tarde. "Ella era como (Atila de Huno) Attila the Hun. Como dice mi madre—y mi madre es una de las personas más buenas en la vida—ella era *mala*. El anillo era realmente de mi abuela, y tiene una muy dramática historia familiar atada a él".

"¿Bien, quien es Jim or Jimmy?" le pregunté, de acuerdo con lo que dice Ramey.

"Mi primo", ella suspiró, colocando sus manos sobre su boca y empezando a llorar.

De repente, supe que el misterio había sido resuelto—Ramey era la razón por la cual yo estaba aquí. "Tu familia es la razón por la que estoy aquí". Le dije. "Ellos me pusieron en ese avión". Supongo que fue para que ellos pudieran dar estos mensajes a Ramey. Lo que no sabía era que esa no era la única razón por la que estaba yo aquí. Y los familiares de Ramey no eran los únicos que querían que yo viniera a California y la conociera.

Jimmy quería que llegara al punto. "Él dice que no te preocupes acerca de la separación entre ustedes dos. Suelta eso. Él me está diciendo que hubo algo que se interpuso entre ustedes y una razón por la que tú no pudiste ir a verlo cuando él murió. Pero quiere que sepas que él está bien. Él está con tu padre.

¿Tu padre no te vio crecer?"

"No, él murió cuando yo estaba muy pequeña".

"Porque él está aquí también. Y él quiere que sepas que él está muy orgulloso de ti y él siempre se ha dado cuenta de lo que está sucediendo en tu vida. ¿Estabas muy joven? Porque él no te crió."

"Yo tenía dieciocho meses de edad".

"Hay alguien más, aquí. El hombre que te crió. Él me está enseñando una rosa rosada con espinas en ella. Eso significa que él no pudo expresar amor".

"Mi padrastro".

"Él está diciendo feliz cumpleaños a alguien".

"Oh, Dios mío. Hoy es el cumpleaños de mi hermana. Ella es su hija biológica".

Este fue uno de eso días claros cuando podría ver (y escuchar) para siempre. Aún las mejores lecturas tienen brechas, símbolos que no tienen sentido, mensajes mal interpretados por mí o mal entendidos por la persona que le estoy leyendo. Pero con los familiares de Ramey, era casi imposible el recibirlos equivocadamente.

"Él me está enseñando oscuridad aquí, en la área intestinal", dije del padrastro de Ramey.

"Él murió de una aneurisma en el intestino".

Ahora comenzó a ponerse realmente interesante. Aquí está el resto de la narración de Ramey, exactamente como ella lo escribió. Ella puso mis palabras en letras itálicas.

Hay otra mujer sobre de ti que está viniendo. Es un sonido de R-L.
Su nombre era Rilla y ella era mi otra abuela. (John me miró un poco sorprendido.)
Ramey, ella fue asesinada.
Es verdad.
Ella recibió un golpe en la cabeza.
Es verdad
¿Fue asesinada en la cocina?
No.
Bueno, ellos me están enseñando un cuarto con comida.
Ella fue asesinada en el comedor.
Y la persona quien la mato fue un hombre joven quien no podía hablar bien, hablaba así. (Él habla despacio, juntando sus palabras.)
Él era retardado mental. En estos momentos, había colocado mis manos sobre mi boca y estaba llorando.
Ella está diciendo "Estelle" or algo como eso. ¿Significa eso algo para ti?
Oh, Dios mío. Mi segundo nombre es Estelle, aunque no lo he usado por cuarenta años. No está en ningún documento y aún mi esposo desconoce esto acerca de mí. Yo fui nombrada en honor de mi abuelo, Estill.
¿Quién tenía el problema? (Él hizo una seña de tomar.)
Mi abuelo, Estill.
Luego él me miró aprensivamente. *Hubo otro asesinato. ¿Sabes de eso?*
Lo sabía.
Este es un hombre sobre de ti, con una inicial de "D". A él le dispararon dos veces en un lado del cuerpo. Siento el impacto.
Todo es verdad, excepto por el hecho de que este fue mi tío Cody. Eso sería una "C".
Escríbelo. Puede que no acierte en el nombre, pero nunca fallo en la inicial.
Escribí una "D" grande en mi libreta vacía.
Él tiene una "K" junto a él. Catherine.
Su hija. La llamamos Kitty.

John prosiguió y habló de mi perro quien estaba con mi familia. Él mencionó detalles que nadie podría haber sabido. Mi segundo nombre siendo Estelle, el cual no he usado en cuarenta años. Lo odiaba. No había nada que no tuviera sentido. Excepto por la "D". Finalmente, él dijo que ellos se estaban retirando y preguntó si tenía yo alguna pregunta. Estaba tan asombrada que ni siquiera podía hablar. Y así la sesión terminó. Miré en la libreta. La única cosa que había escrito era una "D".

Había algo grandioso acerca de esto. Había estado en la experiencia tan completamente que no fue posible el tomar notas.

Rick regresó al cuarto, nos fuimos abajo y manejamos hacia un restaurante Italiano en el Beverly Boulevard para cenar. Ramey le pidió a Adora que viniera, pero ella tenía otra cena de negocios que atender. Y a lo que ella pensaba, yo sólo era otro psíquico buscando un poco de publicidad.

Tratamos de tener una cena amistosa de negocios—hablando acerca de ponerme en programas de entrevistas para promover el libro, acerca del informe comercial, Rick estaba hablando de sus ideas para un programa de televisión—pero Ramey, sentada junto a mí y enfrente de Rick, estaba en otro lugar. Finalmente, ella dijo, "Caramba. No puedo hablar acerca de todo eso ahora. Tengo que hablar acerca de lo que acaba de pasar".

Ramey empezó a contarle a Rick acerca de la lectura, llenando unas partes que estaban en blanco para mí. "Yo fui una buena materia para ti", ella dijo. "Yo he tenido muchas muertes a mí alrededor". Los dos asesinatos en su familia eran viejos por varias décadas. Su abuela—la dulce—tenía setenta y cinco años de edad cuando fue asesinada por un joven de diecinueve años en su casa en Kentucky en 1976. "Este muchacho, era retardado mental", Ramey dijo. "Él estaba removiendo con una pala la nieve en su casa. Mi abuelo había muerto tres semanas antes de cáncer en el pulmón y ella le dio alojo a este muchacho para que la ayudara, y él la violó, y la asesinó en su propia casa".

Me preguntaba que había con el anillo de diamante que Ramey traía puesto. Su otra abuela—la dura—fue la primera que salió del portón cuando Ramey llego al hotel. Y ella realmente deseaba que se supiera que ese era *su* anillo. Ramey había mencionado que existía una historia detrás de él.

"Este anillo ha tenido una muy larga y extraña vida", Ramey dijo. "Fue dado a mi abuela por mi abuelo en su décimo aniversario. Eso debería haber sido por 1919. Mi abuelo era un estudiante de leyes cuando ellos se casaron, así que estaban muy pobres para comprar un anillo. En su veinticinco aniversario ella le regresó el anillo a él. Ella hizo que el diamante del centro fuera colocado en un anillo de hombre, rodeado por un empedrado de diamantes que estaban colocados en platino. Cuando murió mi abuelo, mi abuela se lo dio a mi papá. Cuando mi papá murió, mi madre lo conservó. Cuando yo tenía tres años, mi madre y abuela tuvieron un pleito porque mi madre empezó a salir con el hombre quien luego se convirtió en mi padrastro. Mi abuela era una viuda de cincuenta años. Ella no creía en casarse en más de una vez. Así que ella quería que le regresara el anillo. Ella estaba tan enojada que arrojó sus lentes contra la pared y los rompió. Al día siguiente tuvo que ir a otro pueblo para que se los arreglaran. Y mientras ella estaba fuera de la casa, mi madre empacó todas las cosas que cabían en el carro y dejó el pueblo para siempre. Nos movimos a la casa de sus padres en otra parte de Kentucky. Antes de que ella se fuera, le dio el anillo a un predicador para que se lo diera a mi abuela. Dieciocho años más tarde, apareció colocado en uno de mujer para mi graduación del colegio. Lo coloqué en un cajón y no lo usé por cinco años. Un día decidí que había resuelto todas esas cosas y me lo puse. Lo he traído puesto diariamente desde ese entonces."

La abuela de Ramey parecía igual de dominante en espíritu como ella lo había sido en la tierra. Pero aún ella no fue tan fuerte como el primo de Ramey, Jimmy. "Él era como un padre substituto para mí", ella dijo. "Él era más grande. Tenía Sesenta y tres años cuando murió. Y yo lo adoraba. Él era una persona fabulosa con un gran sentido del humor. Él fue enterrado en sus pijamas.

"Tú dijiste, 'Jimmy está diciéndote que él sabe que las cosas estaban divididas cuando él murió'. Es verdad, no pude llegar a él. Había un asunto de celos con su esposa, y nunca pude decirle adiós. Él había estado enfermo con enfisema y él murió poco después de que mi madre perdió a su esposo, a mi padrastro. Ella acababa de hablarle a Jimmy y él le dijo que ella debería ir a California. Así que mi esposo la recogió en el aeropuerto y la siguiente cosa que supimos fue cuando recibimos una llamada avisándonos que Jimmy había muerto. Para mí el regresar a mi madre a Kentucky para el funeral fue muy difícil. Ella acababa de llegar aquí. Y yo no la podía dejar sola. Así que no pude ir al funeral. Pero desde que él murió, lo cual fue hace un año en febrero 12. He estado hablando con Jimmy todo el tiempo. Le hablo en el carro. Le digo, 'Si alguna vez una oportunidad se presenta, por favor regresa, por favor di algo'. Así que al manejar para verte hoy en la noche, yo estaba emocionada. Seguía diciendo, 'Bien, Jim . . .' Y luego, él cruzó y tú me dices que él es quien instigó toda la cosa".

Rick escuchó atentamente el relato de Ramey. Él había escuchado y observado más de unas pocas historias como esta con sólo andar conmigo—de hecho, él tenía una propia—pero él estaba contento por Ramey. "Eso es muy asombroso", él dijo. "Esta es la razón por lo que yo deseaba conectarlo con mi amigo en Brillstein-Grey. Para ver si a lo mejor había algo ahí".

"Oh, absolutamente hay algo ahí", dijo Ramey. "Esto es un *programa*. Quiero decir, si podemos tomar lo que acabo de experimentar y ponerlo en el aire, sería tan poderoso".

No puedo decir que eso no fue agradable de escuchar, o de que me tomó completamente por sorpresa. Mis guías me han estado dando ojeadas de un programa por un tiempo—y esto era cuando estaba en mi estado mental de grandes expectaciones, antes de la colisión. Aún así, mi preocupación inmediata era el libro que iba a salir en unos días y la determinación de la publicadora para sacarme en televisión. "Estoy preocupado de que ellos van a hacer que salga en programas que no quiero hacer", le dije a Ramey. "No deseo que alguien me diga, 'Tú tienes que hacer esto, tú tienes que hacer eso'". Realmente me caía bien Ramey y ahora que ella tuvo su propia experiencia personal, ella podía realmente venderme a sus amigos que manejaban todos esos programas.

"Voy a hablar con ellos y estoy segura que voy a poder hacer que salgas en ellos. Pero realmente, olvida los programas de otras personas. Tú debes de tener tu propio programa".

Lo cual significa, pienso, que Jimmy, el primo de Ramey, este hombre quien fue enterrado en sus pijamas, me jaló a California para que pudiera arreglar cosas con su primita, y mientras él lo estaba haciendo, iba a obtenerme mi propio programa de televisión.

"¿Puedes hacer esto?" Ramey preguntó. "¿Nos permitirías tratar de hacer algo?"

"Seguro", le dije. "Hazlo".

Ramey llamó a su socia, Adora English, desde su carro en camino a su casa. "Vamos a hacer un programa con John Edward", ella le dijo. "El médium".

"Sí, aja".

"No, de veras".

"El hombre con el libro", Adora dijo. "¿Esta es una broma, verdad?"

"Tú no vas a creer lo que pasó. Yo creo que puede ser gran televisión".

Adora empezó a carcajearse incontrolablemente. "Ya me veo en juntas para vender el programa", ella dijo. "¡Sí, tenemos a este hombre, él habla con los muertos! ¡Será grandioso!"

Ramey sabía que sonaba un poco loco, pero a ella realmente no le importaba. Después de que empujo el botón para terminar la llamada, ella empezó a pensar otra vez acerca de su lectura. La única cosa que no había tenido sentido para ella fue el por qué su asesinado tío Cody siguió insistiendo que su nombre empezaba con una "D". Y luego, mientras manejaba a través de West Hollywood, le vino. "Cody fue sólo el nombre que usábamos", ella me dijo el siguiente día. "Pero ese era su segundo nombre. Su primer nombre era David".

LA HISTORIA DEL MANATÍ

TUVE MI PROPIO PROGRAMA INMEDIATAMENTE. Está bien, fue el informe comercial. No exactamente tumbando barreras en la televisión. Pero ofreció algo que yo deseaba: Control. O eso pensé.

Una de las primeras cosas que Chad Murdock y yo hablamos cuando él vino al hotel en Los Angeles era de donde íbamos a grabarlo. La localidad era muy importante; queríamos un hermoso e ideal lugar. Como . . . el Caribe.

Así que por los próximos meses, Chad empezó a buscar ahí. Él encontró un lugar pero no podía llegar a un arreglo. Él tenía un montón de otras posibilidades, desde Barbados a California. Hay un par de lugares agradables en Tampa, Florida. No, le dije, yo no quiero ir a Florida. Demasiado ocupado. ¿California? Demasiado lejos. De regreso a las islas. Chad encontró otra localidad en el Caribe y parecía que estábamos listos. Pero luego resulto que el lugar no estaba libre cuando lo necesitábamos. ¿Así que tal Tampa? No—sigue buscando. Una tercera posibilidad. Un tercero obstáculo. ¿Tampa? Muy bien, muy bien. Tampa.

Llegamos a Florida a la mitad de febrero de 1999, y cualquier ilusión que haya tenido de que este iba a ser mi programa—cualquier fantasía de que todas estas gentes de televisión estaban aquí para seguir cada uno de mis deseos—fueron rápidamente derrumbados. Yo sabía que estaba en problemas aún antes de que grabáramos un pie de la cinta. Nuestro amigo Elmer Fudd, el jefe de la compañía de mercadeo cual idea de producción de televisión era lo que salía en una fábrica de Toshiba, quería que le leyera a la mujer quien iba a ser la presentadora. "Yo sé que no puedes controlar el proceso". Él dijo—y tan pronto como esas palabras salieron de su boca supe que él pensaba que yo *podía* controlar el proceso porque muy adentro él pensaba que esto no era real—"pero sería realmente fenomenal si, en cámara, tú puedes asombrarla tanto que ella pudiera visible y emocionalmente ser reducida hasta las lágrimas. Tú sabes, así para que ella conozca de antemano como se siente cuando ella este vendiendo estos productos".

¿Y yo me sorprendí cuando Los Muchachos se enojaron?

"Primero", yo dije, "tienes razón. No puedo controlar esto. Segundo, no puedo hacer a alguien llorar. Y no me gustaría tratar, aunque pudiera hacerlo. Algunas veces la gente escucha la información y se pone emocional, pero ningún médium tiene la intención de hacer llorar a alguien. Tercero, yo ya sé que la mamá de esta mujer murió. Ella murió cuando estaba muy joven. Ella me dijo eso. Así que no puedo leer para ella. No puedo ser objetivo".

Y cuarto, pude haber dicho, ¿Quién en la tierra mirará a la presentadora de un *informe comercial* bañada en lágrimas y no pensará que es el arreglo más tonto que ha visto? Yo sé que un tonto nace cada minuto, pero esa no es la demográfica que deseo alcanzar. Este hombre dice que él "entiende el proceso", pero en caso de que esto sea sólo una estafa, a lo mejor un truco inofensivo para hacer a la gente que se sienta mejor, él quiere cubrir todas las bases y asegurarse primero de que sé algunas cosas. Sólo por si las dudas. Él quiere que haga una lectura ataque en esta mujer—llegarle duro, llegarle rápido, obtener la reacción. Esa es la grabación para el dinero. Él está pensando en como va a *vender estos productos*.

A estas fechas, Ramey y Adora habían tenido buenos resultados y yo iba a salir en unos programas—Sally, Maury, *Entertainment Tonight*— pero esto era mi primer corrida en lo que Rick Korn tenía en mente: una producción para televisión hecha acerca de mí. Esta era una operación muy grande, quince o veinte personas, y de repente me di cuenta de que estaba poniendo mi credibilidad en sus manos, realmente ellos entienden lo que yo hago y desean ayudarme a sacar mi mensaje, ¿O sólo era esto para ellos otro trabajo de venta? Yo confiaba en Chad, pero estos hombres de la compañía de mercadeo daban miedo.

Estábamos grabando el informe comercial en la casa frente al mar que Chad había rentado. Y era como él dijo, hermosa, una mansión en Tampa Bay. Una parte del programa iba a tener a Judy Guggenheim, una dama líder de comunicación de vida después de la muerte y co-autora de ¡Hello from Heaven!, entrevistándome en la sala acerca de mi trabajo, un enorme, cuarto bañado del sol adornado con columnas blancas que lo hacían sentir como el cuarto principal de una mansión de gobernador. Judy y yo nos sentamos de frente en un ángulo, en unas sillas formales sobre de una alfombra Oriental roja. Había una base grande de flores en la mesa a un lado nuestro; un gran piano que se miraba a un lado de mi hombro; y una muy elegante escalera de caracol detrás de nosotros. El cuarto se abría hacia un patio grande con una alberca. Una escalera de madera descendía desde el patio a la playa. Y cincuenta yardas más allá de eso estaba una clase de muelle. Era un muelle de tablones de madera colocados arriba de una columna de piedras y rocas enormes que sobresalían cerca de unas veinte yardas adentro del Tampa Bay.

Judy empezó con lo básico, pidiéndome que explicara la diferencia entre un psíquico y un médium. Expliqué que todos los médium son psíquicos, pero no todos los psíquicos son médium, y empecé un discurso en comunicación de espíritu. Pero entonces, a lo mejor diez minutos dentro de la entrevista, empecé a sentir una conexión, y un tirón. Estaba tratando de enfocarme en las preguntas de Judy, tratando de hablar acerca de cómo recibo mi información, cuando empecé a *recibir* información. Sabía que el horario estaba cambiando.

Judy me preguntó algo, pero yo sólo moví mi cabeza y me quede mirando fijamente y con mi boca medio abierta, de la manera que lo hago cuando estoy en un estado de recibimiento. Después de unos pocos segundos en una forma inmóvil, expliqué que alguien estaba atravesando y tenía que parar. "Lo siento, ni siquiera puedo escucharte porque esto está llegando tan fuertemente", le dije. "Vamos a sacar esto del camino y luego podremos regresar a la entrevista". Chad, por supuesto, no vio esto como una interrupción molesta. "No dejen de grabar", él les dijo al equipo.

"Prosigue", Judy me dijo. "Dime que es lo que está pasando".

"Lo que está pasando es que estoy tratando de conducir una entrevista contigo y ayudar a explicar el proceso y otra cosa totalmente se ha puesto a cargo. Hay como un programa totalmente diferente que está pasando donde alguien está tratando de enviar su mensaje. Tú sabes, ellos no esperan por nadie".

El equipo de producción fue tomado de sorpresa. Esto era un informe comercial—la espontaneidad no era exactamente su especialidad. Me sentía como si estuviera siendo jalado a mi derecha, pero cuando expliqué que las energías que estaban atravesando podían ser para cualquiera en la casa, hubo un caos. Todo lo que recuerdo es de que mucha gente con equipo estaba corriendo alrededor en todas las direcciones. Chad se fue a un cuarto adjunto donde él había colocado a la gente de mercadeo con un monitor para que así ellos pudieran ver la grabación. Él les dijo que vinieran a la sala. Ahora el grupo completo de producción estaba parado enfrente de mí—los operadores de cámara, los asistentes, aún Yosemite Sam y Elmer Fudd. "¿Quién es? Chad preguntó.

"No es ninguno de estos hombres", yo dije.

Ahora yo estaba siendo jalado hacia la pared de atrás de la casa. "¿Quién está ahí?" pregunté, apuntando a mi derecha. "Creo que estoy de regreso allá".

Chad miró y vio una pared con nadie cerca. "Nadie ha estado ahí en todo el tiempo", él dijo.

"Sí, había alguien ahí", insistí. "Está ahí. Tenía que haber alguien parado ahí. . . . ¿Quién está en el otro lado de esa pared?"

Chad me miró por un segundo, luego respiró, como si algo se hubiera aclarado. Dos conjuntos de puertas de vidrio corredizas estaban a un lado de la pared. Ellas dirigían al patio. Donde él había colocado una mesa de producción. Él deslizo para abrir una de las puertas y se inclino hacia fuera. "¿Nicole, puedes venir aquí?" él dijo.

La productora asistente de Chad, una mujer en sus años veintes con una hermosa cara redonda y por marco su lacio pelo negro, metió su cabeza tentativamente. Ella vio a todos mirándola. "Es una figura masculina que está atravesando", dije. "Hay un impacto al cuerpo".

"Oh . . ." Chad dijo. Él definitivamente sabía algo.

Miré a Nicole. "Esto es para ti, verdad", le dije.

"Bien, salgan del cuarto", Chad dijo. Judy se paró y le dio a Nicole su asiento junto a mí. El hombre del sonido trajo un micrófono de cuerpo. "¿Ed, todavía estamos grabando?" Chad le preguntó al camarógrafo, quien movió la cabeza afirmativamente. "Aún grabando".

Resulto que Chad había sospechado que esto podía pasar desde el momento que su avión de Los Angeles había llegado a Tampa. De hecho, él estaba deseándolo, aunque él cuidadosamente evito decirme algo a mí. Mientras ellos estaban aterrizando, Chad me dijo más tarde, él vio que Nicole estaba llorando. Él le preguntó cuál era el problema. "¿Recuerdas la historia que te conté, acerca de Roger?" ella preguntó suavemente. "Esta es la primera vez que he regresado aquí desde ese entonces". Oh Dios mío, dijo Chad. Él no lo había conectado cuando estaban buscando un lugar para la grabación. La peor cosa que le había pasado a Nicole pasó en Tampa. Ella le había contado la historia, pero él no había hecho la conexión con el lugar. Y ahora él la había traído de regreso aquí. Él la abrazó y se disculpó. "Te voy a ayudar a pasar por esto". Él dijo. "Lo prometo".

Chad se paró con Nicole mientras el hombre de sonido le ponía su micrófono. Ella parecía estar abrazándose a sí misma, nerviosamente dijo que no tenía puestos los zapatos. Cuando ella estaba lista. Ella me miró intranquilamente. Yo estaba mirando fijamente hacia un lado, enfocándome en el espíritu quien estaba tan atrevidamente interrumpiendo la grabación de nuestro pequeño informe comercial.

"Alguien viene atravesando y ellos me están haciendo sentir como que pasaron por una clase de trauma en la cabeza. Esto sería algo que fue como un impacto. Hay un enlace de amor muy fuerte que está conectado aquí; y hay un sentimiento de un asunto que continua sin terminar o resolver, lo cual es verdaderamente extraño para mí. ¿Es esta una figura masculina quien murió?"

Nicole asistió con la cabeza y se limpió una lágrima.

"Porque es un hermano tuyo, o un novio. Es una figura masculina a un lado. ¿Entiendes eso?"

Ella asistió con la cabeza otra vez y ahora sus mejillas estaban lustrosas por las lágrimas. Judy le dio un papel tisú.

"Él me está haciendo sentir como que tú has tenido una clase de continua afinidad con su energía desde que él murió". Esto trajo una sonrisa dolorosa a través de sus lágrimas.

"Sus acciones atrajeron la manera en que él murió. ¿Cómo tú ya conoces eso? Él se colocó por si solo en un mal lugar y en un mal momento, así es como está cruzando. . . . Él me está enseñando un anillo. ¿Estaban ustedes hablando acerca de casarse, o hablando de compromiso?"

Nicole no podía hablar. Judy que estaba sentada atrás de ella, se acercó y le tomó la mano. "Yo sé que esto es duro". Le dije a Nicole. "Él me está diciendo que te hable acerca del anillo. ¿Ahora, esta es una situación en la que él no debería de haber estado, correcto? Sólo di sí o no. Si puedes". Otra vez, Nicole asistió con la cabeza a través de sus lágrimas. "Él me enseña que esta fue una muerte rápida. Fue como un-dos-tres. ¿Qué es lo que impactó su cuerpo?"

"Él estaba fuera, en su barco aquí en la bahía", Nicole dijo, casi como un susurro. "Y, un disparo".

Yo pensé. ¿Qué bárbaro, aquí en esta bahía? Yo sabía que Nicole era de California. Ahora Roger me enseñó el barco y me dio un sentimiento muy afectuoso. "Ese barco era su bebé". Le dije a Nicole. Ella sonrió. Roger prácticamente vivía en su barco, ella explicó más tarde. Para él, una vida perfecta sería pasarla en el agua, pescando.

"Él me está enseñando el número dos".

"Él se murió en el segundo día. En mayo. Hace un año y medio".

"Él me está enseñando rosas rosadas. Cuando veo rosas rosadas, esa es la manera de ellos de expresar su amor . . . Él me está enseñando de que fue una batalla para ambos estar juntos. Cómo que algo los apartaba a ustedes. . . . ¿Él se suponía que iba a venir a verte en junio?"

"Es cuando se suponía que se iba a mover de aquí".

Como Nicole explicó más tarde, su novio, Roger, era de Tampa y estaba esperando una orden de cambio de trabajo a San Francisco, a donde ella vivía. Ellos trabajaban para la misma compañía con sede en San Francisco y se habían conocido en el otoño de 1996, cuando Roger vino para una junta de negocios. Ellos se gustaron inmediatamente y cuando él se regresó a Florida, ellos empezaron una de las más lejanas relaciones de larga distancia que se pueda tener sin dejar el continental Estados Unidos. Ellos hablaban tres veces al día, muy temprano en la mañana, muy tarde en la noche, y una vez durante las horas de trabajo. Ellos se vieron cuando Roger vino de negocios a la Costa Oeste, y dos veces cuando Nicole fue a Tampa para visitarlo. En Florida, ellos pasaron casi todo el tiempo en el barco de Roger.

Él amaba el estar en el agua. Él le dijo a Nicole que estaría perfectamente feliz con renunciar a su trabajo y trabajar como el primer oficial de algún capitán. Roger era el director nacional de ventas de la compañía, trabajando desde su casa. El encargado de la compañía había estado hablando acerca de cambiarlo a San Francisco. A Roger no le gustaba la idea. Él había crecido en el Suroeste, jugó fútbol americano para el colegio Florida State, y permaneció ahí. A él le gustaba su vida en Tampa Bay y no era un muchacho de grandes ciudades. Pero cuando Nicole entró a su vida, él realmente tenía un conflicto.

La relación de Nicole y Roger era algo como de *Guiding Light.* Ellos tenían que mantener su romance en secreto porque el jefe, un hombre en sus años cincuentas llamado Bert, tenía una atracción por Nicole y hizo saber dentro de la compañía que nadie podía salir con ella. Él dijo a gente que ella era "mi muchacha", aunque él estaba casado, le doblaba en edad y Nicole le había aclarado que ella tenía cero interés en él. Cuando Bert descubrió acerca de la relación de Roger con Nicole, alrededor de la temporada de Navidad, él le ordenó permanecer lejos de ella. Y de repente sus planes de traer a Roger a la oficina principal fueron puestos en espera.

Ahora las cosas empezaron a ponerse extrañas. Cuando Roger vino a casa con Nicole después de una junta de negocios en Seattle, ellos encontraron a Bert el jefe esperándolos afuera del apartamento de Nicole. Ahí es cuando Nicole empezó a pensar acerca de abrir un caso de acoso sexual. Pero ella no podía convencer a Roger de que de ninguna manera ella estaba alentando a Bert. Después de todo, él era un hombre poderoso, rico y cautivador. "Ningún hombre en sus correctas facultades mentales actuaría de esta manera con una muchacha sólo que haya creído tener una oportunidad", Roger le dijo a Nicole. Después de ese día, el encanto pareció salirse del romance. No había terminado—Nicole estaba esperanzada que esto era sólo un tope en el camino, que Roger eventualmente se cambiaría al oeste y las cosas iban a salir bien. Ella siguió echando un ojo a apartamentos para él.

Un martes en la noche a fines de abril de 1997, Roger llamó a Nicole en lo que le cayó a ella como un estado de animo extrañamente sereno. "Él dijo, '¿Sabes qué? Todo lo que deseo hacer es disfrutar y ser feliz, porque todas las otras cosas no importan, las cosas en el trabajo, las confrontaciones. Sólo deseo ser un marino en algún lugar e irme a navegar'. Y esa fue la última cosa que él me dijo. Y yo pienso, que bárbaro, es como si él hubiera sabido. Tú te pones a recordar cosas. Yo estaba en un vuelo hacia Orange County para la boda de mi amiga dos noches más tarde, el jueves alrededor de las ocho en punto. Tuve una sensación muy tierna y empecé a llorar en el avión. Mire afuera en el agua mientras estábamos llegando y ahí estaba este barco con todas esas luces, sentí algo y pensé en él. Yo estaba agobiada acerca de cómo las cosas se habían puesto en los últimos meses, pero esto era diferente. Tenía un sentimiento muy extraño, una de esas cosas que no puedes explicar y no piensas acerca de ello hasta que está sucediendo. Descubrí más tarde que esto paso casi al mismo tiempo que ellos determinaron que murió él".

Esa noche en mayo, Roger había salido al Golfo, un viaje más largo que sus dos paseos diarios alrededor de la bahía. Él nunca regresó. La Guardia de la Costa encontró su barco vació al siguiente día. Su cuerpo no salió a la superficie hasta ocho días después. Había una herida fatal de bala en la sien de Roger y la muerte fue declarada un homicidio. El FBI tomó cargo de la investigación porque el barco había sido encontrado en aguas internacionales, pero el caso no ha sido resuelto. Roger no ofreció ninguna pista desde el otro lado, otra que el decir que él se había colocado en un mal lugar y un mal momento. Nicole encontró esto confortante, porque ello mitigaba algunas problemáticas sospechas que ella tenía de quien podía haber sido responsable.

Después de la muerte de Roger, Nicole fue sacudida con la posibilidad que su jefe pudiera haber estado envuelto en el asunto. Él la había despedido una pocas semanas después de la muerte—ellos estaban haciendo cambios en la compañía, él dijo—y su familia pensó que todo eso era muy extraño. Pero Nicole nunca compartió sus sospechas con los investigadores. "Yo sólo estaba confusa. No podía hacer nada", ella dijo. Ella me dijo más tarde que cuando empecé a leer para ella, todo lo que ella deseaba saber era: ¿Si él lo había hecho? Si lo hizo, ella sentiría alguna responsabilidad, no sólo por lo que había pasado, pero también porque ella no les había dicho a los investigadores del FBI la historia completa. Así que Nicole estaba más que feliz de recibir el mensaje de Roger que significaba que él sin querer se metió en medio de algo allá en el agua. A lo mejor él se tropezó en un negocio de drogas de alguien, o tuvo un tipo de confrontación con otro barquero. Por la descripción de Nicole, como que, la segunda posibilidad no parecía haber pasado. Ella lo describía a él como un hombre dulce y llevadero, cual es la manera que él vino a mí.

Mientras estaba comunicándome con Roger, él no me dio ninguna pista de quien lo había asesinado, sólo de que él se había colocado dentro de una situación de un mal lugar y en un mal momento. He recibido esa clase de mensajes un sin número de veces, para ambos asesinatos y accidentes, y no fueron muy específicos. Podía significar que la persona había tomado un riesgo tonto, o había simplemente entrado en algo como Roger lo hizo, mi interpretación de médium era de que esto no fue algo siniestro o pre-meditado—más bien como un accidente. Pero cuando Nicole me contó la historia, mi reacción humana fue la misma que la de muchas personas. Yo no conocía la respuesta a este misterio. Pero no puedo eliminar la posibilidad de que Roger simplemente no quería agitar las cosas para Nicole. Él sabía que ella necesitaba encontrar algo de paz y seguir adelante con su vida. Eso sería consistente con la forma de ver de los que están en el otro lado. Y una cosa con la que Roger era menos ambiguo era lo que Nicole necesitaba escuchar: de que él ahora sabía que le había dicho la verdad cuando le dijo que con-sideraba a Bert nada más que una molestia. "Él está atravesando de una forma para decirte que él a lo mejor no apreció quien eras en su vida, en ese entonces", le dije a ella durante la lectura. "Y de que él puede ver eso diferente ahora". En el entero curso de los pocos minutos que Roger, Nicole, y yo pasamos juntos fue uno de conforte y afirmación. Por supuesto, eso no es poco usual. La mayoría de las lecturas son acerca de consuelo y afirmación. Pero esta no era como la mayoría de las lecturas. Así haya sido un caso de ocultar la verdad por amor, nosotros probablemente nunca lo sabremos. Por todo lo que sé, el asesinato de Roger está en el archivo de casos fríos en el FBI.

Nicole era una mujer joven muy profesional, una persona privada que mantenía control de sus sentimientos y tendía a no compartir su vida personal con muchas personas, especialmente esos con los que ella traba-jaba. Así que nadie en el equipo conocía nada acerca de todo esto excepto Chad. Pero ahora nos dimos cuenta que tan duro esto debió de haber sido para ella. Uno de los hombres de mercadeo nos dijo que él había llevado a Nicole del hotel al lugar de grabación en ese día, y tomo una ruta trasera a lo largo de un canal distante al mar donde habían llegado a un letrero que decía que se podían ver manatíes es ese lugar. Él detuvo el carro y bajaron al agua, donde había chapoteando un grupo grande de estos chistosos mamíferos marinos.

Los Manatíes, también conocidos como vacas marinas, es una especie en peligro de extinción, adorados en los alrededores de Tampa Bay, donde "Salven a los Manatíes" es un grito común de batalla. Se dice que los marineros antiguos, incluyendo a Cristóbal Colon, pensaron que los manatíes eran sirenas—un error que sólo podían hacer los hombres quienes habían estado en el mar por seis meses. Los manatíes pueden pesar una tonelada y ellos parecen hipopótamos con aletas. Ellos son tan dóciles como perritos y les gusta jugar con la gente en el agua, especialmente si esas personas les rascan sus enormes redondas barrigas, por lo cual ellos pueden recibir un actual beso de vaca marina. Tú no puedes hacer otra cosa que sonreír cuando ves a un manatí. Pero cuando Nicole los vio en el canal esa mañana, los grandes, pedazos mojados parecieron volverla sombría.

Nicole explicó el por qué. "Los manatíes eran como nuestro animal especial", ella dijo. "Roger era realmente un hombre muy dulce y sensible, y él tenía cariño para los manatíes. Él se enojaba con todos los de los barcos en los canales de agua porque los manatíes eran tan lentos que ellos no podían salirse del camino de los propulsores. Y así que cuando vine a Tampa por primera vez, él me enseñó acerca de ellos. Fuimos a ver algunos y empecé a enamorarme de ellos. Después de eso ellos representaban que estábamos juntos. Nos enviábamos tarjetas de manatíes y cosas de manatíes. Así que cuando veo a un manatí, por supuesto que yo pienso en Roger".

Nos dimos cuenta que Nicole debe de haber estado agobiada desde el primer momento que Chad mencionó que deseaba grabar el informe comercial en Tampa. "Yo no quería interferir con la grabación", ella dijo. "Yo no le dije nada a Chad. Pero cuando siguió escogiendo a Tampa, yo estaba pensando, *¿Por qué tiene que ser ahí? ¿Por qué no puede ser en otro lugar?*"

Ahora sabíamos, por supuesto, por que tenía que ser Tampa. Y el por qué todos esos hermosos lugares en el Caribe seguían cancelándose. Y tenía que ser Nicole quien estuviera afuera en el porche, mirando a través del gran infinito de agua donde Roger deslizadamente cruzo hacia el otro lado, al mismo tiempo que él estaba adentro conmigo, atravesando la cortina.

"Él no está en un mal lugar, aunque Él tuvo una muerte horrenda", le dije a Nicole al final de la lectura. "Él me está haciendo sentir como que él tenía que interrumpir lo que estábamos haciendo hoy para hacerme hacer esto, porque esta ha sido una muy dolorosa experiencia para ti, el regresar aquí y tener que hacer esto. Él reconoce eso. Tú estás tratando de hacer esto, ser una más del grupo, ser una profesional, pero él sabe la realidad y él lo aprecia. Él quiere que sepas que tus pensamientos y sentimientos han sido escuchados".

"¿Es esa la razón por la cual tú estabas apuntando en esa dirección, porque yo estaba sentada afuera?" Nicole preguntó después de que Roger se fue y ella pudo finalmente hablar.

"Yo estaba totalmente siendo jalado para allá fuera".

Nicole me dijo que cuando nos conocimos en California, ella tenía la esperanza de que algo como esto sucediera—sus temores acerca de quien había asesinado a Roger la estaban destrozando. Pero por el tiempo que llegamos a Tampa, ella había cambiado de opinión. Ella no quería traer su vida personal tan abiertamente dentro de su trabajo. Y ella temía de lo que pudiera escuchar. Así que se había asegurado de estar afuera durante la grabación. Y cuando ella escucho las palabras "impacto en la cabeza", ella pensó, *Oh, diantre.*

Nicole se limpió las lágrimas. "Estoy tan avergonzada", ella dijo.

"Oh, por favor no te sientas avergonzada", le dije.

"Esta fue una entrega de información especial", Judy le alentó.

"Oh, entrega especial de liga mayor", yo afirme.

Chad sugirió que nos tomáramos unos minutos para cortar la tensión de lo que había sido una poderosa experiencia para todos nosotros. Nicole se quitó su micrófono y se paró y sin una segunda vacilación empezó a caminar de regreso hacia la puerta por donde ella había entrado. Ella se sentó y miró a través de la bahía, completamente perdida en pensamiento. Y luego se paró y empezó a caminar hacia la escalera de madera con rumbo a la playa, y luego al muelle. "Yo tuve este sentimiento fuerte, un empuje que me trajo al muelle", ella mencionó más tarde en ese día. Nicole caminó lentamente, descalza, al final del muelle. Chad la vio allá afuera y hizo que un camarógrafo filmara desde la casa. Él no pudo resistir el capturar en cinta a esta hermosa mujer, en este doloroso y contemplativo momento a la orilla del agua. Puede haber parecido como una invasión, pero había una razón por la que el camarógrafo grabó ese momento.

Cuando Nicole regresó a la casa, ella tenía un semblante asombroso en su cara. Parecía como si estuviera llorando otra vez. "Tú no vas a creer esto", ella dijo. "Cuando llegue al final del muelle, yo estaba parada ahí pensando en Roger, deseando que hubiera una manera en la que él pudiera darme una señal de que todo era verdad. En ese momento, mire hacia el agua, enfrente de mí y había un manatí. Él levanto sus labios fuera del agua y me miró. Y luego se fue nadando. Sentí que era él diciendo adiós y yo podía ya tener paz. Si no estuviera toda esta gente aquí, te juro que hubiera brincado en el agua con él".

Un escéptico pudiera decir, bueno, este *es* Tampa Bay. No es nada especial con el ver a un manatí allí. Sí, excepto por esto: Como un miembro de la lista de especies en peligro de extinción, el manatí de agua tibia es lo suficiente escaso en el verano. Esto sucedió en febrero. Es un buen invierno si hay unos doscientos de ellos en la entera bahía de cuatrocientas millas cuadradas. Y, como el dueño de la casa nos dijo, esos pocos no serán encontrados en ningún lugar cerca de las aguas frías adonde estábamos. Ellos inviernan juntos en los únicos lugares donde ellos pueden sobrevivir, in los canales lejos del mar donde Nicole los había visto temprano y en las aguas tibias alrededor de las fábricas y plantas de electricidad que están hasta el otro lado de la bahía. No es sorprendente que el manatí de Nicole sólo dijo un saludo rápido y se fue. Él debe de haber estado congelándose.

Ahora todos necesitaban una copa. Nos subimos en un carro—Chad estaba manejando, Nicole enfrente, Judy y yo atrás, el radio estaba prendido con el volumen bajo, la música ahogada por nuestra emocionante plática acerca de lo que acababa de ocurrir. Mis oídos, como tú debes de imaginar, son súper sensitivos y estoy frecuentemente diciendo a la gente con quien estoy, "¿Escuchaste eso?" Mientras estábamos manejando rumbo al restaurante, pensé que había algo afuera del carro que necesitábamos escuchar. "Escuchen". Les dije. "Shh". Chad pensó que yo estaba tratando de escuchar algo en el radio. Así que le subió al volumen.

"¿Qué es lo que estas haciendo?" protesté.

"Pensé que lo querías escuchar".

"No, está afuera . . ."

Y luego todos lo escuchamos. Estaba adentro del carro. Una lenta y sentimental melodía de los años 70 flotando de las bocinas del radio y las palabras de una voz alta de un hombre de Motown: *Tuve que verte aquí hoy . . . Hay tantas cosas que decir . . . Por favor cariño, no llores . . . Solo hay que besarnos y decir adiós.*

Todos en el carro perdieron control. Estoy goteando lágrimas, Judy está sin palabras. Nicole está en su segunda caja de papel tisú. Sólo nos sentamos ahí escuchando a los Manhattans cantar el resto de "Besa y Di Adiós".

Mientras el sol se metía en esa noche, pensé de cómo Elmer Fudd había tratado de hacer que yo hiciera llorar a la presentadora como si yo fuera Barbara Walters. Ahora todo lo que podía hacer era reír y mover la cabeza por el magnifico sentido de ironía que tienen los espíritus. Elmer no podía haber obtenido una escena más emocional para *vender estos productos* aunque él la hubiera arreglado. Y eso es exactamente lo que él pensó que yo había hecho con Nicole. "¿Fue eso un arreglo?" él me preguntó más tarde. Sí, y ella es Reva Shayne y yo soy Otto Preminger. Y el manatí fue controlado a remoto. Pero él hizo mi punto para mí: Las almas en espíritu son realmente asombrosas. Es como si Roger no sólo cruzó para Nicole. Él estaba trayendo aun un mensaje más grande desde el otro lado: No te interpongas con esto.

Es extraño. Yo me frunzo a la menor sugerencia de manipulación en mi lado. Pero nunca dejo de maravillarme de que tan seguido y que tan intrincado el mundo espíritu orquesta las cosas. Aún cuando yo estaba despreciando a la desvergonzada insinuación de este hombre de usar su empleada para actuar en una dirigida realidad, un espíritu estaba trabajando tiempo extra para arreglar un verdadero e increíble Una Última Vez para otra persona en el lugar. Sólo puedo sonreír cuando algún cínico piensa que lo estoy inventando. Nuestra gente en el otro lado salen con cosas que yo ni siquiera pudiera soñar.

TODA ESA COSA CON NICOLE—fue realmente impresionante. Aún después de dieciséis años de andar en el inter cósmico aire espacial entre los mundos físico y espiritual, y después de hacer una carrera de ello por seis años, no estoy fastidiado ni harto. Difícilmente una semana pasa cuando no estoy asombrado de alguna cosa que pasó a mi alrededor. Y cuando es una de esas experiencias extraordinarias e inolvidables como la de ese día en Tampa Bay, me siento honrado de ser parte de ello. No es un caso de *Caramba, mira lo que acabo de hacer. Algunas veces realmente me asombro yo mismo.* Yo no lo veo como algo que hice. Lo veo como algo que *ellos* hicieron. Sólo soy afortunado de que ellos me escogieron como un conducto. Después de todo, nunca he podido salir con una explicación satisfactoria del por qué yo tengo esta habilidad. Y eso es todo lo que le llamo. Una habilidad— no un regalo. Como lo veo, el único regalo es el privilegio de participar en un círculo de energía de Dios Mismo. Yo recibo, interpreto y entrego los mensajes desde el lado *espíritu* a un recipiente en *este* lado. El recipiente entiende, acepta y aprecia estos mensajes. Y esa apreciación rebota de regreso al otro lado. Es lo que completa el círculo de energía lo que es el verdadero regalo.

Cuando tengo uno de esos momentos estremecedores, me siento como un arqueólogo que ha hecho un gran descubrimiento. Él estudió su campo, él trabaja duro en ello, él sabe donde buscar y que es lo que está buscando. Pero al final, es pura suerte ciega de que él fue quien descubrió el elefante de 780,000 años enterrado debajo de los bancos del río Jordán. Todos los que miran el canal Discovery pueden escuchar acerca de eso y ver fotografías, pero él estaba ahí, él fue quien tuvo la exaltación de tocarlo primero, de ser él quien lo sacó de su terreno de entierro. Él es quien pudo quitarle el polvo al tesoro y describir que cosa era y lo que podía significar. Así que ese soy yo: Indiana Jones, preguntándome que podría encontrar cuando empiece a escarbar hoy. Y dándole gracias a Dios por permitirme hacerlo.

Es aún mejor que la arqueología porque no es acerca de huesos antiguos en el desierto, pero de espíritus vivos en el aire. El contacto de espíritu es una excavación del alma de la experiencia humana. No sólo eso, no tengo que esperar veinte años entre los grandes descubrimientos. Ellos vienen en una forma frecuente. Y los mejores son los más fáciles de obtener. Más frecuentemente que eso las más especificas validaciones—el gran costalazo o el artificioso pequeño detalle que sopla algún residuo de escepticismo fuera del agua—sólo me llegan a mí, sin mucho trabajo. No hay una guerra de jala y empuja con una energía confusa, no tengo que tener que hablarle dulcemente a un espíritu reticente, no hay juegos tortuosos de veinte preguntas porque se me está enseñando una imagen que puede ser interpretada en veinte maneras. Es como un estornudo sin la anticipación de él. Pumm—atraviesa por mi cerebro y sale en el aire antes de que yo siquiera pueda pensar en ello, a veces yo ni siquiera sé que es lo que estoy diciendo mientras lo estoy diciendo. Y luego, después de que está afuera, yo pienso—y a veces lo digo en voz alta—*Oh, caramba, no puedo creer que recibí eso. ¿De donde vino eso?* Lo llamó saliéndome de una lectura. Yo escucho las palabras cuando todos los demás las escuchan y yo reacciono al igual que ellos. Por ese momento, estoy sentado con ellos, separado de mí mismo. *¿Caramba, escuchaste lo que ese hombre acaba de decir? Eso fue a todo dar.*

Esto nunca se pone aburrido.

CAPÍTULO 4

TERRENOS DE TIRO

20-60-20

irándolo desde ahora, el informe comercial fue un fracaso en cada forma pero en la más importante. Me introdujo a la esencia de la televisión. Me dio una tremenda educación en el mercadeo de un médium y la importancia de proteger la integridad del trabajo en un mundo lleno de gente cual interés principal es él explotarlo. Sí, una grande luz amarilla intermitente de Los Muchachos. Especialmente ahora que muchas personas estaban mirando.

No puedo comprobar esto, pero me siento seguro en decir que más gente que nunca antes están llegando a creer en el hecho o en la posibilidad de una accesible vida después de la muerte. Y ellos no sólo son la gente quien siempre ha sido creedora. Cuando primero empecé a hacer lecturas en grupo y los discursos, la audiencia casi toda era femenina, mayormente de edad madura, y con antecedentes de la clase media. Ahora veo aun grupo mucho más diverso. Hay muchos más hombres—aún si algunos de ellos están ahí porque sus esposas los obligaron—gente más joven y más gente quien hubiera encontrado lo que hago como algo ridículo no hace mucho tiempo. Ellos pueden aún ser escépticos, pero están dispuestos a considerar las posibilidades. Y eso es lo suficiente para mí. Yo puedo trabajar con una mente aceptadora.

Cuando se refiere a la comunicación de espíritu, es un mundo 20-60-20. Veinte por ciento son Creedores Verdaderos. Tú no tienes que convencerlos acerca de nada. De hecho, un porcentaje de este porcentaje puede ser nada crítico y nada escéptico, que ellos creen en todo. Y eso no es bueno. Por una cosa, ellos pueden ser engañados por un psíquico menos que competente y escrupuloso. Y ellos pueden estar tan consumidos por una pena y una necesidad de sostenerse en su perdida que ellos olvidan que están aún viviendo aquí—y de que sus seres queridos están viviendo aquí. Es una distinción muy importante. Este subgrupo puede ser tan frustrante para mí como la gente que no cree en nada. Hablando de ellos—ese es el segundo grupo de veinte por ciento. Estos los Verdaderos No Creyentes. Así sea por el temor a lo desconocido o sólo un sistema de creencia engranado y sobre intelectualizado, ellos no tienen la necesidad de considerar el fenómeno y mucho menos el explorarlo. Cenizas a cenizas, polvo a polvo—ellos conocen *de hecho* de que cuando tú estás muerto estás muerto. Escépticos, cínicos—lo que quieras llamarles, sus mentes están cerradas por negocio. Ni siquiera te molestes en ellos.

Luego hay la gran clase media—el 60 por ciento quienes no están seguros de lo que creen o no creen. Pero están interesados, abiertos, y más que nada les gustaría creer. Ellos sólo necesitan una buena razón. La mayoría de la gente—probablemente aún los cínicos confirmados—les gustaría pensar que hay algo más después de esto. Los cínicos no descubrirán que hay algo hasta que ellos lleguen allí. ¿Puedes imaginarte sus reacciones en el momento que esto pasa? Pero para la mayoría de la gente, todo lo que se toma es una experiencia personal convincente para remover o por lo menos cortarle un pedazo a la duda que naturalmente llega. No hay nada malo con eso. El escepticismo es saludable. Mientras ello no mantenga a la gente de por lo menos sacar sus cabezas a través de la cortina para dar una miradita.

Es ese 60 por ciento es en el que pienso más cuando estoy trabajando—estoy tratando de hacer todo lo que puedo para levantar la cortina. No de que esa sea mi meta el de convencer o convertir a cualquiera. Mucho menos a *todos*. Pero me gustaría que la gente tuviera una experiencia significante, y que salga con tanta información y entendimiento como sea posible, así para que ellos puedan hacer su propio juicio. Esto no necesariamente significa el entregar una lectura que cada vez deje con la boca abierta. Primero, yo no puedo hacer eso. Segundo, eso a lo mejor ni siquiera sea suficiente para algunas personas—aún esos quienes están abiertos a la posibilidad de otra existencia después de esta. La gente pena de diferentes maneras y aún una gran lectura por un médium no tomara el lugar del proceso que la gente tiene que pasar para sobrevivir el dolor de su perdida física. No importa cuantos hechos validados les dé—aunque ellos absolutamente no tengan ninguna duda de que la persona que amaron estaba en el cuarto con ellos, hablándoles por medio de mí—ellos saben que nunca van a ver a esa persona otra vez. La mayoría de la gente siente algún conforte de una lectura positiva y muchos son profundamente conmovidos. Pero otros lo encuentran confuso y doloroso.

Le leí a una periodista nombrada Lynn Darling una noche en 1999 a la petición de una productora de documentarios llamada Lisa Jackson, quien deseaba usar la lectura en un especial de televisión que ella estaba haciendo para el HBO. Fue una sesión agradable para mí porque Lynn, una escritora para *Esquire*, era una persona muy inteligente, astuta, e intelectualmente demandante. Ella parecía disfrutar la experiencia, de una manera muy diferente que la mayoría. Mucha gente viene a mí lista con expectaciones y papel tisú, ansiosos para una experiencia emocional que dirigirá al conforte y a una conclusión. Lynn se acerca más como la periodista que es, aunque ella no iba a escribir acerca de eso. Ella estaba intrigada por una buena historia, pero parte de lo que lo hizo bueno era de que eso no fue obvio. Había mucho de lo que pensar, muchas preguntas que hacer. Mucho que retar.

Lynn trajo a muchos espíritus con ella, pero la lectura se centró en una persona que yo estaba seguro que Lynn estaría contenta de comunicarse: su fallecido esposo, Lee. Esa suposición estaba equivocada, pero no por la razón por la que puedas sospechar.

Lee Lescaze fue también un periodista, y uno muy conocido. Él era un reportero importante y editor en el *Washington Post* y luego en el *Wall Street Journal*. Él una vez reportó desde Vietnam. Ahora él estaba reportando de un lugar aún más distante. Sus envíos para mí estaban llenos de la clase de detalle que se podría esperar: que Lynn cargaba una caja pequeña que había sido de él, que él había muerto de cáncer en el pulmón, que él era más grande que ella y tuvo una familia anteriormente. Y esta pepita de oro, la clase de especifico y cosa desconocida que la gente tiende a tomar como una prueba: Lee me estaba diciendo que Lynn había estado en una tienda de ropa intima recientemente y él había estado ahí con ella. "Hay una clase de asunto con un brassier", es como se lo comuniqué a ella, sonrojándome de la manera que siempre lo hago cuando los espíritus me hacen hablar acerca de sus vidas personales.

"¿Una clase de asunto con un brassier?" Lynn preguntó, riéndose. Lee me estaba diciendo que Lynn había ido a una tienda planeando comprar una clase de ropa interior que realmente no era su estilo, pero que él una vez quiso que ella lo usara. "Oh, que gracioso", ella dijo, confirmando que era verdad y ni siquiera estaba avergonzada como lo estaba yo.

Lynn parecía apreciar la experiencia y fue muy cortés cuando se retiró. Así que me desconcerté cuando Lisa Jackson, la productora, me envió, antes de que saliera al aire, una cinta del programa unos meses más tarde. En una entrevista después de la lectura, La reacción mayor de Lynn fue de molestia. De hecho, ella parecía estar enojada. Ella reconoció el sentir algo al principio, deseando creer que ella podía hablar con esta persona con la que pensaba que nunca iba volver a hablar. Pero ella concluyó después de una reflexión, de que ella sólo estaba fabricando la creencia como tú lo puedes hacer cuando vas a ver una película. "Lo más que pensé acerca de ello, los más errores que empezaron a salir", ella le dijo a Lisa. "Había fechas que no significaban nada, aniversarios y muchos familiares que yo sepa no existen. Él tiene una respuesta a esto, lo cual es de que Lee estaba pasando un mensaje a otra persona. Pero la composición de la presentación fue de una muy general". Ella creía que cualquier información que obtuve correcta fue porque ella inconscientemente me ayudó, contestando preguntas, dándome pistas, dirigiéndome.

Mirando la cinta y recordando la lectura, me preguntaba como ella podía llamar a todas las validaciones especificas que le había dado una presentación muy "general", o como ella había concluido que yo estaba esencialmente entrevistándola. Pero, por supuesto, no era una queja que no había escuchado antes. Lo que realmente me sorprendió fue su reacción a la completa idea de comunicación con los seres queridos. En lugar de traerle algún sentido de consuelo, o de aumentar sus percepciones de la vida y la muerte, parecieron frustrarla. No calmó su pena; la hizo peor.

"¿Él vino y dijo que él está bien?" Lynn dijo. "Oye, él está *muerto*. ¿Qué tan bien es *eso*? No encontré ningún consuelo en el hecho que Lee puede estar ahí. Por cierto, es algo desconcertante. Si te pones a pensar, ello trae más problemas que soluciones. Mi esposo a mi alrededor y él no me habla, o nada más me habla en la sala de este hombre en Long Island. ¿Ahora, quiere eso decir que debo de estar envuelta en alguna clase de terapia marital de post-mortem? ¿Significa esto que debo de estar tratando con el hecho de que él no me está hablando? ¿Y por qué él no me está hablando—fue algo que dije? A lo mejor a él no le gusto la ropa intima. A lo mejor él está enojado por que salgo con otra gente. Yo no estoy segura que hubiera querido que él estuviera en la tienda de ropa intima".

Lynn estaba haciendo algo que nunca había visto: Ella estaba rechazando a este hombre que extrañaba tanto—y aún poniéndolo en ridículo. Esto es cuanto la enervaba esto. Por supuesto, ella diría que estaba poniéndome en ridículo a mí y a mi trabajo, no a la memoria de su esposo o a su relación. Pero me parecía que la única razón por la que ella estaba tan molesta era de que ella lo creyó en algún nivel. De otra manera, ella sólo se hubiera carcajeado y empezado a buscar el truco.

"La muerte es una cosa muy personal", Lynn dijo. "Y es un proceso increíblemente difícil, el proceso de aceptar la muerte de alguien, creyéndolo, obteniendo una conclusión con ello, siguiendo adelante con tu vida y aún así manteniendo el recuerdo de tu ser querido muy fresco en tu mente. Y el hecho de que él está aquí en el cuarto mirándome poner ropa interior no valoriza mucho a ese proceso".

Hubo un tiempo cuando esta clase de reacción voluble de aparente indignación me hubiera colocado casi dentro de un estado de furia, y me hubiera devastado por días. Médiums hacen este trabajo por amor, por lo menos los que yo conozco y respeto. Gastamos cantidades fenomenales de energía para tratar de ayudar a la gente. Así que sabiendo que le hemos dado a alguien una experiencia negativa en su lugar, es como kriptonita para nosotros. Al principio tome los disparates de Lynn personalmente. *Oh, Dios mío. No hice mi trabajo correctamente. Yo no expliqué algo bien. Ella no entendió el proceso.* Y, por supuesto, que estaba enojado. Le escribí por el internet a Lisa Jackson, diciéndole que me gustaba el programa en si, que hizo un gran trabajo con un tema muy difícil—¿Pero qué era lo que sucedía con esa mujer trastornada quien no deseaba que su esposo la mirara comprar ropa interior? Vino la respuesta de Lisa: Bueno, esa mujer trastornada es una muy buena amiga mía.

Respuesta a la respuesta: Ahora que estoy sacando el pie de mi boca. . . . De que pueda reírme de ello era actualmente un gran paso para mí. Todo me hizo volver a ese día en la alberca en el Caribe cuando me dije a mí mismo: *No sufras más acostúmbrate a ello; tu nunca vas a poder satisfacer a todos.* Algunas personas no van a estar felices hasta que jale una silla y siente a su familiar muerto enfrente de ellos. Después de que lo pensé, supe que esto era un problema de Lynn, no mío. Y sentí más compasión que resentimiento. Después de todo, aquí estaba alguien quien parecía creer—o por lo menos estaba abierta a la posibilidad—de que el espíritu de su esposo estaba vivo y con ella. Y sin embargo ella encontró eso mucho más doloroso que consolador. ¿Cómo me puede hacer sentir eso algo más que tristeza por ella?

También sabía que hay gente que piensa de la misma manera que ella. A lo mejor ellos no lo expresarían exactamente de la manera que una áspera escritora lo haría, pero no todos aceptan mi trabajo, aunque ellos crean en la vida después de la muerte. Por ejemplo, no obstante la vida después de la muerte es una propuesta clave de mi propia iglesia Católica, y muchos Católicos abiertamente incluyen la comunicación de espíritu en sus propias vidas, la iglesia en si pone mala cara a eso. Así que en lugar de tomar las palabras de Lynn como un ataque personal, las vi como una dosis de realidad que la gente *debe* de ver. Es parte del proceso—no sólo el decidir si tú crees, pero entendiendo que es lo que significa si crees. El punto de vista de Lynn fue valido y directo. Estaba contento de que la productora los incluyo. Al igual como deseo que la gente entienda el proceso de la manera que lo veo también yo necesito entender como lo sienten ellos y apreciar sus puntos de vista.

Proceso. Esta es probablemente mi palabra favorita de todo esto. Es la razón por la cual yo deseaba que la gente del informe comercial enseñara más lecturas—enseñen de que se trata todo esto. Pongan más cinta natural de la lectura de Nicole que está demostrando exactamente como se fue desenvolviendo. La mayor parte de la gente nunca ha sido expuesta a la realidad sin filtración de una lectura por un médium. Conceptos erróneos y mitologías son la mugre que nosotros en el campo estamos constantemente tratando de hacer a un lado.

Esa es la razón por la que la industria de comunicación en grande nos pone tan emocionados—y nos pone a temblar. Así sea el periodismo, la variedad, o todas esas cosas en la televisión que tú no puedes identificar como una o la otra, tú nunca sabes lo que vas a obtener cuando dices que sí. Sólo, por supuesto, que tengas tu propio programa—pero no hay que hablar de eso ahora. Así que cuando recibí esa primera llamada de Lisa Jackson a fines de 1998, yo estaba interesado pero cauto.

Lisa estaba con la Lucky Duck Productions de Linda Ellerbee—hmm— y ella estaba produciendo un documentario acerca de la comunicación de después de la muerte (CDM). No era una cosa usual para la compañía de Ellerbee. La veterana reportera de transmisión y su equipo habían producido programas de niños para Nickelodeon que fueron ganadores de premios y especiales de asuntos públicos acerca de la Corte Suprema, del SIDA, y otros tópicos serios que son mencionados frecuentemente. Pero el interés creciente en CDM había obtenido la atención de HBO. Esto fue en el tiempo cuando estaba dando mis primeros pasos tentativos dentro de la televisión, yo estaba planeando el informe comercial. Judy Guggenheim me había recomendado a Lisa, y ella deseaba ver si yo era uno de los médiums que ella pudiera usar para hacer el documentario.

Después de unas pocas conversaciones telefónicas, yo estaba bien seguro que no quería estar en el programa. Yo no sabía que clase de programa ellos estaban planeando hacer—uno de desacreditar casi se puede no tomar en cuenta, y uno de un verdadero hachazo siempre tenía que ser considerado—voy a salir en cámara sin tener ningún control de cómo saldrá el producto final y eso me hacia sentir muy incomodo. Los programas a donde estaba yo saliendo para promover el libro eran esencialmente programas de entrevistas sin ser editados, no eran grabados y eran programas arreglados muy bien que podían inclinarse en cualquier dirección que la gente que lo estaba haciendo quería. Y todavía yo no tenía ningún deseo ardiente de ver mi cara en la televisión. Si algo que me gustara saliera en mi camino, bien. Si no, aún mejor.

Tuve una contrapropuesta. Le pregunté a Lisa si ella estaría interesada en usarme como un consultante atrás de las escenas. Yo podía guiarla sobre los problemas, servir como un experto técnico y a lo mejor ayudar a amoldar el programa. Durante las siguientes semanas, me pasé mucho tiempo hablando con Lisa acerca del trabajo de un médium, explicando mis ideas de cómo ellos podían hacer el programa. Debo de haber hecho un buen trabajo en eso, porque todo lo que parecía que yo estaba haciendo era confirmar el impulso inicial de Lisa de que yo debería estar enfrente de la cámara. También, yo me sentía mucho más positivo. Estaba muy impresionado con Lisa y concluí que ella estaba tomando el tema seriamente y con una mente abierta. Y de que HBO era conocido por programas originales que eran frescos, inteligentes y frecuentemente audaces, yo estaba satisfecho de que su documentario no sería un sensacionalismo, o peor que eso, una emboscada.

Lo que capturó más a mi imaginación fue la aspiración de Lisa. Ella quería ir más allá del enfoque estándar—"¿Está (Tu Médium Aquí) Hablando con los Muertos?"—y quería romper con nuevo terreno. Su idea emprendedora era de que algunos de los médiums principales fueran examinados por un psicólogo de la Universidad de Arizona quien había desplegado un interés en la investigación de "la sobre vivencia de la conciencia". Lisa dijo que no había sido determinado aún como seriamos examinados, pero que este profesor, junto con su esposa, una colega psicóloga, tenían unas ideas interesantes. Y HBO estaba preparado para pagar por ello.

Estaba intrigado por la idea. Con mi gran deseo de aumentar el conocimiento acerca del arte de médium, y mi afinidad por la salud y la medicina—sin mencionar mi permanente curiosidad acerca de lo que exactamente está pasando en mi cerebro—estaba asombrado por la idea de que un científico fuera lo suficientemente valiente para abrir una área de investigación para la comunicación de espíritu. Pero al mismo tiempo, deseaba saber que era en lo que me estaba metiendo. ¿Quién era ese hombre y cual era su punto de vista? ¿Qué prejuicios podría él traer? ¿Más importante, que clases de "pruebas" tenía en mente? Lisa me envió una propuesta de veinticinco páginas describiendo sus pensamientos, y como él se proponía a examinar a los médium que estuvieran de acuerdo en participar en su investigación. Lo leí y pensé: ¿Hmm? Era una descripción muy esotérica de una prueba que este profesor estaba nombrando "¿La Mente De Quién Se Está Leyendo?" Pero lo que podía yo ver era que él estaba tratando de determinar de donde venía la información. ¿Venía de nuestros queridos difuntos? ¿O estaba el médium simplemente leyendo los pensamientos y deseos de la persona ahí sentada? Ello básicamente nos tendría tratando de determinar si ambos los caracteres ficticios y la gente real estaba muerta, viva, ficticios, o no ficticios. ¿Confuso? Para mí también lo fue.

"Yo no voy a hacer eso", le dije a Lisa. "Es como un juego psíquico de sala. No tiene nada que ver con el arte de médium". Lisa pensó que debería yo de hablar con Suzane Northrop, quien también estaba pensando en participar. Suzane es una médium maravillosa de New York cuales habilidades e integridad—y fortaleza—están más allá de cuestionar. "¿Suzane está haciendo esto?" le pregunté a Lisa. Yo no la conocía muy bien en ese entonces, pero tenía dificultad en creer que Suzane tomaría parte en esta prueba.

Pero antes de que llamara a Suzane, ella me llamó. "¿Vas a hacer esto?" ella preguntó.

"Que extraño que me lo preguntes", le dije. "¿Lo vas ha hacer tú?"

"Oh, Dios, de ninguna manera. Es una tontería. Nunca va a comprobar nada acerca del arte de médium. Ni siquiera puedo entender la mitad de ello".

Pero aunque ambos Suzane y yo pensábamos que la idea del psicólogo estaba totalmente fuera de la marca, una cosa graciosa paso. El hablar de ello nos hizo a ambos desear saber más de esto. Ambos sentimos que si un investigador académico serio quería estudiar la comunicación de espíritu de una manera honesta y con la mente abierta, no deberíamos de dejar pasar la oportunidad sin siquiera hablar con el hombre.

PROBANDO, PROBANDO

GARY SCHWARTZ ES UN HOMBRE ÚNICO. Él es la clase de profesor de universidad que realmente toma de corazón el concepto de la libertad académica. Un hombre barbudo y nativo de Nueva York en sus años cincuentas, él empezó como un estudiante de la ingeniería electrónica en Cornell, pero terminó con un doctorado en psicología de Harvard. Él permaneció ahí en la facultad por cinco años y luego se fue a Yale por una docena más. Su especialidad era "la sicofisiología"—el estudio de la conexión de la mente y el cuerpo. Como el director de un centro de Yale fiel a la investigación en ese campo, él estudió bioregeneración, la relación de la mente y el cuerpo a las emociones y el dolor, y el tratamiento de enfermedades relacionadas con la tensión. Mientras en Harvard y Yale, él publicó seis escritos en *Ciencia,* la publicación oficial de la Asociación Americana para el Avanzamiento de la Ciencia y una de las más prestigiadas revistas de investigación en el mundo.

Pero abajo de toda esa respetabilidad había un innovador esperando salir fuera. A principios de los años 80, Gary se sintió cautivado por la investigación de un biólogo Británico de nombre Rupert Sheldrake. Sheldrake había salido con algo llamado Hipótesis de Resonancia Morfogenica. A fin de cuentas, es todo acerca de cómo él piensa que la memoria es almacenada en el universo. Así es como esta teoría va, en cualquier ocasión que cualquier forma entra en existencia—aún las palabras que son habladas—dejan una imprenta y se reúne con las imprentas de todo lo que ha entrado en existencia antes. Y todo ello se vuelve más fácil para crear en el futuro porque ya está ahí. Muy de onda, aún para un profesor de bioregeneración.

Gary se pasó los siguientes años conduciendo experimentos para probar la teoría de Sheldrake. Uno de ellos exploró como se desenvuelve el lenguaje e hipotetizó que las palabras que se repetían una y otra vez a través de los siglos tienen una energía que se vuelve parte de la memoria almacenada del universo. Gary obtuvo un prestigiado premio por su trabajo en 1986, el cual salió en las páginas de la revista *Time.* Pero los académicos del Ivy League siendo lo que ellos son, algunos de sus compañeros profesores fueron menos apreciativos de su ingeniosidad que otros. "Algunos de mis colegas en Yale pensaron que era terriblemente creativo", él dijo, "y los otros pensaron que sólo era terrible". Y así es como Gary terminó en el desierto. Él ama el Suroeste, pero más importante fue que él encontró en la Universidad de Arizona un lugar más aceptador para pensadores independientes tales como lo es él. Él se cambio ahí en 1988 y desde ese entonces, la universidad ha creado un internacionalmente conocido Centro para los Estudios de Conciencia y un programa en medicina integrativa dirigida por el guru de salud de alma y cuerpo el Dr. Andrew Weil. Ellos incluso le dieron a Gary su propio laboratorio que suena elegante. Él lo nombró el Laboratorio de Sistemas de Energía Humana.

Ese es el bebé de Gary. Él y sus colegas empezaron a hacer investigación en la medicina de mente y cuerpo, "medicina de energía", y, eventualmente, la cosa que realmente hizo que fluyere su sangre: "la medicina espiritual"—investigación dentro de la posibilidad de que hay sobre vivencia de la conciencia después de la muerte física. "Cuando la gente pregunta que es lo que hago, digo que trabajamos en tres áreas controversiales. Y la tercera es súper-controversial". La sobre vivencia de la conciencia no es un asunto considerado por muchos científicos serios, pero es uno de los que Gary ha estado pensando por casi veinte años. Él actualmente quería tratar de figurar la respuesta—y comprobarla científicamente.

En Yale a principios de los años ochenta, Gary había empezado a considerar la idea completa de la memoria universal—la teoría de que todo está vivo, eternal, y avanzando. Él había teorizado de que en cualquier tiempo dos cosas comparten energía e información, ellos se vuelven un "sistema de regeneración". Así sea el hidrógeno y oxigeno que hacen el agua, dos hileras de DNA, dos células del corazón, dos personas, la tierra y la luna—estos "sistemas" están intercambiando información y energía que se convierte en una parte permanente del universo. Se acumula con el tiempo y se convierte en una memoria. A Gary, esta teoría predice todo desde la memoria de célula—por ejemplo, los confirmados casos de recipientes de transplantes de corazón experimentando cambios de personalidad que se asimilan a sus donadores—experiencias de cerca de la muerte y de fuera de cuerpo, y últimamente, la sobre vivencia de la conciencia después de la muerte. La esencia de la teoría es de que no hay tal cosa como una muerte verdadera—o por lo menos. Solamente es una transición.

"Esto sería terriblemente controversial, por ponerlo moderadamente", Gary dijo. "Así que no lo toqué ni con un palo de diez pies. De hecho. No le dije a nadie acerca de ello". Él no estaba seguro si él mismo lo creía. Era una teoría muy elegante, pero no quedaba con la asunción con la que él había crecido: que la muerte es El Final. Él no estaba seguro que sacaría esta idea de la caja del sótano. Por lo menos no mientras que quisiera conservar su carrera. Y luego este privado, interés que era solamente profesional convergía con algo muy personal.

En 1993, Gary fue a una conferencia y encontró a su alma gemela. Su nombre era Linda Russek y ella era una colega psicóloga, que vivía en Boca Raton, Florida. Unas semanas después, Gary fue a Florida a visitar a Linda. Gary recuerda que a las cuatro de la mañana mientras que ella lo llevaba al aeropuerto, le hizo una pregunta que nadie le había hecho antes. Ella dijo, "¿Gary, crees en la posibilidad de la sobre vivencia de la conciencia después de la muerte?" La razón por la que ella estaba preguntando era que su padre había muerto tres años antes. "¿Crees que mi padre todavía esté aquí?"

El padre de Linda había sido un cardiólogo muy bien conocido—él había dirigido las juntas anuales de la Universidad Americana de Cardiólogos por veintitrés años, publicó doscientos escritos y editó siete libros. Y él hizo trabajo clínico con su hija. "Linda tenía una muy, muy cercana relación con su padre", Gary dijo. "Cuando él murió en 1990, Linda entró en una búsqueda científica y metafísica para ver si ella podía comprobar si él aun estaba aquí".

Cuando Linda le preguntó a Gary si él creía que esto fuera posible, él le preguntó si importaba lo que él pensara. "Sí" ella dijo, "porque tú eres un científico serio. Y si tú lo crees, entonces tienes que tener una razón, y probablemente una buena". Gary le dijo a Linda de que él había pensado en esto mucho, pero por razones de preservación propia lo había mantenido callado. "Yo no sé si mi lógica es correcta", él dijo, hablando estas palabras con un colega por la primera vez. "Yo no sé si la naturaleza trabaja de esta manera. Pero basado en lo que yo sé acerca de la física, química y biología, yo pienso que es muy plausible de que la sobre vivencia de la conciencia pueda existir". Linda quería saber más. Gary le prometió que cuando él regresara en un par de semanas, él le diría la historia completa.

Parte de la razón que Gary no le había dicho a nadie acerca de su teoría era de que no estaba seguro de que él mismo la creía. Él se podía imaginar las reacciones de la gente, porque él venía del mismo lugar. "De la manera que yo fui criado, había un Santa Claus, el Conejo de Pascuas y vida después de la muerte. Era una fantasía, era estúpido. Yo fui criado creyendo que cenizas a cenizas, y polvo a polvo. Mis padres ambos murieron cuando yo estaba en Yale en la década de los 80. yo nunca pensé dos veces acerca de que si sus 'almas' continuaban. Aunque la teoría dice que eso pasa. Así que como un científico, la teoría me lleva a creer que era plausible. Como una persona, yo fui educado a creer que era imposible. Así que creo que yo era un agnóstico. Yo no lo sabía".

Cuando Gary volvió a Boca Raton dos semanas después y explicó su teoría, Linda se emocionó. Pero en esto ella no era exactamente una investigadora sin pasión. Ella deseaba saber. Ella le dijo a Gary que él debería de empezar a trabajar en esto—era algo demasiado importante para esconderlo como si fuera un horrible secreto de familia, simplemente por una trepidación profesional. Linda era como muchas personas en su necesidad de saber que realmente había pasado con su padre y el permanecer conectada. Pero el investigador científico en ella no estaba contenta con sólo la esperanza de que él estaba alrededor, o aun ver si ella podía comunicarse con él por sí sola, o a través de un médium. Ella quería que Gary cambiara el enfoque de su trabajo. En esencia, ella quería que él científicamente le comprobara que su padre no había desaparecido del universo. Y ella le ayudaría con esto.

"Así que ponte en mi lugar", Gary dijo. "Tú acabas de conocer a está persona muy especial quien te está pidiendo que hagas investigación en una área que sabes es muy controversial. Tú nunca has hecho ningún trabajo en eso. Tú sabes que tus colegas preferirían que hicieras esta investigación en otro lugar, preferiblemente en otro planeta. Ella dijo, 'Gary, tienes que ayudarme'". Gary no sólo se enamoró de Linda. "Me enamoré con el amor de Linda para su padre. Y su sueño de saber científicamente de una manera o de la otra si su padre todavía estaba aquí. Así que miré en sus ojos y le dije, 'Bien, Linda, te voy a ayudar, pero bajo una condición: No le vamos a decir a nadie'".

Linda se cambio a Arizona, y durante los siguientes años, ellos empezaron calladamente a explorar la gran pregunta. Gary grabó las ondas cerebrales de Linda mientras ella trataba de comunicarse con su padre. Él colocó un micrófono de alta frecuencia alrededor de ella, capaz de grabar sonidos que vibran cuatro veces más alto que ningún oído humano pudiera escuchar. "Para ver si ocurría algo en una frecuencia alta cuando una persona fallecida estaba en el área". Con razón que él hizo que Linda prometiera que ellos no le iban a hablar a nadie acerca de eso. Como un científico, Gary se sentía incomodo hablando de estos primeros e informales experimentos, pero dice que ellos fueron "lo suficiente sugestivos para hacer que continuáramos".

En 1995, Gary y Linda conocieron a una mujer de nombre Susy Smith, una escritora prolífica de libros acerca de la parasicología y creadora de una fundación para la investigación de la sobre vivencia de la conciencia. Se dice que ella ha de haber tenido una conexión de cuarenta años con su madre fallecida. Entonces Gary y Linda conocieron a su primer médium, Laurie Campbell, una ama de casa de Irvine, California, quien se voluntario para participar en su investigación. Gary y Linda estaban también publicando un libro, *The Living Energy Universe*. Ellos estaban finalmente saliendo tierra arriba.

Un día a fines de 1998, Gary recibió una llamada de Lisa Jackson de Nueva York. Ella le dijo que estaba trabajando en un documentario para HBO llamado "La Vida Después de La Vida", y de que iba a ser una examinación seria de comunicación de espíritu. Gary no es un tonto. La única cosa que había detenido a su investigación de la sobre vivencia de la conciencia era el dinero. Los Institutos Nacionales de Salud no le iban a escribir un cheque en algún momento para que él pudiera hacer experimentos con gente que habla con gente muerta. Para obtener fondos, para investigar eso. Tú más bien tienes que ser un psiquiatra estudiando la esquizofrenia. Así que Gary vio una oportunidad. Si tú realmente estás interesada en la ciencia de comunicación de espíritu, él le dijo a Lisa Jackson, si tú realmente deseas hacer algo serio y especial, entonces tú debes de dar fondos para lo que sería el primer laboratorio de investigación del arte de psíquica. Todo lo que necesitaríamos serían a los médiums. La respuesta de Lisa: ¿Qué tal si puedo llevar a los médiums principales a tu laboratorio?

Cuando llamé a Gary Schwartz, yo esperaba una conversación corta que iba a seguir con una llamada a Lisa atentamente declinando su invitación para participar. Si su propuesta prueba de, muerto o vivo, era alguna indicación, él era probablemente demasiado académico para mi gusto. Y yo no estaba seguro que él no sólo lo hacia para desacreditarnos—aunque,

¿Por qué se molestaría en eso? Eso exactamente no se vería como un trabajo tenaz de descubrimiento. Pero lo que sucedió es que nos pasamos dos horas en el teléfono, en una muy intensa plática y debate acerca de la vida después de la vida. Nuestra conexión a ello y que era lo que podía ser probable. Gary dijo después que ambos Suzane y yo realmente lo interrogamos para asegurarnos que él no tenía una agenda escondida. Él lo sobrevivió muy bien—él estaba igualmente de apasionado acerca de explorar nuestro mundo como nosotros lo estamos para vivirlo. Gary fue muy abierto, muy receptivo a las ideas. Y sentí que sus intenciones eran buenas. Él tenía un extremo conocimiento a como es el ser retado en tu trabajo en cada vuelta que das y acusado por unos de ser un fraude. Él dijo que quería reunir un "Grupo de Ensueño" de médiums para dar la primera miradita científica al otro lado.

"Aquí está la metáfor", él dijo. "Michael Jordan es uno de los grandiosos jugadores de básquetbol de todo el tiempo. ¿Sabes cual es su certeza promedio cuando arroja la pelota desde el piso?" Yo no tenía la menor idea. "Alrededor del 45 por ciento. En un buen juego, él puede tener 60 a 70 por ciento. ¿Así qué como alguien quien puede estar en el promedio de fallar más del 50 por ciento de sus arrojadas pueda ser un superestrella? La respuesta es de que él tiene que ser mejor que todos los demás. Y ya porque él no le atina a muchas de sus arrojadas de pelota no significa que no contaras a todas las que él hace. Ello no significa que marcaras como pura suerte a sus deslumbrantes jugadas. Así que la primera cosa es de que si vamos a buscar a un Michael Jordan en el mundo de arte de médium, no esperamos que seas perfecto. De hecho, tú puedes fallar a más de 50 por ciento de tus tiradas. Más que eso, sabemos que en algunos días tú puedes ser bueno y en otros días no tanto. Así que no vamos a burlarnos de tus errores".

Suzane tuvo la misma conversación con Gary, y la misma reacción. Ambos llamamos a Lisa Jackson y dijimos que íbamos a ir a Tucson. No íbamos a tomar la prueba de muerto o vivo, pero Gary parecía estar deseoso de escuchar nuestras ideas. Muy Bien, Lisa dijo, ve ahí y figúralo todo. Sólo asegúrate que cualquier cosa que decidas, es para el HBO.

Cuando Suzane y yo viajamos y nos encontramos con Gary y Linda, ellos parecían estar muy felices de vernos. "La mayoría de médiums profesionales temen a los científicos". Él explicó. "Ellos piensan que vamos a derrumbarlos". Suzane y yo queríamos empezar con lo básico. Gary no iba a comprobar ninguna Hipótesis de Resonancia Morfogenica con nosotros, pero él podía arreglar un experimento controlado y documentar de una manera sistemática de que estábamos obteniendo información acertada acerca de alguien que nunca antes habíamos conocido. Y ese no es un mal lugar donde empezar.

La prueba no tenía que ser tan complicada: Sólo llévanos a un cuarto, a cada uno de nosotros a la vez y hagan que le leamos a la misma persona—al "sujeto". Gary y Linda tomarían notas cuidadosamente de la información, luego interrogarían al sujeto más tarde y verían que tan acertados habíamos estado. Se dejaría a ellos que salieran con una manera de juntar, interpretar y presentar la información. Como uno de los proveedores de la información, eso me ponía un poco nervioso. Algo así como un dudoso donador de esperma—no me importaba el hacer la donación, yo sólo me preguntaba lo que ellos iban a hacer con eso.

Me gustaba la simplicidad del experimento, pero nos deshicimos de una idea más. Vino de mis antecedentes médicos. "¿Por qué no hacemos un EKG y EEG? A lo mejor vamos a descubrir algo acerca de nuestros corazones y cerebros cuando estamos haciendo una lectura. Lo podemos colocar en el sujeto, también".

Gary y Linda se miraron uno al otro. "¿Ustedes harían eso?" Linda preguntó.

Lisa Jackson encontró la idea de medir las ondas de nuestro corazón y cerebro muy emocionante. Ella sabía que conectando conductores eléctricos a los cerebros de los médium se vería bien en una cinta. A lo mejor ellos descubrirían algo interesante. Pero aun si ellos salían siendo sólo campanas y chiflidos para la cámara, íbamos a ser parte de un evento pilar. Gary tenía un campo completamente abierto.

Suzane no estaba segura acerca de los aparatos de alta tecnología. Ella no se había inscrito para ser picada y pungida como lo es un hombre espacial en un laboratorio secreto de la Armada después de que se estrelló su UFO. Cuando los productores de televisión inicialmente se le acercaron y le hablaron acerca de participar en el proyecto, su primer instinto fue el de voltearse y correr. Ella no sentía que tenía que someterse a la indignidad de comprobar lo que ella hace. Pero ellos siguieron regresando, y eventualmente, después de hablar con Gary, ella se dio cuenta que esta era una oportunidad rara para nuestro campo. A ninguno de nosotros nos gusta admitir que perdemos sueño por causa de los cínicos profesionales quienes salen en *Larry King* y dicen que somos ridículos y también lo es cualquiera que nos cree. Pero la verdad es de que todos vamos a dormir mejor si *nosotros* podemos ir a *Larry King* y sostener un papel de investigación serio documentando él por qué *ellos son* los ridículos por temer dar sólo una miradita. No cambiará como nos sentimos acerca de nuestro trabajo. Pero no lastimaría a nuestra causa. "Por veinticinco años, estoy viajando alrededor del país constantemente pidiéndole a la gente que confié en su propia información, confía en tus mensajes", Suzane dijo. "¿Cómo le puedo pedir a la gente que haga eso si estoy rechazando una oportunidad para hacer algo que nunca se ha hecho antes?"

Suzane y yo no temíamos ser puestos a prueba, pero el filmar la investigación para la televisión aumentaban los riesgos. No tendríamos ningún control sobre la editada y la presentación. ¿Y que tal si teníamos un mal día, o el sujeto no cooperaba o no estaba informado acerca de su árbol familiar? Podría ser un desastre—y no sólo para nosotros pero para el campo completo. Pero el escenario del mejor caso era emocionante de pensar. Si ello saliere bien, un investigador de una universidad legitima entregando evidencia de comunicación con el mundo espíritu. No podía evitar de pensar en Darth Vader, la mujer de negro en el Barnes & Noble en Santa Monica. *¿Adónde está la prueba? ¡Tú no puedes comprobar esto científicamente! ¡Todos ustedes son unos tontos estúpidos!*

La única cosa que le quedaba de hacer a Lisa era reclutar unos médiums más y a un sujeto o dos. Ella llamó a George Anderson. Él rápidamente estuvo de acuerdo. Al igual lo hizo otro médium, Anne Gehman. Gary también le pregunto a Laurie Campbell, la ama de casa en California quien había participado en sus estudios anteriores. Suzane tenía sólo un punto en el que ella deseaba que Gary prestara cuidadosa atención. "Todos los médiums trabajan diferentemente", ella le dijo. "Yo sé que tú quieres un experimento controlado, pero tienes que darnos licencia para trabajar de la manera que trabajamos".

"Vamos a permitirles hacerlo de la manera que desean", Gary le aseguro. "Vamos a hacer todo en nuestro poder para hacer posible que emerja un fenómeno, si es real".

Viaje a Tucson derecho de grabar el informe comercial en Florida. Gary y Linda nos dijeron el plan para el siguiente día: Los cinco médiums serían llevados a un cuarto de uno por uno para que le leyeran a un sujeto que los productores habían reclutado. Los otros esperarían en un patio detrás del laboratorio. Dentro del cuarto de lectura, nos sentaríamos lado-a-lado con el sujeto, a unos pocos pies de distancia y con una pantalla entre nosotros. No veríamos al sujeto, antes o durante la lectura. Obtendríamos respuestas de sólo sí o no a los mensajes que entregáramos. Ambos el médium y el sujeto estarían conectados a cables para ver si había alguna correlación entre nuestros corazones durante la lectura. Los médiums también tendrían electrodos adheridos a sus cabezas para grabar las ondas cerebrales. Las cámaras grabarían todo, y Gary y Linda mantendrían una cuidadosa lista de cada porción de información que generaremos. Eventualmente, el sujeto evaluaría los transcriptos de las lecturas y nuestro trabajo sería comparado por los controles: Sesenta y ocho personas adivinando. Todos hicimos un juramento de mantener el secreto durante el experimento. Prometimos que no diríamos a los demás nada acerca de nuestra lectura.

"Mañana, vamos a hacer algo que nunca se ha hecho en la historia de ciencias", Gary nos dijo en su más importante sonada voz mientras las cámaras del HBO grababan. "Nunca ha sido el caso antes de que un grupo de médiums pioneros estuvieran reuniéndose con un grupo de científicos en una universidad que realmente cree que cualquier pregunta importante puede ser preguntada en un estilo abierto".

Al siguiente día, entramos dentro del pequeño edificio del laboratorio de Gary a leer para nuestro primer sujeto. Lisa Jackson había reclutado a alguien del norte de Tucson—como lo descubrimos más tarde, una mujer de cuarenta y seis años de edad de nombre Pat Price quien había sufrido por las muertes de seis personas cercanas a ella en los últimos diez años. Antes de nuestro arribo, Gary y Linda hicieron que llenara un detallado cuestionario acerca de sus perdidas. Y en esa mañana ellos hicieron que firmara una declaración afirmando que ella no había tenido contacto con ninguno de los médiums antes del experimento.

Suzane entró primero y Gary me dijo más tarde que él no estaba preparado para la absoluta fuerza de su estilo. "Tú tienes que esperar tu turno", ella dijo cuando entró al cuarto; ella no le estaba hablando a Gary o a la mujer en el otro lado de la pantalla. Para empezar Suzane no es una tímida, pero cuando ella está comunicándose, entra a un estado completamente diferente. Ella está por todos lados, sus manos se mueven y si esto es posible, ella habla aún más rápido que yo. Ella se aviva con información. Con Pat Price, supe después, Suzane realmente entró en una zona, hablando sin parecer parar para respirar, descargando hecho tras hecho que Pat tenía que mantenerse en la misma velocidad para validarlos.

"Mi quijada estaba en el piso", Gary dijo más tarde. "Ella estaba hablando sin parar como un taxista de Nueva York, y obteniendo toda esta información altamente especifica. Pat me estaba mirando, asistiendo con la cabeza y llorando". La parte más emocional de información fue que Pat había perdido a su hijo.

Yo seguí, y probablemente parecí como Ben Stein en comparación. Los electrodos estaban adheridos—no dos o tres como pensé, pero diecinueve, sostenidos juntos en mi cabeza con una clase de gorro de baño. La primera y más fuerte energía que vino fue la de una figura masculina al lado de Pat. Parecía ser su esposo. Le pregunté si ella entendía esto y ella dijo que sí. Una figura masculina más joven también vino, conectada al esposo de Pat. Yo creo que era su hijo y él se había matado de un balazo. Bajo circunstancias normales, yo lo hubiera dicho. Pero estaba preocupado en decirle a Pat algo tan sensitivo enfrente de las cámaras. Pensé rápidamente y sólo dije, "¡Yo siento como que fue pumm! ¡Ellos salen rápido pumm! Hay como una explosión grande o un tipo de pumm grande que pasa. ¿Tiene esto sentido?"

"Sí".

Otros vinieron, pero fue el esposo de Pat quien permaneció siendo la energía más fuerte. Le dije que se me estaba enseñando un bouquet de rosas rosadas, su manera de expresar su amor. Luego obtuve una secuencia de información, toda de la cual ella validó.

"¿Tú no tuviste la oportunidad de hablar con él de la manera que tú querías hablar con él antes de su muerte, correcto?"

"Correcto".

"Bien. Ahora él me está haciendo sentir que su madre murió muy joven en su vida, o de que él estaba ausente o distante de ella en la vida, o pudo haber habido alguna clase de desconexión emocional. Y siento que como en el otro lado ellos pudieron reconectar eso. ¿Está bien? Eso es lo que se está enseñando. ¿Entiendes eso?"

"Sí".

"Él me está diciendo que todo está bien. Él quiere que tú sepas que todo está bien. Él me está haciendo sentir como que esa es la razón que él ha hecho tan importante para que sepas que él está aquí. ¿Comprendes? Él quiere que yo también te confirme que él te ha visitado y lo que yo clasifico como que te hizo una visita es cuando alguien viene a ti sin un psíquico y él me está diciendo que te confirme donde él vino a verte, adonde él estaba parado me parece que fue en una recamara, donde había una puerta de closet abierta y tú acababas de oler su ropa o estabas oliendo algo conectado a él. ¿Tiene eso sentido?"

"Oh, sí".

Había sólo una cosa extraña acerca de esta lectura: El esposo de Pat Price no estaba muerto. De hecho, él estaba sentado afuera del cuarto. Yo estaba muy enervado cuando ella nos presentó más tarde—tanto que no le pregunté el por qué ella se mantuvo validando que él había muerto, o así parecía. Yo estaba contento de que su esposo estaba vivo, pero pensé que yo completamente había mal interpretado los mensajes y realmente echado a perder la sesión—mientras siendo examinado en un laboratorio de universidad o en televisión nacional. Toda la cosa era muy confusa—ambas cosas, como había obtenido algo tan erróneo y el por qué el sujeto se mantuvo diciendo que yo estaba correcto cuando no lo estaba. Una explicación posible para ambas circunstancias no usuales emergería meses más tarde.

George, Laurie y Anne siguieron para completar este día agotador para Pat, quien debió de haberse sentido abrumada por varios días después. Descubrí más tarde que ella escuchó alguna de la información una y otra vez—incluyendo la muerte de su hijo Mike, la cual todos nosotros la recibimos, aunque no todos la obtuvieron como un suicidio. Cuando le dije a Gary al final del día que obtuve el suicidio pero torpemente trate de proteger a Pat al describirlo como un "pumm", él se encontró escéptico. Él se preguntaba si yo había escuchado de Pat o de alguno de los otros médiums después de mi sesión que fue un suicidio, y ahora estaba tratando de reclamar que yo lo sabía todo el tiempo. Él no me conocía y tenía que mantener su objetividad científica, entreteniendo todas las posibilidades hasta que pudiera eliminarlas. Él nunca me dijo esto hasta mucho más tarde, después de que nos conocimos más uno al otro.

Unos pocos meses después de la prueba, Pat Price fue traída de regreso al laboratorio para que cuidadosamente calificara los transcriptos de cada una de las sesiones. Cada palabra expresada por todos los cinco médium fue puesta en una de seis categorías—nombre, inicial, hecho histórico, descripción personal, temperamento, y "opinión"—y Pat entonces evaluó cada declaración y le asignó una de siete categorías—todo de posiblemente correcto a definitivamente un error. Gary y sus colegas sentaron a Pat y hicieron que justificara sus categorías. Luego ellos pusieron la información en Excel un archivo de computadora.

Cuando Gary calculó la información, él no nos quiso decir quién tenía la calificación más alta, él no quería que esto fuera una competición—o por lo menos él deseaba minimizar nuestros instintos naturales. Él vio esto como un esfuerzo de grupo. El resultado importante para él era nuestro trabajo cumulativo. Él encontró que nuestras medidas de certeza variaban desde el 77 al 93 por ciento, con nuestra calificación en grupo de un promedio total del 83 por ciento. Los sujetos de control, los que no eran médiums, fueron 36 por ciento de acertados en sus adivinanzas—y esas fueron respuestas a las preguntas, muchas de las cuales tenían una oportunidad del 50 por ciento de obtenerlas correctamente. Llenaron cuestionarios preguntado si ellos pensaron que nueve de los familiares de Pat y dos de sus mascotas estaban vivas o muertas, junto con las preguntas desde "¿Era el hijo del sujeto feliz?" a "¿Quién llamaba al sujeto 'Patsy'?" En muchas preguntas, menos del 5 por ciento de los controles obtuvieron respuestas correctas.

Unos meses después, tuve la oportunidad de mirar una cinta aún no editada de la lectura de Suzane. La información llegó rápida, aún más rápida que en otras ocasiones que la he observado, y no paró. Cuando la información fue contada, demostró que Suzane había generado 136 piezas de información especifica y más del 80 por ciento de ello era acertada. Esto significa que en una lectura de doce minutos, ella hizo más de *100 declaraciones correctas* acerca de alguien que ella no había conocido y no podía ni siquiera ver. Pero no para esto ahí. Ella hizo esto con casi nada de conversación con esta mujer. Suzane hizo solamente cinco preguntas incidentales durante la lectura completa. Por falta de una explicación que a ellos les guste mejor, algunos atrincherados escépticos les gusta llamar lo que hacemos "lecturas frías"—haz muchas preguntas y hábilmente figura los hechos de las respuestas que obtienes, lee el lenguaje del cuerpo y las señas faciales. ¿Qué es lo que ellos llamarían lo que hizo Suzane en Tucson? Probablemente su racionalización última: una "lectura caliente". También conocida como un fraude. Espía, haz investigación, revisa entre la basura— o lo que sea.

Los resultados de las pruebas del corazón y cerebro fueron interesantes. La hipótesis de Gary era de que si un médium estaba leyendo la energía del sujeto y se median las ondas cerebrales y el latido del corazón de ambos, tu podías encontrar que sus corazones y cerebros estaban de la misma manera sincronizada, o emparejada—como uno de los sistemas de regeneración de Gary. A lo mejor nuestros dos corazones latirían en coordinación. Pero nosotros como médiums creemos que lo opuesto está pasando. Nos *desconectamos* del sujeto porque no estamos realmente leyéndoles a *ellos,* estamos leyendo a los espíritus que vienen con ellos. Así que Gary medió a cada uno de nosotros en un descanso, con nuestros ojos cerrados y después durante nuestras lecturas. El encontró que de promedio, durante el curso de las lecturas, nuestros corazones no se volvieron más sincronizados pero menos—lo cual sería consistente con nuestra reclamación de que no estamos conectados con ellos, pero con otra entidad. Esto sucedió con todos los cinco de nosotros. Por las ondas cerebrales, nuestros ejemplos de EEG no revelaron ninguna conexión entre el corazón del sujeto y nuestros cerebros.

Cuando habíamos terminado y Gary nos dio los números, Suzane y yo estábamos emocionados. "Ahora podemos decir que se ha comprobado", Suzane dijo, casi lista para llamar ella misma a Larry King. Pero Gary dijo, bueno, no exactamente. "No es un estudio perfecto", el dijo. ¿La falla? Él no nos había mantenido separados después de nuestras lecturas. Estábamos juntos en el patio y aunque él tenía a alguien con nosotros y aunque la única conversación fue entre los médiums quienes ya habían hecho sus lecturas, Gary dijo que él no podía decir con el 100 por ciento de certeza que no intercambiamos información.

Suzane es del arquetipo de Nueva York de adelante-y-derecho-y-no-hay-tiempo-para-las-cortesías. Y ella estaba encendida, estoy usando una cortesía. La idea de que habíamos hecho trampa era absurda, sin mencionar, insultante. Gary dijo que él sabía que no habíamos hecho trampa, que no habíamos quebrantado el juramento de conservar el secreto, pero esto era ciencia. Si él iba a escribir esto para una publicación y presentarla como un estudio pilar y la fundación para el futuro, entonces él tenía que poder decir que una trampa había sido eliminada como una posibilidad. ¿Entonces por qué no pensaste en eso *antes* del experimento? Suzane quería saber. "¿Así que venimos de lejos hasta aquí y hacemos esto y ahora no podemos ni siquiera decir que está documentado? Esa es una estupidez".

Gary quería hacer experimentos adicionales, no para HBO pero para su propia investigación, Suzane y yo estuvimos de acuerdo en regresar a Arizona dos veces más en los siguientes diez meses. Anne Gehman y Laurie Campbell nos acompañaron en el segundo experimento, en un campo recreativo llamado Miraval. Esta vez, cada uno de nosotros permanecimos en nuestros propios cuartos y los sujetos fueron traídos a nosotros y aparte de no poder ver al sujeto, quien sería traído por detrás de nosotros, no se nos permitía tener ninguna comunicación verbal por los primeros diez minutos. Esto era llamado el Experimento del Sujeto en Silencio y Linda y Gary lo idearon después de arreglar a último hora, el tener como a uno de los sujetos a Pat Price de la prueba de Tucson. Él quería saber si alguno de nosotros nos daríamos cuenta de que era la misma persona durante el periodo de silencio por diez minutos. Ninguno de nosotros lo hizo. Pero más tarde, cuando él nos dijo la razón por la que le había pedido que regresara para un segundo experimento, me quede desplomado. Solamente unos días antes, el esposo de Pat había muerto en un accidente de carro. Cuando le leí a ella en esta ocasión, él *no* vino. Gary y yo tratamos de sortear a través de esta ironía, una capa a la vez.

Después de la primera lectura en Tucson, asumí que yo había estado equivocado, de que no había claramente discernido la energía y me estaba conectando con alguien más. Pero después de la segunda lectura en Miraval, me di cuenta de que era Mike el hijo de Pat, quien había cometido suicidio, quien me estaba dando la información acerca de la eminente muerte de su papá—como una preparación para su madre. En Miraval también supe que Pat tenía una habilidad psíquica propia, y desconocido a todos, antes de la prueba de Tucson tuvo un presentimiento acerca de la muerte de su esposo. Esa fue la razón por la que ella había contestado sí a todo lo que le dije acerca de su esposo que había muerto cuando él estaba sentado afuera del cuarto. Ella estaba literalmente contestando la pregunta que le hice: "¿Entiendes eso?" lo que ella quería decir fue que ella entendía la información en el contexto de su propia presentimiento. Si le hubiera preguntado más directo, "Estoy recibiendo que tu esposo ha muerto. ¿Es eso verdad?" ella hubiera contestado diferente. También resulto que ella estaba un poco confusa durante la sesión. Cuando yo la describí yendo a una recamara y oliendo un artículo de ropa, sentí que venía de su esposo. Pero esto era algo que ella había hecho en el cuarto de su hijo después de su muerte.

Esto fue un ejemplo perfecto de mi dicho personal: "A veces lo recibo bien y a veces lo recibo mal. Pero lo recibo". En este caso, sólo asumí que los eventos ya habían pasado. Pensé que la información venía del esposo de Pat cuando estaba actualmente viniendo de su hijo *acerca* de su esposo. Es también importante el notar que cada médium es también un psíquico, lo cual significa que tenemos la habilidad de proyectar eventos futuros. Así que siempre existe el potencial para una confusión. Esa es la razón por la cual es importante el entender el proceso y saber que a veces son las cosas que no tienen sentido en la hora de la lectura las que salen siendo las mejores validaciones.

Cuando Pat regresó para Miraval—antes de que supiera que era ella quien estaba sentada detrás de mí—fue su hijo quien habló. Él me dijo, "Esto es una validación de la validación". Yo no entendí quien era este espíritu o de lo que él estaba hablando hasta que me di la vuelta después y vi que era Pat. Y luego me di cuenta que era la manera del Joven Mike para decir, "Tú saliste mal la última vez. Fui yo quien trataba de preparar a mi mamá. Así que hay que hacerlo bien esta bien. Ahora dile a mi mamá que estoy con papá y estamos bien".

ENCONTRÉ LOS PRIMEROS DIEZ MINUTOS de cada lectura en Miraval extraños e intrigantes. Sin ninguna comunicación verbal entre el médium y el sujeto, ni siquiera sabíamos, como lo puso Suzane, si el sujeto era un "hombre, mujer, o perro". Y de hecho, pensé que uno de los sujetos, era un hombre y salió siendo una mujer. Por lo menos no fue un perro. Más tarde, cuando otro sujeto entró, una de las primeras cosas que recibí fue la película (Bonita en color Rosa) *Pretty in Pink*. ¿Yo no sabía lo que se suponía que iba hacer con eso—era una referencia a un carácter en una película, un actor, algo en la historia? Entonces sólo dije lo que recibí. "Tú eres bonita en rosado". El hombre detrás de mi estaba usando un traje para correr de color rosado fuerte fosforescente.

La idea de no poder hacer ninguna pregunta era interesante para mí, porque una de las acusaciones más comunes contra los médiums es de que una lectura es básicamente una entrevista la cual el sujeto no se da cuenta de que él está siendo entrevistado. Es una "lectura fría"—una mezcla de habilidad en preguntar, deducciones astutas y por supuesto, adivinanzas de suerte. Sí, hay gente que hace lecturas frías. Ellos se llaman a si mismos "mentalistas", y ellos son esencialmente magos mentales. Mientras, que un buen médium tocará a detalles altamente específicos y obscuros que no pueden posiblemente ser sacados a través de una lectura fría. Pero por supuesto, la percepción es todo. Un médium quien tiene marcas de interrogación al final de todas sus declaraciones—como la mayoría lo hace—puede ser confundido con alguien quien está sólo haciendo una entrevista. ¿Pero son estas realmente unas preguntas? ¿O son simplemente peticiones para confirmar la información?

Hay una gran diferencia entre el decir, "¿Cual es tu segundo nombre?" y "¿Quien es Carl?" la última es la manera natural que un médium trabajaría: Tú obtienes información, es información que no es tuya, tú completamente no la entiendes, y quieres saber si la recibiste bien. Muchas veces si un médium tiene que hacer una pregunta, es sólo una manera de facilitar la información para que así él se pueda mover a la siguiente cosa. Pero después de los experimentos en Tucson y luego en Miraval, me di cuenta que esta era una forma floja del arte de médium. Es tan fácil el hacer declaraciones y permitirles que ellas sean confirmadas: "¿Él me está diciendo que tu segundo nombre es Carl, Es eso verdad?"

Fue en Miraval que vi la cinta de la lectura de Suzane en Tucson, en la cual hizo sólo cinco preguntas durante una lectura que dio más de 100 piezas de información especifica y acertada. Y luego, cuando no se me permitió hacerle al sujeto ninguna pregunta por diez minutos, me di cuenta que tan innecesarias las respuestas del cliente realmente son. Ayuda el validar la información, pero al fin de cuentas, lo que la persona dice tiene poco impacto en lo que yo digo. Robert Brown, un médium y colega de Londres, se refiere a mi como un "psíquico terrier". Permanezco con lo que recibo, como un perro con un hueso, aun si la persona está enfáticamente diciendo que no.

Por supuesto, Pat Price diciendo sí cuando su respuesta debería ser no fue un nuevo doblez. ¿Qué hubiera yo hecho si ella hubiera dicho que su esposo no estaba muerto? ¿Hubiera tenido yo la confianza—sin mencionar la rudeza—de insistir que su esposo, quien estaba sentado afuera del cuarto, *estaba* muerto? No creo. Me hubiera quedado con la información y permitirle que identificara de quien estaba llegando. Si yo estaba seguro que era su esposo a quien estaba recibiendo, hubiera encontrado una manera de darle un suave aviso. O lo hubiera hecho a un lado, muy inseguro e incomodo para continuar. Yo siempre digo y saco fuera lo que recibo, usualmente sin pensar acerca de ello. Pero de vez en cuando, no es una mala idea el pensarlo dos veces.

Unos meses después de las pruebas en Miraval, Gary trajo a los sujetos a Tucson para la misma clase de detallada sesión de calificaciones que él tuvo con los sujetos en el primer experimento. Nuestra certeza acumulativa fue del 82 por ciento. Había una diferencia relativamente pequeña entre el periodo de silencio y el periodo de preguntas. Estuvimos 77 por ciento correctos cuando no podíamos ni ver al sujeto ni comunicarnos verbalmente con él. Cuando pudimos hablar, nuestra certeza subió a 85 por ciento.

EL ESPECIAL DE 90 MINUTOS DE HBO, *Life After Life* (La Vida Después de La Vida), salió al aire el 5 de octubre de 1999 y enseño más de mí de lo que esperaba . . . o me hubiera gustado. La parte demostrándome haciendo lecturas o siendo entrevistado estaba bien, pero el resto fue vergonzoso. Yo con Sandra, con mis perros, yo haciendo ejercicio en el gimnasio, bailando. También pensé que el programa no le hizo justicia a Suzane Northrop. Muy poco de su lectura fenomenal con Pat, el sujeto, sobrevivió la editada. Pero Lisa Jackson hizo un buen trabajo tratando el material seriamente y explorándolo más abiertamente y más a fondo que nadie antes lo había hecho. Ella no tomó una posición a nuestro favor, como yo esperaba que lo hiciera. Pero no trato de desacreditarnos tampoco. Ella fue neutral, demostrándonos en buenos momentos en el laboratorio de Gary y en las lecturas privadas, junto con entrevistas con escépticos—inteligentes y razonablemente desapasionados académicos, al igual que el sujeto voluntario Lynn Darling—ningún cínico de farándula quien no tiene la curiosidad intelectual de realmente explorar de lo que se trata esto.

Gary y Linda hicieron la última de las tres pruebas un mes después de que salió al aire el especial de HBO, luego prosiguieron con escribir sus descubrimientos en un escrito de veintinueve páginas para el *Journal of the Society for Psychical Research,* una publicación devota a la exploración del fenómeno psíquico. No exactamente *Ciencia,* pero como Gary dijo, ninguna de las revistas científicas principales tocaran esta cosa, así que publicas donde tú puedas, donde hay mentes abiertas. Pero no dejó de presentar su trabajo e información con la más alta integridad científica—y en un cuidadoso lenguaje. "Parece que médiums altamente capacitados, en condiciones de un controlado laboratorio pero aún recibiendo apoyo, pueden recibir especificas categorías de información que pueden ser calificadas acertadamente por entrenados sujetos de investigación . . .", él escribió. "Estos dos experimentos proveen cuantitativa información que es consistente con la hipótesis que de alguna forma irregular de recuperación de información estaba ocurriendo en estos capacitados médiums". Él también se puso a trabajar escribiendo un libro, *The Afterlife Experiments: Breakthrough Scientific Evidence of Life after Death,* el cual su publicación está planeada en el 2002.

Mientras que los descubrimientos no hablaban de la pregunta de cómo estábamos haciendo esto, Gary sugirió que una investigación más a fondo con medidas de ondas cerebrales podrían ofrecer algunas claves. Y anticipando a los escépticos, él anotó: "Tradicionales hipótesis de fraude, sugestiones sutiles y coincidencia estadística son explicaciones improbables del total grupo de observaciones reportadas aquí". Conciencia del concepto de una certeza científica, Gary dijo que él definitivamente no podía descartar que HBO ideo toda la cosa, con o sin la complicidad del sujeto o de los médiums. "Detectives privados no fueron empleados para atentar de independientemente verificar la confidencialidad. Sin embargo, parece ser altamente improbable que Lisa Jackson, una productora ganadora del premio Emmy quien trabaja para una compañía de producción ganadora de múltiples premios Emmy, arriesgara su reputación profesional y personal para envolverse en un fraude en la Universidad de Arizona".

No fue sorpresa, cuando después de que salió el especial de HBO al aire, a fines de 1999, Gary se encontró siendo cortado a la mitad por James (El Asombroso) Randi, un mago de oficio quien le gusta sacar dardos de su sombrero y arrojarlos al médium más cercano. Desde que salió a la superficie hace años, el refrán de Randi ha sido que los psíquicos y médiums son sólo unos torpes pretensores y en sus mejores momentos magos adeptos a trucos astutos de la mente. Cómo el desacreditador laureado de America, él ha escrito dos expuestas de tirar fuego, uno titulado tan punteado como sus cejas—¡*Flim-Flam!*—y el otro tan largo como su barba blanca: *An Encyclopedia of Claims, Frauds, and Hoaxes of the Occult and Supernatural: James Randi's Decidedly Skeptical Definitions of Alternate Realities*. Su más famosa ocurrencia es una oferta que aún sigue de un millón de dólares a cualquiera que pueda comprobar la comunicación de después de la muerte.

El asalto del Asombroso Randi al Solamente No muy Usual Schwartz empezó en la página en el internet de Randi y continuo en un artículo en el *Times* de Londres antes de terminar con cartas que iban y venían. Randi trotó con sus usuales aserciones acerca de los médiums, luego arrojó dardos hacia su más reciente tiro al blanco. "El método Schwartz de acercamiento para hacer ciencia real tiene una gran ventaja para él", Randi escribió. "Permite a otros emocionarse y asumir conclusiones que no son apoyadas por la media investigación que él conduce. Y pueden atraer fondos y atención". Gary, disfrutando de un buen pleito, contestó que Randi era "un ejemplo viviente de alguien que parece incapaz de aprender", y le agradeció por instigar la creación de la primera evidencia científicamente documentada del arte de médium. "Tú fuiste la principal inspiración para crear la Prueba de Aptitud de Ciencia del Arte de Médium".

"¿Así que esta es ciencia, Dr. Schwartz?" Randi respondió. "Señor, usted realmente necesita más experiencia del mundo".

Como cualquier científico, Gary estaba siempre ansioso para más experiencia del mundo y ya estaba trabajando en el diseño de su próxima gran prueba: un elaborado experimento envolviendo cinco lugares de investigación en los Estados Unidos y en Europa, en los cuales ninguno de los médium o los sujetos se hablarían uno al otro y sólo una tercera persona escucharía la lectura.

Cuando Gary acababa de empezar su investigación hace unos años, la gente le preguntaba de cual lado estaba—el de los médium o los escépticos. "Bueno, no estoy de ningún lado", él decía. "Estoy en el lado de la información. Si la información me lleva a los médium, voy a los médium. Si la información me lleva a los escépticos, voy a los escépticos. Ahora, si tú me preguntas que vista mundial yo prefiero, no hay ninguna duda que la de los médium es mucho más hermosa y especial. Pero mi trabajo no es el de examinar mis creencias. Es el de seguir la información. ¿Estamos tratando de comprobar la sobre vivencia de la conciencia? No. Lo que estamos tratando de hacer es *permitir* a la sobre vivencia de la conciencia que se compruebe ella misma. Si los médium están dispuestos a levantarse y ser contados, los científicos deben de estar dispuestos a levantarse y contarlos".

— CAPÍTULO 5 —

SEIS MENTIRAS Y VIDEOCINTAS

Acertadas y Fallas

¡Si habíamos sido el 83 por ciento de acertados en el experimento en Arizona, que tal acerca de los otros 17 por ciento? Entre los escépticos y creyentes, hay una frase cachadora para describir lo que se ha vuelto una manera popular de evaluar a un médium: *acertadas y fallas.*

Odio esas tres palabras.

El pensar que la comunicación de espíritu es acerca de acertadas y fallas es una falla en si. Eso implica que las fallas son sólo errores. Pero no lo son— aún el 17 por ciento que Gary Schwartz contó como no acertadas. Yo creo que toda la información que estoy dando es acertada. Lo que cuenta es lo que pasa después. Cualquier número de factores—la habilidad del médium es una grande, pero no la única—determinará si la información será considerada una acertada o falla. Nosotros no siempre entendemos como los espíritus escogen sus mensajes, o el por qué ellos los dan con este símbolo y no con ese, pero los espíritus no juegan juegos o mal declaran. Si paso veinticinco piezas de información y diecinueve son validadas, eso no quiere decir que yo recibí seis "equivocadas", o que significa que ellos dijeron seis mentiras. Lo que hace de una pieza de información una percibida "falla" es un simple corto en algún lugar en el circuito de médium-espíritu-recipiente, o un retraso en la validación. Esto puede que suene como una excusa, pero esto realmente es una asociación de tres maneras que requiere una fuerte energía positiva y abierta de todos lo que están envueltos—en ambos lados de la gran división.

Si traigo información que alguien a quien se le está leyendo no reconoce, una de cinco cosas está pasando. Yo tengo control de sólo una de ellas.

1. Estoy mal interpretando los símbolos que se me están enseñando. Esa es una grande.
2. La información es para otra persona en el cuarto y no nos estamos conectando lo suficientemente fuerte para hacerme ir ahí.
3. El sujeto no sabe si la información es verdadera o no por causa de no estar familiarizado con el árbol familiar, o porque esto es simplemente algo que él o ella no conoce—aún.

4. La persona no desea reconocer algo por razones personales.

5. La persona está sufriendo de "amnesia psíquica", una aflicción temporaria que ha sido conocida de rendir a la gente incapacitada de recordar el nombre de su esposo o el cumpleaños de sus hijos.

Tómenlo de mí: Hay una y mil maneras para que un médium mal interprete un mensaje del otro lado. El problema más común que tengo es el de recibir un símbolo, frecuentemente uno volante y que se desvanece tan pronto como el siguiente aparece, y lo describo incorrectamente. Los espíritus usaran mis referencias, cosas que reconoceré y me pueda relacionar, para hacerme decir algo. Pero como en un juego de charada, puedo ver el símbolo del ángulo equivocado y pasar la información equivocada. O ser demasiado literal—o no lo suficiente literal. Durante una lectura en un discurso, se me enseño la imagen de una mujer que reconocí como Jennifer Valope, una reportera de noticiero de televisión en Miami. Saqué todo lo que podía: Reportera de noticias, televisión, Miami. Nada. Finalmente, sólo dije lo que vi: Jennifer Valope. La persona enfrente de mi dijo que su nombre era Jennifer. Eso se hubiera ido de otra manera y sido considerado una "falla" con mucha pescada alrededor—una lectura fría. ¿No hubiera sido más fácil para el espíritu de sólo darme el nombre audiblemente? ¿Por qué usar tal símbolo indirecto? La respuesta: ¿Quién sabe? A veces los espíritus pueden ser muy astutos. Otras veces, obscuros. Últimamente, no obstante, es desesperanzado el preguntar el por qué ellos dan un símbolo y no otro. ¿Todo el qué juega la charada usa las mismas claves? Ellos me dan lo que me dan. Yo lo paso de la mejor manera que puedo.

La mala interpretación de un símbolo volante o sonido son sólo unos de los dos obstáculos más comunes de la mítica lectura perfecta. Igual de común es la validación atrasada. Muy seguido es acerca de una pieza de información que una persona no conoce y tiene que investigar—puede ser cualquier cosa como un detalle acerca de un evento del pasado, el nombre de la abuela de un vecino. Muchas veces se me ha instruido de entregar información a alguien que parece no tener conexión con el espíritu, así que por supuesto no pueden validar la información. En muchos casos, es porque ellos actualmente tienen alguna conexión, pero no es obvio y ellos a lo mejor ni saben. Yo puedo estarle leyendo a alguien quien es un distante o desconocido familiar de un espíritu que está tratando de entregar un mensaje por medio de otro familiar. O la persona a quien se le está leyendo es un amigo o conocido del recipiente intentado. Tratando de conectar conocidos mutuos así, puede dirigir a muchas expresiones en blanco y a negaciones, las cuales pueden ser frustrantes para todos los tres.

La gente seguido se pregunta él por qué los espíritus usan estas indirectas y distintas conexiones. La respuesta es simple: Es su mejor oportunidad de cruzar un mensaje. Tengo una analogía para esto: ¿si estuvieras atrapado en una remota tierra extranjera sin un teléfono y te topas con alguno de tu pueblo quien va rumbo a casa, no desearías que esa persona le lleve un mensaje a tu familia de que tú estás bien?

Un Asesinato en Michigan

HAY OTRA CLASE DE MENSAJE que atraviesa y parece como información que está a diez millas de distancia de la marca, o hace que la gente se estire en todas direcciones tratando de hacer que tenga sentido. Y ese es un mensaje acerca de algo que no ha pasado todavía. Yo no sé si estaba prefigurando la muerte del esposo de Pat Price cuando lo interprete como que ya había muerto. Pero no es extraño para mí el recibir y pasar información que parece equivocada en el tiempo que es entregada pero más tarde sale teniendo un significado. No tiene que ser algo que cambie el planeta. Seguido es un evento mundano y fácil de olvidar.

La primera vez, cuando conocí a Carol Maywood, le dije en el curso de una lectura que alguien estaba colocando un papel tapiz nuevo. No significó nada para ella, pero unos meses después, alguien en su familia, a lo mejor fue su cuñada, cambio el papel tapiz en el baño, o a lo mejor sólo la parte de arriba, yo creo que llaman a eso la faldilla. Puede haber sido en la recamara. ¿Ves lo que quiero decir con mundano y fácil de olvidar? Lo cual hace mucho más extraordinario lo que paso más tarde en la lectura.

Carol es una radióloga y administradora médica de Phoenix. En mayo de 1998, ella perdió a su hermana Louise, quien murió tan de repente como lo es posible morir de cáncer. Llegó sin aviso y su desolada familia, un grupo muy unido, fue dejado con una tremenda herida, cada uno tratando de ayudar a los otros a sanar. Cambiando canal en la televisión, un día más después en ese año, Carol me vio en uno de los programas de la tarde y fue lo suficientemente curiosa para ir y comprar el primer libro que ella había leído acerca de la comunicación de espíritu. Carol siempre creyó que cuando morimos, nuestras energías se unen con la fuerza universal y dejamos de existir como individuos. Nuestras personalidades siguen sólo en las memorias de esos que dejamos atrás. Lo que yo y otros estábamos diciendo era muy diferente. A ella le gustó de la manera que sonaba.

Un día en la primavera de 1999, el hermano de Carol, Dan, llamó de su casa en Michigan para decir que él me había visto en *The Crier Report*. Ellos habían hablado del tema, y Carol había pensado acerca de cómo sería el comunicarse con su hermana. ¿Era eso posible?

"John Edward va a estar en Phoenix", Dan le dijo a ella por teléfono. "Tienes que llamar y obtener boletos. Te voy a dar el número. Tú *tienes* que ir". Carol estaba sorprendida por la fuerza de la petición de Dan. A ella no le molestaba—ellos eran extremadamente unidos y era difícil para ellos el ofenderse uno con el otro, pero aún así, no era costumbre de Dan de decirle que hiciera algo.

Carol hizo la llamada y fue con su madre al evento que yo estaba teniendo en el centro de Phoenix. Carol era como la mayoría de la gente en ese cuarto o cualquier otro cuarto donde yo había aparecido. Ella esperaba que se le leyera y si era lo suficientemente afortunada, el escuchar de alguien en particular. Pero no parecía como que iba a pasar. Dos horas después y nada para Carol y su madre. Pero entonces—y estoy diciendo esto desde su perspectiva, por supuesto, basado en lo que ella me dijo más tarde—pregunté si alguien tenía "una conexión con Holanda". Estaba yo sintiendo a una figura masculina mayor y se me estaba enseñando unos zapatos de madera. Nadie lo reconoció. Pero cuando ella vio que yo estaba caminando lentamente en su dirección, Carol susurro en el oído de su madre y luego levanto su mano, tentativamente, como la gente usualmente lo hace cuando no están seguros si eso es para ellos pero desde que nadie más lo estaba reclamando. . . . El tío de Carol, Steven, el hermano de su madre, se había casado con una novia de Holanda durante la guerra. Ambos habían muerto.

La siguiente secuencia de información confirmó que yo estaba en el lugar correcto—la personalidad de hombre encantador y jovial del tío Steven, y la presencia de un "D-N" nombre con él, lo cual la madre de Carol inmediatamente lo conectó con su primo Don, quien era muy parecido en personalidad a Steven. El sentimiento que ellos me dieron fue de que aunque ellos no fueron unidos en la tierra—los separaba la diferencia en edad—ellos *eran* unidos ahora que estaban juntos en el otro lado. "¿Quién tenía los antecedentes de escenario?" Yo pregunté, viendo un escenario de teatro. La madre de Carol dijo que su madre fue una actriz de escenario.

Fue la típica reunión familiar, excepto que, a su desilusión, la hermana de Carol no estaba entre ellos. Luego, casi al final de la lectura, ellos me estaban diciendo que la familia se reuniría juntos pronto. "El cumpleaños de mi hermana es en julio". Carol dijo, casi desesperada de hacer a su hermana una parte de esto.

"No", yo dije. "Antes de eso. Es dentro de una semana. Ellos me están diciendo que todos van a estar ahí". No era algo de lo que sabían, dijo Carol. Me preguntaba si estaba echando a perder la fiesta sorpresa de alguien. Esta era una de esas ocasiones cuando la gente que veía enfrente de mí estaba diciendo que no y los que no podía ver estaban diciendo, *oh sí*. En casos como estos, mi apuesta está *siempre* en los que entraron gratis.

Cuando Carol llegó a casa, ella llamó a Dan en Michigan. Ella estaba contenta de que su hermano le había dicho que fuera—aunque Louise no vino, Carol y su madre llegaron ser unas de las escogidas. Ella le contó la lectura y luego ellos trataron de figurar de que se trababa esa reunión familiar. ¿Qué podría pasar en sólo una semana? Dan sacó su calendario, en el cual tenía toda clase de ocasiones raras. "¿Oye, que tal el cumpleaños de Bugs Bunny?" él dijo bromeando mientras seguía buscando. "A Louise le encantaba Bugs". Ellos no lo pudieron figurar, pero Carol y Dan hablaron dos veces más en esa semana, acerca de la lectura, acerca de Louise, y acerca de la próxima visita de Dan le iba a hacer a Carol en Arizona. ¿Puede eso ser la "reunión?"

Temprano en la mañana del sábado, el teléfono sonó en la casa de Carol y ella escuchó estas palabras de su cuñada: "Dan está muerto".

A él lo habían encontrado en su carro, en el estacionamiento de la fabrica donde él trabajaba el turno de la noche. Él había sido balaceado en la cabeza con su propia arma. En el tiempo de un año, Carol había perdido a ambos su hermana y hermano sin ningún aviso—por lo menos ninguno que ella había podido percibir.

Cuando ella recobró un porte de equilibrio, Carol pensó acerca de la eminente "reunión familiar" que sus familiares habían mencionado. Ella no pensó que ellos se referían al funeral de Dan. Él recibió una cremación, y no habría un servicio memorial hasta su cumpleaños, unos meses más tarde. Luego Carol se dio cuenta de lo que era. Ella calculó que Dan murió exactamente siete días y cuatro horas después de nuestro contacto de espíritu. La reunión familiar de la que ellos estaban hablando era en el otro lado. *Ellos* eran los que se iban a reunir. Ayudando a Dan a cruzar al más allá.

Ahora la pregunta se convirtió en, ¿Qué le paso a Dan? ¿Recuerdas el misterio sin resolver del asesinato de Roger el novio de Nicole en Tampa Bay? Aquí está otro. Paso menos de cuatro meses después de que Roger interrumpió nuestro informe comercial para dar un mensaje vital a su novia, aparentemente para mitigar sus temores acerca de su asesinato. Pero este tomo un turno un poco diferente.

La policía en Michigan inmediatamente declaró la muerte de Dan como un suicidio y cerró su "investigación" sin conducir las pruebas usuales en la escena de un crimen o sin investigar a gente conectada a él. Carol, su cuñada y otros cercanos a Dan no podían creer que él se hubiera matado. Pero por los primeros días, ellos no se podían enfocar en nada más que respirar. Dan había sido divorciado, y se había vuelto a casar sólo unos tres años antes. Su esposa estaba devastada, totalmente desolada. Y Carol tuvo que hacer todo lo posible para permanecer en pie. Aparte de su propia pena, ella tenía que tratar con decirle a sus padres que ahora dos de sus hijos estaban muertos.

Fue una semana antes que Carol pudiera empezar a pensar acerca de la investigación de la muerte de su hermano. Ella estaba segura que él había sido asesinado, y así lo estaban todos los demás en el círculo de familia y amigos de Dan. Él no había estado deprimido, y él había estado haciendo toda clase de planes. Él había comprado boletos de tren para un viaje al Gran Cañón que él y su esposa iban a tomar durante una visita a Carol en Arizona, un mes más tarde. Ellos estaban planeando moverse a Texas después de su jubilación en dos años, y estaba tratando también de convencer a Carol de cambiarse ahí, él había arreglado dejar el trabajo con tiempo para ir a la recepción de la boda de su amigo, el sábado, y había sacado pollo y costillas del congelador para que se descongelaran y los marinara para el fin de semana.

Una vez que ella estaba segura que él no había cometido suicidio, Carol empezó a pensar de quien lo pudiera haber asesinado. Dan no tenía enemigos, ella pensó. Pero entonces, se dio cuenta que sí los tenía. Dan había estado en una disputa legal con alguien que él había empleado para restaurar un 1965 Thunderbird. El hombre hizo un trabajo terrible y le robó, dirigiendo esto a una confrontación furiosa en el estacionamiento afuera del apartamento de Dan. Dan había ganado recientemente $30,000 en un dictamen de juicio en su contra. Carol supo que el hombre pensó que no tenía que pagar porque él estaba declarando bancarrota, pero creía que Dan le informó que las reglas de bancarrota no aplican a fraudes. Él aún tenía que pagarle el dinero. No mucho después del dictamen, Dan estaba muerto.

Cuando la familia de Dan trató de traer esta y otra información a la policía, ellos fueron desairados. "Ellos nos dijeron, no de buena forma, 'Ustedes dejen las investigaciones a nosotros'", Carol dijo. Pero aparentemente ellos no detectaron nada. Ellos regresaron el arma. Aún cubierta de sangre, a la esposa de Dan. Ella la limpió, asumiendo que la policía había sacado las huellas de ella. Ellos no se habían molestado. Ellos dijeron que el caso estaba cerrado. Carol empleó un córoner independiente, y su opinión fue de que basado en sus heridas y la posición de su cuerpo, Dan pudiera haber sido asesinado, mas bien durante un forcejeo por el arma.

Carol pensó que el obvio sospechoso tenía que ser el hombre con quien Dan había tenido problemas, un joven de nombre Baxter. Ella teorizó que Baxter quería encontrarse con Dan y a lo mejor decirle que él quería pagarle algo del dinero que le debía. Pero Dan no hubiera querido que Baxter otra vez viniera a su apartamento. A lo mejor él le pidió que fuera a su trabajo, donde hubiera gente alrededor. Él trajo su arma porque él tenía miedo. Carol creía que el caso no había sido investigado porque en el pueblo donde paso esto era virtualmente propiedad del jefe de Dan. Había habido tres asesinatos previos en esa propiedad en los últimos cinco años. Ellos no querían esto en los periódicos.

Una noche poco después de la muerte de Dan, Carol decidió sentarse frente a su computadora y escribir todo lo que ella sabía y de todos con los que ella había hablado—una cronología organizada de los eventos que terminaban en esa noche en el estacionamiento. Y mientras ella estaba haciendo esto, ella se dio cuenta que ella estaba viendo los eventos pasar en su cabeza en gran detalle: Dan manejando su equipo pesado "Alto-Bajo" de la fabrica a su carro esperando atraer la atención de la seguridad de la planta. Colocando su carro en posición para que así él pudiera ver cuando viniera Baxter. Cargando su pistola y sacando una revista extra de su mochila y colocándola arriba de la consola entre los asientos, dejando la tapa de la consola abierta. Sosteniendo su arma y ensayando las acciones que él pudiera tener que hacer para defenderse.

"Era como una videocinta andando en mi cabeza", Carol recuerda. "Como si yo estuviera mirando una película de misterio. Había una distinción entre mis propios pensamientos cuando yo empecé a escribir y cuando esto empezó a tomar control".

Sin perder un momento, Carol se mantuvo escribiendo, sólo que ahora ella estaba transcribiendo lo que ella estaba viendo en su cabeza:

> Baxter llega, camina hacia el carro de Dan, luego abre la puerta de pasajeros para entrar al mismo tiempo que Dan demanda que le enseñe el dinero. Pero Baxter jala la chamarra de Dan y sostiene la puerta abierta y Dan inmediatamente levanta el gatillo de su arma y la apunta hacia Baxter, diciéndole que se detenga, que suelte la chamarra y se vaya. Pero Baxter furiosamente jala la pistola, arrojando hacia afuera la chamarra de Dan, las llaves vuelan fuera de la bolsa y suenan cuando pegan en el pavimento. Rápidamente Baxter se inclina hacia dentro del carro y subyuga al mucho más pequeño Dan, doblando las manos artríticas de Dan de una manera que ahora el arma con el gatillo alzado está apuntando a la cabeza de Dan. Ahora Baxter empieza a reírse, burlándose de la situación. Dan usa su mano izquierda para tratar de forzar el arma hacia arriba y lejos de él, pero Baxter usa su otra mano y la mantiene abajo. Mientras ellos forcejean, Baxter empuja el arma fuertemente contra la cabeza de Dan, y se dispara. El cartucho de la bala rebota del techo, golpea a Baxter, y cae en el asiento de pasajeros junto a la puerta. Sorprendido, Baxter afloja su puño y baja las manos de Dan a sus piernas, aun sosteniendo el arma. Él se sale del carro, levanta la chamarra y las llaves, rápidamente las coloca en el asiento, dejando una mancha sangrienta en el forro de la chamarra. Él mira a su alrededor y ve que nadie a respondido al sonido del balazo, y cuidadosamente se va.

Carol dijo que la escena fluyó sin barreras de un momento al otro, pero parecía ser en respuesta a sus preguntas. Ella no creyó que vinieran de su imaginación por los detalles—las preparaciones elaboradas de Dan, el sonido de las llaves cayendo en el pavimento—fueron tan reales y vinieron tan rápidamente. Ella lo contrastó a la manera que trabaja como una radióloga para salir con un parecido diagnosis: En su mente, ella reuniría a todas las evidencia circunstanciales—lo que ella sabía acerca de la historia de un paciente, los síntomas, y la examinación física, tan bien como las ocasionalmente sutiles indicaciones que ella había detectado en unos rayos x o MRI—para tratar de salir con un escenario probable.

"Esto no se sentía nada como eso", Carol dijo. "Por supuesto, te preguntas si esto sólo es tu mente trabajando, pero no se sentía como si estuviera viniendo de mí". Ella entretuvo la posibilidad increíble de que esta "videocinta" había sido enviada por Dan, pero no pensaba demasiado en ello porque era muy extraño e incierto. Y ella tenía cuidado con quien hablaba de eso. Ella trató de hacer que reabrieran el caso—o realmente, lo abrieran—pero no llegó eso a ningún lado. Todo lo que yo tenía, en los ojos de la policía, eran especulaciones.

Sobre los dos siguientes años, Carol se volvió una asistente regular en los eventos que tuve en el Oeste. Ella vino a cinco más después del primero en Phoenix—en Salt Lake City, San Diego, Las Vegas, Scottsdale, y Detroit—viajando cientos de millas con la esperanza de comunicarse con sus hermanos. No sólo su hermana Louise, por supuesto, pero ahora también con su hermano, Dan, quien prácticamente le había ordenado ir a ese primer evento en Phoenix. Yo realmente no recuerdo mucho acerca de nuestro primer encuentro, pero Carol y su madre se acercaron a mí después del siguiente, en San Diego, y me dijeron la historia. Fue muy triste de escuchar, pero la madre de Carol dijo, "Yo sólo quería darte las gracias. Sabiendo que todos estaban ahí para recibir a Daniel fue la única cosa que me ayudo salir de esto".

Carol fue a San Diego, y a todos los otros lugares, deseando más que el consuelo del conocimiento. Ella quería saber la verdad. Ella esperaba que Dan me la diera a mí para que se la pasara. Pero estos fueron eventos con unos pocos de cientos de personas, y ella salió desilusionada cada vez. La mayoría del tiempo ni siquiera sabía que ella estaba ahí. Pero su historia había permanecido conmigo. Cuando pienso en el aparente deseo de Dan de literalmente enseñar a su hermana lo que pasó y lo comparo con la manera que Roger solamente quería calmar la mente de Nicole en Tampa Bay, no puedo dejar de sentirme seguro de que los espíritus realmente nos dan lo que necesitamos. Todos somos diferentes, nosotros aquí en la tierra y esos en el otro lado. Si Carol todavía tuviera cualquier hebra de creencia que nuestra personalidad individual se disuelve dentro de un gran abismo universal cuando morimos, ella podía soltarla ahora, en el viento.

En medio de todos estos viajes para verme, Carol fue a ver a otro médium en Arizona. La médium le dijo a Carol que su hermano había muerto en un accidente de carro. Eso no estaba tan erróneo. Y la médium detecto de que había un misterio rodeando la muerte. Ella le dijo a Carol, "Lo que sientes dentro de ti que paso, en realidad paso".

Cuando escuchó esto, Carol lo tomó como una validación, algo un poco corta de una respuesta definitiva. Ella había tratado de no pensar demasiado acerca del videocinta que había pasado por su cabeza, pero ahora se permitió a sí misma el creer que realmente no lo había inventado. Por la segunda vez, parecía, que su hermano había puesto un pensamiento en su cabeza y le dijo que lo siguiera.

Es imposible el conocer el verdadero intento de ese pensamiento. A lo mejor Dan quería que su familia supiera que él no había cometido un suicidio. ¿Quería él algo más que eso? Los espíritus tienen voluntad. A veces su propósito es claro, a veces no. A veces lo recibo equivocadamente y a veces lo recibo correctamente. Recuerdo que una vez le estaba leyendo a una mujer en un seminario en Boston quien había perdido a su hija de cinco años. Cuando su hijita vino, ella me dio un detalle tras otro—su nombre, el nombre de la muñeca con la que se le enterró—y su pobre madre estaba terriblemente temblorosa y llorando. Era una de esas ocasiones cuando todos en el cuarto fueron afectado por el dolor de una persona. Y luego el espíritu de esta niñita me dio un sentimiento de intensa preocupación por su madre.

"Te voy a dar esto en mi interpretación", le dije a la madre, "¿Lo siento por tener que preguntarte esto, pero estabas planeando matarte?" La mujer parecía como si ella estuviera a punto de desmayarse. La persona junto a ella tuvo que sostenerla.

Y ella lo reconoció. "Sí, yo lo estaba planeando hacer", ella dijo, llorando. Le dije que su hija quería que ella supiera que todavía estaban conectadas y de que debería permitirse seguir adelante. "Ella me está diciendo que tienes que permanecer aquí, tú tienes más cosas que hacer. Ella dice, 'Tú tienes que cuidar de mi hermanita'". Ella estaba literalmente convenciendo a su madre desde el otro lado para que no se suicidara. Un amigo quien estaba conmigo esa noche me dijo que fue la lectura más intensa que él había visto. No puedo saber de seguro; sólo espero que estoy en lo correcto. Pero creo que el espíritu de esta niñita pudo jalar a su madre del bordo del edificio.

Sería entendible para Carol Maywood el tomar la "videocinta" de su hermano Dan como un impulso de él para proseguir una investigación y, esperanzadamente, encontrar justicia. Pero como médium, prefiero ver el mensaje de Dan más simple y puro: que aunque su muerte fue horrible y permanece siendo un misterio, su familia debe de aceptarlo, y saber que estaba bien que ellos siguieran adelante con sus vidas. Estoy constantemente recibiendo un sentimiento que dice "suéltalo" desde el otro lado. Una muerte trágica, un misterio, no altera ese deseo. Dan y Carol estaban aún conectados. Y ella no necesitaba a un médium para saber eso.

CAPÍTULO 6

LEYENDAS DEL ROCK

EL PAPITO DE DEBBIE

Un día durante el invierno de 1998, recibí una carta por el internet de un amigo mío, Stephen Reed, preguntando si le podía hacer un favor. Él odiaba pedirlo, él sabía que yo estaba ocupado, ¿Pero podría yo hacer tiempo para una lectura para alguien? Ella acababa de perder a su papá y realmente significaría mucho. Como la mayoría de mis amigos, Stephen sabía que no me gusta hacer lecturas como favores porque no es justo para la gente quien está esperando y no tiene una entrada por un lado. Así que para que él me lo pidiera, figure que debería de ser muy importante. Y yo estaba recibiendo un sentimiento de "hazlo" de Los Muchachos, así que dije seguro, no hay problema. Pero yo estaba saliendo de viaje mucho, así que no estaba seguro cuando lo podía hacer. Estaba listo para salir a New Orleans. *Oye, ella está en Tennessee,* Stephen me escribió de regreso—a lo mejor tú puedes parar ahí en tu camino. *No te pases, Stephen.* Le dije que lo haría por teléfono cuando llegara a mi hotel en New Orleans.

El nombre de la mujer era Debbie y seguro que sí era de Tennessee. Le dije que sabía que acababa de perder a su papá pero que tenía que ser honesto con ella. No tenía control de quien fuera a venir. A veces es la persona que menos esperamos o deseamos escuchar.

Dos mujeres vinieron primero. Debbie identifico a la primera como una tía de ella quien había muerto de cáncer en los senos. La segunda era una mujer negra con una hermosa sonrisa. Ella estaba trayendo a un hombre alto usando unos pantalones de mezclilla con un doblez permanente en la piernas, una camisa azul, y unos zapatos tenis blancos. "Él me está diciendo que es tu papá. Él dice que esta señora fue quien lo recibió en el otro lado".

"¿Esa es Gracie?" Debbie dijo. "Ella ayudó a crearme. Ella vino a trabajar para mi familia cuando estaba muy joven, y fue como una segunda madre para mí. Mi papá tomaba antes y cuando él se ponía pesado, siempre llamábamos a Gracie. Ella era la única que lo podía calmar".

Pensé que era un poco extraño que Debbie estaba tratando de comunicarse con su papá, y ahí estaba él, pero de la que ella estaba emocionada era de la sirvienta. Ella dijo más tarde que no validó a su papá primero porque ella deseaba más evidencia, aunque todo lo que dije tenía sentido para ella. Su papá nunca usó un par de pantalones de mezclilla azul que no fueran almidonados con un doblez permanente en las piernas, a él le encantaban los zapatos tenis blancos y en sus manos mientras hablábamos estaba su favorita camisa azul. Ella estaba lista para reconocer a Gracie con mucho menos. Pero Papito era especial. Ella estaba esperando recibir más. Ella no validó nada. Pero por si las dudas, ella tenía a un amigo escuchando en una extensión, tomando notas.

"Este hombre está reconociendo una estatua de mármol. ¿Significa esto algo para ti?"

"Sí"

"Bien. Hay un hombre atravesando ahora con pelo oscuro y lentes obscuros. Él está parado junto a tu papá".

"Ese sería Roy Orbison".

"Él está diciendo que está con el hombre que siempre usaba los lentes obscuros y pelo oscuro. Había alguien más. Él me está diciendo que él está con el hombre que tenía el cinturón que está colgado en la pared".

"Elvis".

"*Elvis?*" ¿Quién es este hombre, de todas maneras? Con quien estoy hablando—¿Quién es tu papá?"

"Mi papá fue Carl Perkins".

Yo no tenía ninguna idea. "Lo siento, pero no sé quien es".

"Él escribió 'Blue Suede Shoes'. Fue el primer éxito grande de Elvis".

"Bendita cosa", dije, sin poder controlar mi sorpresa. ¿Recibí a Andy Warhol una vez, pero a *Elvis?* Yo sé que tan ridículo esto pueda parecer. ¿Quiero decir, Elvis? Por favor. Pero no es como que le estaba leyendo a uno de esos imitadores de Elvis de Las Vegas. Debbie realmente tenía una conexión. Y yo realmente no sabía eso. Y el nombre de su papá realmente no significaba nada para mí, nací dos meses después del Woodstock.

"Bien, ahora él me está diciendo que hubo una clase de incidente con un perro la noche después de su funeral. Él quiere que sepas que él estaba ahí. ¿Entiendes esto?"

"Sí" El nombre del perro de Carl era llamado Suede Blue y ellos eran muy unidos. Ellos tenían un truco que hacían juntos, Carl se ponía de rodilla y manos, y Suede brincaba sobre de él. Era un truco que Suede hacia sólo con Carl. Después del funeral, Debbie y su madre miraron afuera de la ventana y vieron a Suede en el patio, brincando como si Carl estuviera ahí. Debbie había comentado a su madre de que ella sintió que su papá *estaba* ahí. Ahora él quería que ella supiera que él estaba ahí.

Debbie estaba tratando de tomar todo esto cuando le dije, "Tú papá dice que no tienes que sostener tan apretadamente la camisa que estás soste- niendo". Recuerda, esta era una lectura por teléfono y ella no había validado ninguna de la información anterior, así que no sabía que ella estaba soste- niendo una camisa.

Olí algo. Era mohoso, húmedo. Como un sótano con un problema de humedad. Debbie dijo que parecía que estaba describiendo el estudio de su padre. Estaba junto a la alberca. "Elvis seguía viniendo", le dije. "Él y tu padre se habían alejado en esta vida, pero ellos son bien unidos en el otro lado. Tu papá está reconociendo una fotografía especial de Elvis".

"Oh, sí, la famosa fotografía de Elvis. Cuando Papito construyó su estudio de grabación, la primera fotografía que él colocó fue una de Elvis. Le pregunté si algún día iba a permitir que Elvis muriera. Él me dijo que Elvis viviría para siempre".

Él desea que tú sepas, Debbie, él sabe que tú hiciste todo para salvarlo. Él estaba tan cansado. Su cuerpo estaba extinguiéndose. Él tomo la decisión de irse. Él desea que sepas eso. Se dio cuenta que su trabajo aquí estaba ter- minado y ya estaba listo para irse. Dice que arregló esta llamada de teléfono él mismo. Él está sonriendo. ¿Algo acerca de rosas? Él todavía trabaja en la cama de rosas, pero estas no tienen espinas".

Debbie dijo que sus padres plantaron hermosas rosas y cada mañana cuando estaban floreando, su papá tenía un bouquet fresco esperando para dárselo a su mamá cuando ella se parara. Él siempre se quejaba de las espinas. Él describió su funeral—"Lo compara con el de la Princesa Diana. A él le gusto el arreglo de mariposa que Dolly Parton envió. Quiere que le des las gracias a Billy Ray por la hermosa canción". Juro que no estoy inventando esto. Estaba sorprendido por la cantidad y los detalles de la información que el papá de Debbie me estaba dando. Le dije que él debió de haber sido un hombre espiritual. Debbie dijo que lo fue.

"¿En algún momento le preguntaste a tu papá si estabas haciendo la cosa correcta o lo que deberías de hacer?"

"Seguro que sí. Esas fueron exactamente mis últimas palabras para él antes de que cerraran el féretro".

"Bien, él desea que tú sepas que estás haciendo la cosa correcta, y el siempre estará contigo para ayudarte. Ahora está sosteniendo una taza de café. Una taza vacía de café".

"Él se sentaba en su silla en el estudio. Mamá estaba en la cocina. El estudio y la cocina son básicamente un cuarto grande dividido por una barra. Cuando su taza se vaciaba, él no decía una palabra. Él sólo la alzaba y mamá le traía más. Un día yo estaba ahí y le dije que él estaba mimado. Y el sólo se sonrió. A él le encantaba eso y a ella también".

"Él está diciendo que quiere que te asegures que ella siempre sea tratada como una reina. Él está tan orgulloso de ella y sabe que es muy fuerte. Desea que le digas que le va a dar a saber cuando está a su el alrededor. Y la vera en el otro lado cuando llegue ese tiempo. . . . Algo acerca de panes de desayuno, y él sigue diciendo 'inventar'".

"Mamá es una gran cocinera. Ella es conocida por sus panes de desayuno y lo que Papito llamaba 'comidas inventadas'. A Él le encantaban esas comidas que ella cocinaba de momento más que el gran banquete del Día de Gracias".

"¿Hay un río atrás de tu casa? ¿Saco una persona a otra de él?"

"No, pero Papito y yo, junto con un buen amigo, Randy Moore, empezamos una canción acerca de alguien salvando a un amigo de ahogarse".

"Eso es. Él dice que la termines. Es importante. Sigue refiriéndose al mundo *espíritu*. Él dice que es importante porque se relaciona contigo". Sería un año antes de que Debbie se diera cuenta que esta referencia tenía un doble significado. Él último socio de negocios de su padre le presentó a un publicador de música en Nueva York de nombre Mark Fried quien la contrató como una escritora de canciones. El nombre de su compañía era Spirit Publishing.

CUANDO REGRESÉ A CASA DE MI VIAJE a New Orleáns, recibí una llamada de Stephen Reed, dándome las gracias por haber hecho la lectura. Debbie nunca tuvo una experiencia como esta, él dijo, y eso realmente le ayudó. Su padre había muerto sólo tres semanas antes. Le dije a Stephen que la energía del papá de Debbie era asombrosa para alguien tan nuevo en el otro lado.

Stephen dijo que ahora él podía decirme más. La persona que realmente le había pedido que arreglara esto no fue Debbie, pero un amigo del papá de Debbie, de nombre Rick Korn (a quien mencioné anteriormente en este libro). Él era un hombre joven, acerca de la edad de Debbie, quien había conocido a Carl sólo tres años antes de que él muriera, pero fue extremadamente unido a él. Fue Rick quien arregló el encuentro de Debbie con Spirit Publishing.

Rick Korn era uno de esos hombres que siempre parecía estar sobre de alguna idea o proyecto nuevo, siempre creando una red de trabajo e introduciendo sus contactos a sus otros contactos. Esto es describir su carrera muy a la ligera, él estaba en el mercadeo de la industria de información. Después de crecer en Long Island y luego irse a vivir con su amigo de la preparatoria Marc Gurvitz durante los años pasajeros de Marc como gerente de comedia en Hollywood, Rick se regresó al este. Él trabajó en todo desde el Home Shopping Network en Florida hasta el Whittle Communications en Tennessee. Ahora él y su esposa, A.J., y sus tres hijos estaban en el norte otra vez, en la costa de Jersey, donde Rick había empezado una compañía llamada Televisión Production Partners. Él creó la publicidad para diez de las compañías más grandes del mundo—AT&T, Sears, McDonald's—e hizo que ellos pusieran cuarenta millones de dólares dentro de una cuenta para crear programas de calidad en televisión que ellos, en lugar de las redes de televisión, serían dueños.

Un día en 1995, A.J. contestó el teléfono y encontró a un hombre de una voz madura con un acento pueblerino en el otro lado de la línea preguntando por Rick. "¿Le debemos a uno de los jardineros de Tennessee algún dinero?" ella le preguntó a Rick riéndose y pasándole el teléfono. Pero cuando Rick tomó la llamada, el hombre se presentó como Carl Perkins. Cuando Rick no reconoció el nombre inmediatamente, el hombre dijo, "escribí 'Blue Suede Shoes'". La canción literalmente era su tarjeta de identificación. Como lo mencioné antes, Carl tenía un perro llamado Suede Blue y el restaurante de su hija era llamado Suede's. El número de teléfono terminaba en 1956—el año que Elvis grabo la canción que los hizo a ambos un poco más famosos. Elvis Presley fue el primer cantante empleado por Sun Records, y Carl Perkins fue el segundo. En 1956, Presley, Perkins, Johnny Cash y Jerry Lee Lewis *eran* el rock 'n' roll. Ellos eran conocidos como el "Cuarteto del Millón de Dólares" porque cada uno había grabado una canción que tuvo éxito. La de Carl fue "Blue Suede Shoes", y ha sido llamada la primera verdadera canción éxito del rock 'n' roll. Carl la escribió en 1955, después de que Johnny Cash se unió a él para una función en Mississippi y sugirió que escribiera una canción basada en un dicho que él escuchó mientras esperaba en línea en el comedor de la militar: "No pises mis zapatos azules de gamuza". Unas noches más tarde, Carl estaba tocando en Jackson, Tennessee y vio a un hombre bailando en el gentío tratando de mantener a su novia lejos de sus nuevos zapatos azules de gamuza. Él se despertó con la canción en su cabeza en medio de la noche, bajó, y escribió la letra con lápiz en un saco de papas.

La grabación de la canción de Carl vendió más de un millón de copias, por las cuales Sam Phillips, el dueño de Sun Records, le dio un Cadillac color rosado. Carl tenía una banda con sus hermanos y ellos estuvieron en un horrible accidente automovilístico que quebró prácticamente cada hueso en el cuerpo de Carl. Elvis fue al hospital y le dijo a Carl que iba a cantar "Blue Suede Shoes" para él en el *Perry Como Show*. Se convirtió en un mega éxito, pero Carl no recibió ningún dinero de ello y tuvo que demandar al dueño de Sun Records para obtener de regreso los derechos de la canción en 1975.

La vida de Carl fue así. Él siempre estaba tratando de sobresalir de los malos momentos y obstáculos. Mientras andaba de gira con Johnny Cash a principios de 1960, un ventilador de techo se le cayó encima y le invalidó dos de sus dedos. Él figuró como salir adelante con tres dedos y siguió tocando su guitarra. Pero su mala suerte con el dinero continuó. La gente siempre parecía estar robando sus canciones o estafándolo de sus derechos de compositor, aunque Los Beatles fueron buenos con él y grabaron cuatro de sus canciones: "Everybody's Trying to Be My Baby", "Honey Don't" "Restless", y, por supuesto, "Blue Suede Shoes". Pero el dinero no era importante para Carl. Él no necesitaba una casa grande o ninguna de esas cosas como la mayoría de la gente que él conocía en el negocio de los discos. A él sólo le importaba su familia el escribir canciones, cantar y tocar la guitarra. Él era completamente devoto a Valda, su esposa desde antes de "Blue Suede Shoes". Ella era una costurera de oficio.

"¿Conoces la razón por qué Elvis usaba el cuello alto de la camisa?" Rick una vez me preguntó. "Él tenía acne atrás de su cuello cuando estaba joven. Así que Valda diseñó eso y también los cinturones grandes que acostumbraba usar. Ella diseñó su primer cinturón empedrado. Años más tarde, Elvis le regreso el cinturón a Valda y ella y Carl lo pusieron en un cuadro y lo colgaron en su recamara".

En 1991, Carl, un fumador frecuente, fue diagnosticado con cáncer en la garganta y tuvo que tener una cirugía que los doctores le dijeron que probablemente lo dejaría sin voz. Antes de la cirugía. Él le ofreció un trato a Dios: Dame mi voz, y yo la usaré para hacer el bien. Él salió de la cirugía cantando mejor que nunca, con más potencia. Y mantuvo su parte del trato. Él empezó el Centro Carl Perkins para la Prevención de Abuso a Niños, en entrevistas de periódicos, cuando se le preguntaba por qué él escogió el abuso de niños como su causa, siempre decía él había sido conmovido e inspirado por una fotografía horrible que vio en un periódico local de un niñito que fue abusado. Él dijo que el niño se parecía a uno de sus propios hijos. Pero la verdad fue que el niñito le recordaba a él mismo.

Cuando él era un jovencito en el oeste de Tennessee, Carl, al igual que más de unos pocos niños creciendo en un pobre pueblo algodonero en el comienzo de 1940, fue vendido por su familia a un granjero que quería el uso de sus manos grandes para el campo. Muchas familias grandes quienes tenían niños con manos grandes vendían sus a hijos por una parte de la ganancia. Era la forma de vida en ese entonces. A través de su juventud viviendo con una familia que no era la suya, Carl había sido golpeado y abusado, pero como muchas personas, él trató de encerrarlo cuando se convirtió en un adulto. No fue hasta que tenía casi sesenta años y estaba enfrentando el cáncer que él abrió la puerta de su pasado y le permitió tambaleantemente salirse. Cuando miro la fotografía del niñito en el periódico, le dijo a las personas cercanas a él que sabía que esto era el trabajo que Dios tenía para él como parte del trato que le permitió conservar su voz. Carl era de un tiempo y lugar en el cual no había líneas afuera de la puerta de las oficinas de siquiatras. El centro para niños abusados se convirtió en su terapia.

Después de su cirugía, Carl empezó a escribir música más espiritual—canciones largas poéticas que él sentía que venían de un lugar diferente en el universo que las cancionetas de rock que él había escrito antes. Él dijo que mientras estuvo en el hospital, Dios le dio una pequeña miradita, un sentimiento, del paraíso. Y cuando regresó a casa, Debbie le ayudo a escribir una canción cual líricas fueron sacadas del sentimiento de después de la vida que él creía que se le había dado por Dios. La canción fue llamada "Beyond the Blue, (Más allá del Azul)",

Más allá del azul,
Nadie nunca muere, no corazones rotos, no ojos hambrientos,
Calles pavimentadas con oro, temerosos vientos no soplan.
Más allá del azul todos tenemos un hogar
Nadie se le deja envejecer solo,
Ningún temor a la noche, ninguna duda de lo que es correcto,
Más allá del azul . . .

163

Cuando él llamó a Rick Korn ese día en 1995, cuatro años después de su cáncer, Carl dijo que él estaba buscando a alguien—no necesariamente alguien en el negocio de la música—para que le ayudara a relanzar su carrera. Él estaba trabajando en algo de música nueva y tenía algunas ideas acerca de lo que deseaba hacer con eso. Un amigo mutuo le había dado el nombre de Rick. Ellos se reunieron y empezaron a trabajar en proyectos. Ellos hicieron un álbum juntos llamado *Go, Cat, Go*—una frase de "Blue Suede Shoes"—con contribuciones de los viejos amigos de Carl, los tres sobrevivientes Beatles. Carl había participado en el álbum de 1982 de Paul McCartney *Tug of War,* en el cual Paul cantó "Ebony and Ivory" con Stevie Wonder.

Aunque ellos eran de generaciones diferentes y de antecedentes muy diferentes, Carl y Rick tenían una conexión rara. "Teníamos similares frustraciones de creatividad", es de la manera que Rick lo pone. "Éramos hermanos en armas". El muchacho de Long Island le encantaba escuchar el lento acento sureño, cargado de tabaco, de esta Leyenda del Rock de Tennessee. Su canto era una cosa. Pero fue su manera de hablar lo que cautivo a Rick.

"Carl contaba tantas grandiosas historias y cada historia tenía un tipo de espiritualidad en ella", Rick dijo. "Él no nada más te contaba una historia acerca de él y Elvis tomando en algún bar y coqueteando con mujeres. Él te contaba una historia que significaba algo. Él era casi un predicador, pero de una buena manera. Había una clase de aura acerca de él que sólo té hacia sentir muy cómodo y acogedor. Un día le dije, 'Carl, te puedo colocar enfrente de una pared y tu puedes hablar por veinticuatro horas sin parar. Sería maravilloso si pudiéramos obtener una cámara y tú sólo te pusieras a contar estas historias. Ellas deben de ser preservadas'".

Rick llamó a Dominic Ambrosio, un amigo de él quien trabajo para el HBO y vivía en Nashville en ese tiempo y le preguntó si estaría interesado en venir a Memphis con una cámara y un hombre de sonido y pasar un fin de semana con Carl. Ellos podrían figurar que cosa hacer con el filtraje más tarde. Dominic manejo a través de una tempestad de nieve, rara para Tennessee, para llegar ahí—sin escuchar las peticiones de Carl de permanecer en casa y venir una semana más tarde—y él y el hombre de sonido se acomodaron en el estudio mohoso de Carl. Como había yo dicho, Carl nada más habló y habló, una gran historia tras otra acerca de Elvis, Roy Orbison, Johnny Cash, The Beatles, su esposa Valda, sus hermanos y sus hijos. Y poco después, llegó a la mejor historia de todas, la historia que le dio a Rick la idea de pedirle a Dominic que hiciera esto en el primer lugar.

Paso en 1981, y empezó con una llamada telefónica que Valda contestó. "Él *dijo* que es Paul McCartney", ella le dijo a Carl, dándole el teléfono.

Carl hablo y dijo, "¿Qué estás haciendo, muchacho?"

"Estoy sentado aquí en la casa", Paul le contestó. "¿Qué estás *tú* haciendo? Estoy aquí en las West Indies grabando un álbum. Tengo una canción que escribí que es perfecta para ti. ¿Puedes venir a Montserrat?"

"Bueno, si supiera donde está, eso ayudaría", Carl le dijo.

"En un lugar en el Caribe. Sólo vente para esta dirección; nosotros te encontraremos".

Así que Paul le envió un boleto a Carl, y él viajó y cantó vocales principales y tocó la guitarra en una canción llamada "Get It" para el álbum de Paul *Tug of War*. Él se pasó ocho días maravillosos con Paul y Linda, junto con George y Ringo, Stevie Wonder, y el legendario productor de Los Beatles George Martín, con quien Paul era propietario de un estudio en la isla. El estudio estaba en la casa de Paul, mientras que Martín tenía su propia casa en algún lugar en la propiedad. Carl describió la casa de Martín como un castillo. Ahí es donde él se quedó por una semana.

"Mientras se estaba acercando el día para regresarme a casa, yo estaba sentado en el patio", Carl le dijo a Dominic Ambrosio y a su cámara, con su guitarra colocada en sus piernas y viéndose como si fuera una parte de él. "Y yo estaba pensando que tan afortunado era Carl Perkins. Y soy una clase de sentimental. A veces lo puedo cantar pero no lo puedo decir y la noche anterior, escribí una canción. Y en la mañana, baje al estudio y le dije a Paul y a Linda, no soy bueno para decir adiós, pero escribí esta canción anoche, y deseo tocarla para ustedes'. Fue llamada "My Old Friend" . . . (Mi Viejo Amigo)" Carl la cantó ahora para Dominic refrenando el énfasis emocional extra: *My viejo amigo, no pensarías en mí de vez en cuando . . .*

"Bueno, a media canción, veo que Paul está llorando, las lágrimas resbalando por su cara", Carl dijo. "Y se salió para afuera. Le dije a Linda, 'Linda, yo no traté de entristecerlo'. Ella dijo, '¿Carl Perkins, como sabías?' le dije, 'Cariño', Yo no sé de lo que estás hablando. ¿Cómo sabía qué?"

John Lennon había sido asesinado sólo unos meses antes afuera del edificio de su apartamento, el Dakota en Nueva York. Linda explicó eso, aunque no había sido conocido públicamente, sólo días antes de su muerte, ella y Paul habían visitado a John y a Yoko en el Dakota. Al final de la visita, cuando estaban diciendo adiós, John le dijo a Paul, "Piensa en mi de vez en cuando, mi viejo amigo".

"Linda me abrazó", Carl dijo ahora en un día frío de enero, en Tennessee, dieciséis años más tarde, "y ella dijo, 'Gracias, Carl, él necesitaba eso'. Fue un momento conmovedor y un momento temeroso para mí". La canción sólo se le vino de la nada esa noche mientras estaba sentado solo en el balcón de su cuarto en el castillo de George Martin. Y la cosa extraña, él le dijo a Rick más tarde, fue de que no escribió la canción en un papel—algo que siempre hacia, él tenía que escribirlas rápido o las olvidaba. "Rick", Carl dijo, "esa canción estaba conmigo. Yo no me la podía sacar de la cabeza". Él estaba seguro de que John había escrito la canción desde el más allá y se la había dado para Paul. Ahora, con la cámara andando, Carl deseaba terminar la historia cantando el refrán una vez más para la posteridad: *Mi viejo amigo no pensarías en mí de vez en cuando . . .*

Y al momento que tocó la última nota y empezó a disolverse en el aire mohoso del estudio y Dominic apretó el botón de apagar en su cámara, el interfono en el estudio de Carl sonó.

"¿Carl?" Era Valda.

"Y esa fue la nena que contestó la llamada telefónica original", Carl dijo con una risa mientras se acercaba al tablero de sonido del interfono.

"Hola".

"Paul McCartney acaba de llamar".

Carl miró a Dominic. "¿Val, estas bromeando?"

"Yo no contesté el teléfono, estaba en el baño . . ."

"*¿Qué? Paul McCartney?*" Dominic preguntó en asombro desde atrás de la cámara.

"Paul McCartney", Carl contestó, como si él necesitara decirlo para creerlo.

"¿Me escuchas?" Val dijo preguntando sin saber lo que pasaba.

Carl se volteó a la cámara: "Ahora, escuchen. Les estoy diciendo muchachos", Carl dijo. "Si ustedes creen que ese muchacho no tiene una conexión al mundo espíritu . . ."

Carl le dijo a Val que ellos iban a subir para escuchar la cinta. Él apretó el botón de la grabadora y escuchó la voz de Paul McCartney: "Carl, Val, somos Paul y Linda. Estamos en vacaciones aquí en el Caribe y nuestras mentes volaron hacia ustedes. Sólo queríamos saludarlos y enviarles nuestro amor y desearles un Feliz Año Nuevo. Llámennos cuando regresen a casa".

La cinta que Dominic grabó en ese fin de semana no encontró su camino fuera de la lata, pero Rick sabía que tenía que tener algún propósito. Él nunca fue muy religioso o particularmente espiritual, pero después de andar con Carl los últimos dos años, él no estaba tachando la llamada telefónica de Paul McCartney como una coincidencia. Con tiempo, él entendería las conexiones.

Más Allá del Azul

Diez meses más tarde, en noviembre de 1997, Carl tuvo un par de embolias, la segunda más seria que la primera. Él salió del hospital, pero estaba débil y parcialmente paralizado. Él entró en una coma y el 19 de enero de 1998, a la edad de 65 años, Carl Perkins falleció. Fue exactamente un año al día que Carl se sentó en su estudio a contar historias y Paul McCartney había hecho la llamada telefónica que casi hizo que se cayera de su silla.

Cuando Carl murió, Valda y Debbie le pidieron a Rick Korn que viniera a Tennessee y ayudara a arreglar el funeral, lo cual significaba el tratar con muchas celebridades y mucha de la prensa. Era un Quien es Quien del rock 'n' roll descendiendo en Jackson, Tennessee, de todas partes del mundo. Rick se sentía honrado en hacer esto para Carl. Él nunca va a olvidar cuando tuvo que manejar al aeropuerto, en el Lincoln Continental de color café claro de Carl, con las placas que decían SUEDE, y recogió a George Harrison en la mañana del funeral. Manejando hacia la capilla, este niño de los años sesentas, quien estaba en segundo grado en la escuela Parkway Elementary School cuando Los Beatles salieron en escena en el programa de Ed Sullivan, pensó, *Estoy sentado a un lado de George Harrison.*

En su cuarto de hotel en Jackson la noche que él llegó, Rick, agotado, prendió la televisión para ver *Larry King Live.* El invitado era James Van Praagh. Rick no estaba interesado. "Primero pensé que este hombre estaba lleno de tonterías", Rick se acuerda. "Pero Larry lo está creyendo y yo respeto a Larry. Y lo más que escuchaba, yo decía, caramba, este hombre es muy bueno. Y estaba pensando que esto era extraño. Larry King está haciendo un programa en la vida después de la muerte un día después de que uno de mis mejores amigos muriera".

Él pensó en llamar a Debbie y decirle que viera el programa, pensando que podía ser consolador, pero se contuvo de hacerlo. Él no sabía cuales eran sus creencias acerca de esto y no quería tomar el riesgo de hacerla sentir peor. Después de que terminó el programa, a las diez de la noche, el teléfono sonó en el cuarto de Rick. Era Debbie. "¿De casualidad, miraste a *Larry King* hoy en la noche?" ella preguntó.

"Quiero una lectura con ese hombre", ella dijo. Ella quería que Rick llamara a su hermano, quien era el jefe oficial de operaciones en el CNN en ese tiempo. Rick no estaba seguro que él podía hacer que su hermano arreglara una lectura psíquica para alguien quien no conocía con un hombre quien había estado en el *Larry King,* pero si Rick tenía palabras con las que podía vivir, ellas eran: Nada se pierde con preguntar. Él le dijo a Debbie que él iba a llamar a su hermano después del funeral.

Al día siguiente, temprano, Rick fue al aeropuerto a recoger a Stephen Reed, un productor de televisión quien había estado trabajando con Carl y Rick en un especial para la cadena de televisión Showtime. Con rumbo al pueblo, Rick le dijo a Stephen acerca de lo que paso la noche anterior y como Debbie quería que él la conectara con un psíquico médium. Stephen dijo que por casualidad él conocía a un médium. Él a lo mejor podía conectarla con él. "Yo no sé", Rick dijo, "ella quiere que le traiga a este hombre que estuvo en *Larry King*". Stephen dijo, "Déjame hablar con mi amigo John".

Había conocido a Stephen por 1994, cuando estaba trabajando todavía en el hospital pero pensando acerca de un cambio de carrera. Mi primo conocía a una mujer que tenía una hija que quería una lectura. En esos días, esa era la manera de cómo obtenía la mayoría de mis clientes—el origen era siempre después de dos o tres personas. El nombre de la hija era Victoria y ella tenía una compañía de producción de radio y televisión. Después de eso, ella dijo que le gusto tanto la lectura que ella quería tratar de arreglar un tipo de programa de radio. No siempre puedo explicar lo que hace que me interese o no me interese en algo, sólo puedo decir que usualmente recibo un pequeño jalón en una dirección o la otra. Así que aunque todavía me sentía un poco tímido en el medio de comunicación, el jalón en este caso fue a la dirección de "explóralo". Victoria arreglo una introducción en un restaurante Japonés con un productor. Ese era Stephen Reed. Stephen no tenía ninguna creencia en lo que hago, pero y que, esto era negocios. Él estaba contento de encontrarme en el lado del "explóralo".

Manejando a través del Central Park en esa noche, me preguntaba acerca de que si alguna clase de programa realmente iba a hacerse, y hasta donde iba a llegar. En ese momento un autobús paso con un anuncio a un lado para el Canal de televisión de cable ciencia-ficción, y con ello envió un mensaje de la clase psíquica: *Es ciencia-ficción.* Cuando me reuní con Stephen y Victoria, yo estaba muy emocionado. "Va a ser un programa de televisión y va a estar en el canal de ciencia-ficción", les dije. Ellos me miraron como si fuera el muchacho tonto que era. Calmado, vaquero. Tú ni siquiera has estado en el radio. Nosotros actualmente obtuvimos una junta con el canal de ciencia-ficción, pero ellos no estaban interesados.

Stephen y yo nos convertimos en buenos amigos de todas maneras, así que cuando él preguntó por un raro favor, trate de decirle que sí. Cuando él me escribió por el internet y me preguntó si le podía leer a una mujer en Tennessee, él lo dijo con una urgencia que mis guías me hicieron sentir que le prestara atención. Stephen me dijo que el papá de la mujer había muerto. Pero él me dio el sentimiento que había algo más diferente o importante conectado con esa mujer. Sería una buena idea para mí el leerle a ella.

TAN PRONTO COMO ELLA COLGÓ el teléfono después de nuestra lectura en ese día de enero de 1998, Debbie Perkins Swift llamó a Rick Korn, llorando. *Oh, no,* él pensó. *Debió de haber sido un desastre. El hombre debió de haber sido un impostor, y ella realmente está enojada. Voy a matar a Stephen.* Pero para su tranquilidad, Debbie no estaba molesta—ella estaba dichosa. Ella le contó la historia completa, de comienzo a fin, leyendo de las páginas de notas que su amiga había escrito mientras escuchaba por la extensión. Rick no lo podía creer. Él realmente nunca había pensado mucho acerca de la vida después de la muerte, aunque él había tenido dos experiencias que nunca había olvidado. Una vez, cuando él tenía unos veintitantos años, él pensó que un amigo quien había muerto vino a él en un sueño. Y luego, cuando él, su esposa y sus hijos estaban viviendo en Tennessee a principios de los años noventas, algo paso una noche que fue tan incomodo que él nunca ha podido hablar de ello, o aun reconocer que había pasado—ni aún a su esposa, A.J. le contó. Ahora, después de escuchar acerca de la lectura de Debbie, él empezó a recordar esa noche.

A.J. no creyó nada de lo que Rick le contó acerca de la lectura de Debbie. Y Rick es un hombre muy convincente. "Bueno, si es verdad, arregla una de esas lecturas para mí", A.J. lo retó. Rick ya le había pedido un favor a Stephen. Pero él realmente deseaba que A.J. recibiera una lectura. Él se encontró pensando mucho acerca de esa noche en Tennessee. Y no podía quitarse este sentimiento de que yo podría abrir ese secreto con el que había vivido por ocho años.

Así que Rick le pidió a Stephen otro favor. Y Stephen le dijo que él realmente no quería preguntarme otra vez. "¿Bueno, podemos A.J. y yo invitar a cenar a John y a su esposa?" Rick dijo. "¿Sólo para darle las gracias por lo que hizo por Debbie? Él ni siquiera quiso tomar nada de dinero de ella". Stephen me llamó, y yo le dije que una cena estaría bien. Y de que realmente no me molestaba el leerle a la esposa de su amigo cuando no reuniéramos. No era un problema. Lo podíamos hacer en el apartamento de Stephen antes de la cena.

Cuando Rick le dijo a A.J. acerca de eso, ambos empezaron a pensar la misma cosa. Ellos ni siquiera tenían que decirlo en voz alta. *El papá de A.J.* Habían pasado ya ocho años.

Manejando hacia Nueva York en el Nueva Jersey Turnpike, A.J. empezó realmente a sentir temor. "No voy a hacer eso", ella dijo. "Yo no puedo hacer eso. Quiero decir, aunque fuera verdad, mi padre está muerto. Yo no lo quiero molestar. No hay algo correcto en eso. Es en contra de mi religión". Ella es Católica; Rick es Judío. "De todas maneras, no creo en eso".

"A.J.". Rick dijo, "¿Te acuerdas de la noche cuando aun vivíamos en Tennessee y te despertaste a medianoche? ¿Y dijiste que alguien estaba sobre la cama?"

Claro que ella recordaba.

"¿Y tú dijiste que no sabías si el hombre te iba a besar o atacar? ¿Y yo busqué por toda la casa con mi raqueta rota de lacrosse y no había nadie ahí? ¿Y luego dijiste que el hombre tenía puesto un sombrero y abrigo y pensaste que se parecía a tu padre?"

A A.J. no le gustó a donde se dirigía esto.

"Bueno, lo que nunca te dije fue que yo también lo vi".

"¡No es cierto!" A. J. Dijo.

"Lo vi. Te puedo hasta decir lo que él traía puesto. Él tenía la misma clase de abrigo que usaba tu padre y tenía el mismo sombrero que él trae puesto en la fotografía que está en el tocador".

"Tú no lo viste", A.J. insistió.

"No quería creerlo. Temía decirlo. Y nosotros nunca, nunca hablamos acerca de eso desde el momento que paso hasta ahora".

"¡Tú no lo viste!" A.J. repitió, muy molesta ahora. "Tú sólo incorporaste mi sueño dentro de tu propio sueño después de que te lo conté".

Rick y A.J nunca se peleaban, casi nunca estaban en desacuerdo de nada. Pero en esto, ellos estaban diametralmente opuestos. A.J. estaba lista para saltar para afuera del carro ahí en el Nueva Jersey Turnpike. "Bien", Rick dijo. "Muy Bien. Pero este hombre nos está haciendo un favor. Él tiene una lista de espera. No vamos a ir ahí y luego no hacerlo".

Ellos no dijeron otra palabra el resto del camino hacia la ciudad.

NOS REUNIMOS EN EL APARTAMENTO DE STEPHEN. Dijimos nuestros saludos, y Rick y yo nos dimos el saludo de "¿Tú eres-de-Long-Island?-Oye-yo-soy-de-Long-Island-también". Y luego entré a un cuarto con Rick y A.J. y les di la corrida del árbol familiar: Arriba de ustedes, debajo de ustedes, a tu lado. Este era lo opuesto del caso usual de la esposa obligando al esposo. Rick era el que estaba prestando más atención. A.J. tenía sus manos dobladas.

La primera cosa que vino fue una figura masculina arriba de A.J. con una "E" en el nombre. Es como mi último nombre, Edward, yo dije.

"Ese fue el nombre de mi padre", A.J. dijo, mirando a Rick.

Otro familiar atravesó, una prima que A.J. no conocía muy bien, pero que era muy unida a su papá. "Ella fue quien lo recibió cuando él cruzo para allá", yo dije.

"Ahora, tu padre, él murió, él tuvo un impacto. Yo siento como que él fue acuchillado. No, no fue acuchillado, balaceado. ¿Fue tu papá balaceado?"

"Sí". A.J. se veía muy inquieta; tenía la boca abierta.

"Tres balas. ¿Pero fue atropellado por un tren al mismo tiempo, o . . . que es la conexión con el tren?"

Ambos empezaron a contestar, pero les interrumpí. La dirigí como una pregunta para el padre de A.J. "Sólo di sí o no. Él no fue atropellado por un tren".

"No", Rick dijo.

"Él fue balaceado".

"Sí".

"¿Fue balaceado *en* un tren?"

"Sí".

"Pero estos hombres lo perseguían. Había tres de ellos, tres hombres. Pero él no fue balaceado en el tren".

"Sí, lo fue".

"No, él fue balaceado entre los carros del tren".

"Sí. Eso es correcto".

"¿Ahora, por qué me está enseñando que no murió de esto?"

"De eso fue".

"Él dice que no, es algo circulatorio. Como algo con su sangre".

"Bueno, realmente, las heridas del balazo que recibió engrandecieron su caja del tórax. De hecho, él tenía las mismas exactas heridas que Reagan tuvo cuando lo balacearon. Así que él se bajó del tren, se sentó en una banca y murió desangrado. Nadie vino a ayudarle. Ellos pensaron que era un hombre que estaba durmiendo en la banca. Si ellos hubieran llegado a él en menos de una hora o dos, el todavía estuviera vivo". Resulto que un conductor había visto que perseguían al padre de A.J. y cuando lo balacearon, pero cuando lo vio bajar del tren, él pensó que debió de haberse equivocado. El conductor no lo notificó hasta el final de su turno. Para entonces, el padre de A.J. había muerto desangrado en la banca de la estación.

El padre de A.J. estaba retirando su energía ahora, y luego se detuvo, como si él tuviera un comentario de retirada. "Tu padre, quiere que sepas . . . ¿Por qué me está jalando para el Sur?"

"Mi hermano vive en el Sur", Rick dijo.

"No, no. ¿Qué está conectado a ambos de ustedes en el Sur?"

"Bueno, vivíamos en Tennessee y Florida".

"Tennessee. Yo no sé lo que esto significa, seguido recibo estas cosas y ellas no significan nada para mí, pero siempre espero que signifiquen algo para ustedes. Así que yo sólo lo voy a arrojar fuera. Él quiere que les diga que el hombre del sombrero y el abrigo sobre la cama era él y se disculpa por haberlos espantado".

Rick y A.J. suspiraron y se miraron uno al otro. Rick se disculpó y se fue al baño. A.J. se quedo sentada ahí sorprendida. Ella estaba deslumbrada.

En esa misma noche, otra energía vino y fue para Rick. La reconocí. "¿Cuál es tu relación con Carl Perkins?" le pregunté.

"Bueno, yo fui su socio de negocios".

"Oh, bueno. Bien. ¿Estuvieron tú y Carl en Texas?"

"Sí".

"¿Austin?" le pregunté.

"Sí. Austin".

Eso es todo lo que Carl Perkins me dio en ese momento. Pero fue lo suficiente para Rick.

Él explicó: "Carl y yo fuimos juntos en Austin, Texas, y fue monumental, un punto importante en nuestra relación. En Austin cada año tienen algo llamado el Sur por el Suroeste, donde la ciudad entera se vuelve una ciudad industrial de música. Cada compañía disquera, cada ejecutivo de discos en el mundo viene a Austin, y en cada bar y cada lugar imaginable hay grupos tocando y ahí es donde se contratan los grupos. Había convencido a Carl de ir ahí y ser un principal orador, lo cual él no quería hacer. Él salió con cada excusa bajo el sol para no ir a esa cosa. Le dije, 'Carl tú tienes que ir, tú tienes que ir'. Hemos hecho un álbum—divertido, era llamado *Go, Cat, Go*—le dije que era importante para el álbum, tú necesitas hacerlo, tienes tanto que decirles a los artistas jóvenes, tienes que estar ahí. Y él fue, y fue probablemente, junto al de Martín Luther King, uno de los mejores discursos que he escuchado. Un discurso espiritual de cómo el dinero no es lo importante y como debes de hacer las cosas a veces porque es lo correcto. Tony Bennett también dio un discurso, pero fue algo realmente deprimente acerca de cómo la industria de música falla, y el de Carl fue de que no se trata de la *industria* de música, se trata de la *música*. Es acerca del poder de sanamiento de la música y si sale que puedes ganarte la vida en eso. Que a todo dar.

"El lugar estaba lleno como con unas dos mil personas y todos estaban fascinados. Él se suponía que tenía que hablar por una hora, pero porque no quería hacer esto, él me había dicho, 'Yo no voy a estar ahí hablando por una hora. Si tengo que salir ahí y hablar por una hora, tú me vas a presentar y la presentación tiene que durar por lo menos una media hora. Y lo hice. Yo salí ahí y el encabezado del periódico al siguiente día fue: 'Perkins tocó una nota alta a pesar de la introducción similar a un informe comercial'. Estaba ahí vendiendo *Go, Cat, Go*, diciendo, 'Tiene a Paul McCartney, George Harrison, Ringo Starr, Johnny Cash, Tom Petty, todas esas personas. ¿Y cuanta gente en esta industria aparte de Carl Perkins puede hacer que se unan estas personas?'

"Y lo que fue tan monumental acerca de eso es que hasta ese momento, aunque nos estábamos acercándonos más, aún era sólo una cosa de negocios.

Él no estaba seguro de todas mis intenciones porque se le había engañado tantas veces. Así que después del discurso. Él quiso salir a comer, sólo nosotros dos. Les dijo a su grupo musical y a sus hijos que se fueran e hicieran lo que quisieran. Y dijo, Yo sólo quería pasar este tiempo contigo, para darte las gracias. Le dije, '¿De qué?' Él dijo, 'Este fue un día muy importante para mí. Y es un día muy importante para nosotros. Fue una gran cosa que me hiciste hacer'".

Rick había dicho que había poesía en las canciones que Carl escribió en la última parte de su vida. Pensé que ese simple mensaje fue poético. Él tuvo tanto que decirle a su hija. Pero todo lo que tuvo que decirle a Rick fue sólo una cosa: *Austin*. Y para Rick, eso fue todo lo que él necesitaba escuchar.

Esa noche fue también importante para Rick y para mí. Aún en las nubes por la lectura, él me preguntó por qué no estaba en la televisión. "Tú eres como Opie que habla con la Gente Muerta', él dijo. Yo me carcajeé. Stephen pensó que Rick debería de tratar de trabajar conmigo. Eso me sonaba muy bien. Rick y yo teníamos casi quince años de diferencia. Él llevaba la rutina completa de un papá suburbano hasta participaba en la liga menor, mientras que yo no tenía niños y estaba viajando por el país diciéndoles a las personas que sus familiares podrían estar muertos pero que ellos estaban bien. Pero aún así teníamos una gran conexión y nos convertimos en buenos amigos. Él trató de guiarme hacia la dirección correcta, como lo había hecho para Carl Perkins.

MÁS TARDE EN ESE AÑO, Rick y yo, junto con Lydia Clar, fuimos a Dallas para el evento que estuvo destinado a ser un desastre—¿recuerdan el fiasco de las tarjetas de crédito? Pero hubo una cosa asombrosa acerca de ese viaje y si hubiera podido dar un paso atrás para observar la completa pintura, me hubiera dado cuenta que hizo que todo valiera la pena.

Los tres salimos a cenar la noche anterior del evento, y después, con algo de tiempo extra, decidimos ver como era un centro comercial en el centro de Dallas. Rick no estaba emocionado con la idea. "Yo soy, creo, un fóbico a centros comerciales', él dijo. "No soy el mejor comprador del mundo. Me vuelvo inquieto. Muy inquieto". Pero él fue un buen amigo y entró con nosotros, contento de ver que era un centro comercial muy pequeño. Vamos a entrar y salir rápido.

Después de una media hora, estuvimos de acuerdo que habíamos visto como eran los centros comerciales en Dallas y nos podíamos retirar, lo cual emocionó a Rick. Dirigí el camino hacia la escalera eléctrica. Cuando llegué abajo, sin embargo, me paré y di una de esas piruetas que pasan cuando me están jalando del cuello. Por supuesto, había gente atrás de mí y si tú paras abajo de una escalera eléctrica y no sigues caminando, la gente empieza apilarse. "¿Qué es lo que este hombre está haciendo?" alguien atrás de mi dijo.

Apunte hacia mi izquierda y le dije a Rick, "Hay una referencia de Carl Perkins en esa tienda. Tenemos que entrar a esa tienda". Normalmente Rick hubiera deseado inspeccionar por una referencia de Carl Perkins, pero este siendo un centro comercial, todo lo que él quería hacer ira salirse de ahí. Pero él sabía que eso no iba a pasar. No después de esa pirueta. Nos dirigimos hacia lo que Rick proclamó ser "la tienda de *basura* más grande del mundo". Era lo que tú podrías esperar si unas cien familias hubieran jalado las sobras de ventas de patio a un centro comercial local y las hubieran tirado en una tienda gigante.

Rick le echó un vistazo a esta tienda de departamentos de cochinadas. "Okay", él dijo esperanzado, "¿Estás recibiendo un sentimiento?"

"No", le contesté.

"*¿No? ¿Así que donde empezamos?*"

"Aquí". Estábamos parados enfrente de la tienda.

Rick trató de acortar el camino. Él fue a hablar con una persona en la caja de enfrente y dijo, "¿Dígame, tiene alguna cosa que sea relacionada con Carl Perkins?"

¿La mujer lo miró como, *relacionado con quien?* "Señor, tenemos todo aquí. Usted tiene que buscarlo".

La mirada de pánico en la cara de Rick era el reconocimiento de que absolutamente no había ninguna organización en la tienda. Así que olvídate de encontrar una sección de Carl Perkins. Ayudé a buscar por unos cinco o diez minutos pero después de buscar a través de unas revistas viejas de *Life*, me aburrí y me fui andando solo. Me di cuenta que solamente que fuera el cinturón empedrado de Elvis Presley, yo no reconocería una referencia de Carl Perkins a una referencia de un *Marlin* Perkins. Esto era para que Rick lo encontrara. Lydia no fue ninguna gran ayuda, tampoco. Ella se fue a hacer unas compras para la navidad.

Rick estaba buscando en la tienda, buscando a través de montones de discos viejos de cuarenta y cinco. "¿Es Elvis?" Me preguntó.

"No". Él podía darse cuenta por mi cara que no nos íbamos a ir sin encontrar lo que se suponía que teníamos que encontrar. Yo no lo estaba haciendo por él. Yo lo estaba haciendo por Carl. No había ninguna duda en mi mente que esto realmente era importante para él.

La mujer que trabajaba en la tienda preguntó, "¿Alguien los envió aquí?" O, tú puedes decir eso.

"¿Los Beatles? Rick Preguntó.

"No".

"Aquí está un libro acerca de Memphis".

"Revísalo".

Rick miró por algo que remotamente estuviera relacionado. Nada.

Después de una hora, Rick dijo que él no podía hacerlo ya. Él lo sentía mucho, sabía que Carl quería que él encontrara esa cosa y a él realmente le gustaría encontrarlo, él había tratado, pero ahora tenía que irse. "¿John, por favor nos podemos ir ahora?"

Le arrojé mi mirada de "de ninguna manera" y me regrese a mis compras. En ese momento, Rick se volteó en frustración, como un niño impaciente y se golpeó su pierna en una pata de una mesa grande redonda que estaba atrás de él.

"Oh, hijole esto duele", él dijo, mientras se agachaba para frotarse su pierna. Y cuando se enderezó, su vista cayó en una caja de música con una bola de nieve. Y adentro de la bola de nieve estaban un par de pequeños zapatos azules de gamuza. Rick lo levantó y le dio vueltas a la pequeña cuerda. Y escucho la canción.

"Eso es", le dije.

Figuré que lo menos que podía hacer era comprar la cosa para Rick. La llevé a la caja. "¿Encontraste lo que estabas buscando?" la empleada preguntó. De repente ya no parecía tanto como una tienda de basura. El precio fue $56—como en 1956, el año de "Blue Suede Shoes".

Rick no quería que pagara por ello, pero le dije que realmente yo no lo estaba comprando para él. "Necesitamos darle esto a Debbie", le dije.

Rick quería llamar a Debbie y darle su bola de nieve, pero la muerte de su padre era todavía muy reciente, sólo habían pasado diez meses, y él no quería entristecerla. Así que espero hasta que llego a casa después del fin de semana. Él la llamó el lunes. "Le empecé a contar lo que había pasado y en medio de la historia, ella empezó a llorar", Rick me dijo cuando me llamó después de haber hablado con ella.

Rick me dijo que él se disculpó con ella, pero que ella le dijo, "No, no, tú no entiendes. . . . Después de la segunda embolia, muy adentro de mí sabía que la hora de mi Papito había llegado. Un buen amigo vino a visitarlo y le trajo un regalo muy especial: una caja musical con una bola de nieve. Adentro estaban los conocidos zapatos azules de gamuza y, por supuesto, la canción estaba tocando. Papito estaba sentado ahí en su silla favorita con su guitarra a un lado y lo miré mientras él miraba que los zapatos daban vueltas. Había una tristeza en sus ojos y también podía ver algo de orgullo mientras él colocaba la bola de nieve en la mesa junto a él. Él se acercó para agarrar su taza de café, y mientras hacia esto. Tumbo la bola de nieve y se rompió en un millón de pedazos. El lado izquierdo de Papito había quedado muy débil por la segunda embolia. Corrí a su lado a limpiar lo que estaba en el piso y miré en sus ojos y ninguno de nosotros dijo una sola palabra por un momento. Las lágrimas se deslizaron por su cara. En ese momento, yo sabía que él estaba muy enfermo y que él lo sabía también. Como deseaba que pudiera poner juntos esos pedazos rotos de vidrio, como si nunca hubiera pasado el accidente. De alguna manera sentía que si yo pudiera hacer eso, Papito se mejoraría".

"Debbie, esto es tan increíble", Rick dijo cuando ella le contó la historia por teléfono en ese día.

"No", ella dijo. "Lo que es realmente increíble es de que hoy es mi cumpleaños".

Rick sólo absorbió eso. "Bueno, entonces", él dijo, "Creo que tengo tu regalo de cumpleaños de tu padre".

CUATRO NOCHES MÁS TARDE, tenía planeado un evento largo en Town Hall, el venerable salón de conciertos en la ciudad de Nueva York. Era un beneficio para el Año del Hambre Mundial, organizado por Rick. Hice lecturas, y Todd Pettengill me acompaño en escena para una pequeña actuación de comedia—"El psíquico y el sicótico", como nos llamábamos cuando aparecíamos juntos en el radio y en eventos. Rick invitó a Annie Haslam, la cantante de Renaissance. Él la había contratado para que grabara cuatro canciones para el CD que iba a ser incluido en el paquete del informe comercial, incluyendo la canción de Carl Perkins' "Más Allá del Azul", y él quería que nos conociéramos. Rick logró que ella saliera al escenario y cantara *a cappella* por primera vez en su carrera una de sus canciones acerca de ángeles. Ella se fue con una copia de *One Last Time*.

Regrese al escenario al final de la noche, deseando terminar el beneficio con una alta nota emocional. En mis manos tenía la caja musical con la bola de nieve de Debbie Perkins. "Cuando algo realmente extraño pasó, no puedo quedarme callado", le dije a la audiencia. Empecé a contar la historia de lo que había pasado unos días antes en Dallas. Rick le había pedido a Debbie que viniera a Nueva York y contara la historia ella misma, pero ella no pensó que podía hacerlo. En lugar de eso, ella la escribió y nos las envió. Le pedí a Todd que la leyera.

"Cuando pierdes a alguien tan cercano a ti, te acuerdas de esos momentos y te das cuenta de que no puedes hacer nada para cambiar las cosas", ella escribió. "celebré mis cuarenta años el lunes sin mi Papito. Estaba tan deprimida todo el día. Y luego Rick me llamó y me dijo que John tenía un regalo para mí que mi padre lo había guiado para encontrarlo. Así que mi papito me dio a saber otra vez a través de John que él está vivo y bien en el otro lado. Mi papito nunca falló en darme un regalo especial de cumpleaños. Él encontró una manera de darme el más grandioso regalo de todos en este año.

"Mi padre era más importante que la vida para mí y para muchos otros. Él escribió muchas canciones que fueron grabadas por muchas personas. Pero él era sólo Papito para mí. No sólo era el papito más grandioso que una niña pudiera tener, él era mi mejor amigo. Desde el otro lado, mi padre me envía señales que él está vivo y que él siempre estará conmigo. La muerte es sólo una separación de la carne y no del espíritu, el pasado año ha sido difícil. Deseo ver a mi padre una última vez, y sin embargo me siento tan cerca de él de muchas maneras ahora que yo no puedo físicamente verlo todos los días. Yo sé que él me cuida y le habla a mi corazón".

Debbie dijo que él regalo la había inspirado a escribir una canción para la ocasión. Ella la título, "Una Última Vez".

Carl siempre había estado convencido que John Lennon le dio la canción que escribió para Paul McCartney, "Mi Viejo Amigo", de alguna manera, él estaba haciendo eso ahora para su hija. Ellos se dieron uno al otro su Una Última Vez.

— CAPÍTULO 7 —

MÉDIUM A LA ONDA

LA PROPAGANDA

Ramey Warren Black estaba en su carro, volando por las nubes después del ataque de lectura sorpresa de esa noche en octubre de 1998. Llegó a su casa y le dijo a su esposo que no iba a creer lo que le acababa de pasar. Y ahora ella iba a volver esa experiencia en un programa sindicado de televisión. Y que si la nueva socia de negocios de Ramey, Adora English, pensaba que estaba absolutamente trastornada con sólo decir en la misma oración las palabras "psíquico médium" y "programa de televisión". No, no es la manera de sacar adelante a un negocio. No cuando ellas habían llamado la compañía Media-Savvy.

Que su socia había recibido su primera idea grande con una enorme erupción de risa no le importó para nada a Ramey. Todo lo que ella tenía que hacer era esperar hasta el siguiente día, que sería el 25—un día nones. Ramey sería la presidente de Media-Savvy por las siguientes veinticuatro horas. Si solamente ella pudiera obtener y cerrar un negocio en un día. Pero como Ramey me dijo durante la cena en esa noche, le tenía que dar un año. Bien, le dije. Si pasa, pasa. Por ahora, yo sólo deseaba estar en los programas de otras personas para poder hablar acerca de mi libro. Pero tenía unas ideas si ella podía obtener a alguien interesado en hacer un programa conmigo.

Ramey me empezó en algunos de los programas donde ella tenía contactos—*Roseanne, Leeza, Maury*. Eso me dio, ambos, alguna exposición y algo de grabación. Cuando el tiempo llegó de tratar de hacer propaganda para el programa, ella y Adora tendrían que darle a la gente trajeada algo que ellos pudieran meter en sus Sonys. Ramey me presentó con su agente, Richard Lawrence, y él sí me parecía que se veía como un agente, así que se convirtió en el mío, también.

Por mientras, Ramey arregló una lectura de grupo, más bien para el beneficio de Adora. "Cuando Ramey llamó esa noche, pensé que era la cosa más graciosa que había yo escuchado", Adora me dijo más tarde. "Ramey tiene la tendencia de ser una persona de ideas enormes y yo soy la que hace que funcionen. Y pensé que estaba loca y había sido afectada por la lectura que tuvo y que no estaba pensando claramente. Quiero decir, estamos empezando esta compañía. ¿Cómo canijos puede alguien tomarnos seriamente si entramos a una junta de propaganda a hablar acerca de un programa con un hombre quien habla con la gente muerta? Pero en cinco minutos, cambié de estar nada más sentada ahí con el lenguaje de cuerpo de manos cruzadas, a una de descontrolada chillona como todos los demás. Recuerdo haber pensado, *¿Bien, cómo está haciendo este hombre esto? ¿Cuál es el truco?* le dije a Ramey, 'Tienes toda la razón. Este es un programa'".

Sobre los próximos meses, escribí como miraba el concepto del programa—con un poco de ayuda de mis guías. Por la primavera de 1999, había recobrado mi estabilidad y sentía que estaba de regreso al buen lado de ellos. Yo sabía que tenía que hacer un programa y que eso iba a ser una realidad. Esto puede sonar mucho como mi actitud de *One Last Time*— tenía que pasar, así que *iba* a pasar. Sabemos como salió todo eso. La diferencia ahora es una muy grande: Sabía que un programa iba a pasar, sólo que no sabía cuando.

Diferente a antes, estaba ahora tranquilo con la idea que las cosas pasarían en el lugar correcto, a la hora correcta, y bajo las correctas circunstancias. Si pasaba ahora, que a todo dar. Si pasaba dentro de cinco años, estaba bien. No estaba con ninguna prisa. Ramey y Adora les gustó eso. "Muchas veces hablamos con gente y ellos sienten que necesitan ser unas estrellas en este minuto", ella dijo. Le dije que no me sentía que necesitaba ser una estrella en este minuto, en el siguiente minuto, o al siguiente día, o nunca. De hecho, yo no quería ser una estrella. Sabía que teniendo un programa de televisión elevaría mi visibilidad un poco más, pero no me importaba el ser reconocido. Sólo me importaba si el trabajo lo era. Adora me preguntó si yo estaba listo para esto. ¿Si el programa pasaba, podría yo manejar las demandas de hacer trabajo espiritual en la olla de presión que es la industria de televisión? Podría yo manejar el horario matador, sin mencionar el estrés que de seguro iba a venir por colaborar muy cercanamente con personas que su trabajo era el entretenimiento. "Tú debes en realidad saber en lo que té estás metiendo", Adora dijo. "Tú tienes que en realidad tener tus ojos muy abiertos".

Mi titular de trabajo para el programa que estábamos tratando de desarrollar era "Almas Gemelas". Le envié a Ramey un plan de tres páginas describiéndolo como "un programa de entrevistas de treinta minutos con un tono humorístico, emocional, e inspirador de la vida real". El corazón del programa serían las lecturas. Algunas personas de la audiencia serían escogidas para venir al escenario y ser leídas, y podríamos hacer entrevistas después con ellos para descubrir acerca de la información que les llegó—que tuvo y no tuvo sentido, a lo mejor un poco de historia personal así para que los televidentes puedan conocer a las personas quienes los espíritus habían venido a ver. También habría celebridades—si pudiéramos hacer que vinieran. Esa parte no significaba mucho para mí, pero mis guías me estaban diciendo que sería un ingrediente necesario para un programa exitoso. Ellos podrían hablar acerca de sus creencias y experiencias, y a lo mejor una grabación de una lectura. Les daríamos control de lo que televisáramos. Y porque este sería una clase de programa de entrevistas, podemos ofrecer los inducimientos regulares: ellos podrían venir y hablar acerca de sus últimos proyectos. Yo tenía muchas más ideas: entrevistas con escritores de libros espirituales, invitados psíquicos, segmentos en lugares místicos, "ángeles de todos los días—gente ordinaria haciendo cosas extraordinarias para otros"—y "El Segmento de Milagros", una plática de milagros históricos y de hoy en día.

Me estaba poniendo tranquilo con la idea de *tener* un programa de televisión, si no con realmente *hacer* uno. Por lo menos no solo. Mi idea era de tener un co-presentador, principalmente para que yo no tuviera que hacer todas las cosas de televisión que sabía que iban a venir naturalmente y podrían así bloquear la concentración que necesitara para hacer mis lecturas. De hecho, de la manera que lo veía era que yo debería de ser el co-presentador—un psíquico ayudante a alguien más quien pudiera atraer por lo menos la mitad de la atención, si no un poco más. Yo podría salir, hacer lecturas, e irme. Mi socio haría todos los "regresaremos en unos minutos" y "enseguida sigue", y haría algunos comentarios y bromas para mantener todo en movimiento y hacerlo divertido.

Tenía unas personas en mente, pero mi primera selección era Todd Pettengill, el comediante de radio de WPLJ en Nueva York con quien he trabajado cercanamente por tres años. Todd había sido uno de mis primeros santos patrones en el radio y había ayudado a hacerme salir más. En el radio o en eventos, él era el cómico entre las lecturas, especializándose en haciendo gracia de las cosas estúpidas que yo decía tratando de interpretar información. Su rutina de remeda-al-médium fue un gran éxito en el beneficio del Año del Hambre Mundial que hicimos en el Town Hall en Nueva York. La mayoría de las cartas que recibí después fueron de que tan gracioso Todd era. Pensé que nuestra química sería grandiosa en la televisión, su buen humor actuando las emociones de las lecturas. Lo que no quería era un programa de amor-paz-y Nueva Era que tuviera una atracción pequeña. "Nosotros tendríamos cuidado de no ser demasiado psíquicos, espirituales, o religiosos", escribí en mi propuesta a Ramey. "Nosotros vamos a querer que esto atraiga al público general".

Ramey, Adora, y yo hablamos mucho acerca del proyecto durante esos meses, completamente sabiendo que estábamos proponiendo una cosa muy rara para el negocio de televisión: un programa completamente sin ningún precedente. No había ningún modelo. Nosotros lo estábamos creando. A Ramey, esto era increíblemente liberador, y sí también un poco temeroso. Como Adora había mencionado después de caerse de su silla carcajeándose cuando Ramey por primera vez le dijo acerca de ello, empezando una compañía con una idea tan extraña era valiente y astuto . . . o realmente, realmente estúpido.

Eventualmente Ramey y Adora pusieron junto una propuesta de ocho páginas—un tratamiento, como ellas lo llamaron—eso arrojó fuera a la mayoría de mis ideas secundarias y enfocaba el programa en las historias de gente ordinaria y los seres queridos con los que ellos se reconectarían. Ramey quería permanecer cerca de su instinto inicial—construir el programa alrededor de la clase de experiencia poderosa que ella tuvo en el cuarto de hotel en octubre. A ella le gustaba la idea de un co-presentador— era muy pronto para sugerir a Todd o a cualquier otra persona—pero se deshizo del titular con el que salí. Ella puso una página de cubierta en su propuesta que decía, por falta de algo mejor, "El Programa de John Edward". Que bárbaro, eso se miraba extraño escrito en papel. Soy, como, Ed Sullivan.

La primera página fue la de publicidad. "John Edward es un internacionalmente celebrado psíquico médium con un gran número de admiradores. . . . El conmutador telefónico de *Larry King* estuvo descompuesto por horas. . . . John recientemente apareció en el *The Howard Stern Show*".

Página 2: anuncios de películas de comentarios de las estrellas. "¡Tú eres asombroso! ¡Esto es increíble!"—Roseanne. "¡Eso no pudo haber sido una atinada a la suerte!"—Larry King. Luego una detallada descripción de un programa típico: "Segmento Cuatro: Con el co-anfitrión circulando por la audiencia, John da lecturas a los miembros de la audiencia. '¿Quién comió en MacDonald's? ¿Alguien compró comida para llevar de McDonald's?" una mujer finalmente levanto su mano. 'mi nombre es Marion MacDonald'.

'Casi igual. ¿Ha muerto tu esposo?' este es el segmento del dinero. Esta es la razón por la que la gente ve el programa. En este segmento, tenemos sentimientos, esperanza y finalización".

Esto siendo televisión, Ramey y Adora sabían que ellas iban a tratar de vender este concepto a hombres y mujeres quienes desearían conocer exactamente de donde todo el sentimiento, la esperanza y la finalización vendría, y como íbamos a asegurarnos que cada episodio lo tendría. Estas eran personas quienes vivían en un mundo escrito, controlado y bien empaquetado. Ramey y Adora eran de este mundo, así que sabían al igual que todos que "la televisión de realidad" era una irrealidad. Ellas no creían que iba haber mucho interés en hacer este programa si eso significaba llenar una audiencia con gente sin escoger y luego esperar que algunos de ellos tuvieran amigos o familiares muertos interesantes y que ellos de casualidad fueran los que se les leyera. ¿Tú estás dejando esto al *albur?* Gracias por haber venido.

Así que ellas salieron con una lista de ideas para tratar con un asunto garantizado antes de que saliera. Idea: "un grupo de amigos viene junto a escuchar de su amigo mutuo que ha muerto del SIDA. Él se separó de todos al acercarse el final de su vida". Idea: "Los padres de un hombre joven que murió cuando se estrelló el vuelo TWA 800 han venido a encontrar la razón del por qué su hijo tenía que morir". No me gustaba el sonido de esta. Dejándolo a la suerte era exactamente lo que había estado haciendo por quince años y parecía que estaba saliendo bien. Ramey me aseguró que esto era sólo cosa de propaganda, cosas que necesitas decir para que te dejen entrar por la puerta. Me puse a pensar que todos esos años que me pasé enfrente de la televisión no me habían dado ni una idea de lo que pasa atrás de ella. Es similar a lo que dicen acerca de como hacen la salchicha—tú no deseas saber.

Ramey le dio a la entera propaganda un nombre llamador—"Entónate a un milagro con John Edward, la siguiente dimensión del hablar"—y nos pronuncio listos para los programas de día. Ella dijo que iba a enviar paquetes a media docena de sindicadores principales, después de lo cual yo tendría que ir a Los Angeles a reunirme con los que estuvieran interesados en hacer un programa piloto. ¿Sindicadores? Le pregunté. Ramey explicó que estas eran compañías, o extensiones de compañías, que producen y distribuyen los grupos de programas diarios—"tiras", se les llama—que llenan la mayor parte de la televisión de día. Todo desde *Jerry Springer* a *Judge Judy* a *Family Feud* y a los mismos episodios de *I Love Lucy* que se han estado viendo por cuarenta años. He escuchado de los grandes como Paramount y Columbia Tri-Star, cuales logos he visto en el final de mil programas repetidos a la media noche. Pero los otros, Buena Vista, Studios USA, Twentieth Televisión, Telepictures, eran nombres que no significaban nada para mí. "Esas son las grandes compañías donde ir", Ramey explicó. "Después de esas uno va a los sindicadores más pequeños, y realmente no queremos hacer eso".

Primero Ramey y Adora fueron y hablaron con ejecutivos de desarrollo sin mí. Ellas querían sacar fuera del camino el sí-seguro-él-habla-con-la-gente-muerta. Sin mí ahí, los programadores podían decir cualquier cosa que ellos quisieran, y un número de ellos aprovecharon esa oportunidad. Eso no me importaba. Lo menos que tuviera que pasar en Los Angeles, mejor. No me gustaba la energía del lugar y aunque yo amo a Ramey y adoro a Adora, no me gustó la vibración que recibí de muchas de las gentes de allá. Aparte de eso, como un viajante nervioso, estoy contento sin tener que viajar a través del país. Así que Ramey y Adora sabían que no iban a tenerme ahí cada vez que un ejecutivo de televisión levantara el teléfono.

Lo cual no todos lo hicieron. O si lo hicieron, era para reírse en el oído de Ramey, como Adora lo había anticipado. "Un par de personas ni siquiera nos quiso dejar entrar a la puerta y hubo un par que nos dejo entrar, pero sólo por pura curiosidad", Adora me lo dijo, pero sólo mucho más después, cuando ya no importaba. En ese entonces, ambas ella y Ramey eran como rayos del sol y estaban llenas de optimismo. Yo era la nube negra. Todo esto—sindicadores, tiras, tratamientos, pilotos—era misterioso y complicado para mí. Era difícil imaginar como llegas de aquí para allá. No es un mal momento para recordar el dicho favorito de mi abuela: "No mires que tan lejos estas para llegar; mira que tan lejos ya has avanzado".

Ramey acorto la lista de la gente que tenía yo que ver y viajé y empecé a "tomar" juntas. En Los Angeles, tú no *tienes* juntas o *vas a* juntas. Tú las *tomas*. Tiene algo que ver con la naturaleza agresiva de Hollywood. No estoy seguro que haces con una junta después de que las tomas. De todas maneras, tomamos un montón. Cada vez que volteaba, yo estaba saludando de mano a otro vicepresidente de un desarrollo de programas. Debió de haber habido más de veinte juntas sobre el curso de esos meses—grandes grupos de gente de televisión alrededor de mesas de conferencia, todos ellos haciéndome preguntas como estoy seguro que nunca lo han hecho con alguien que sentaron en esa mesa antes de mí. Y por supuesto, con varios grados de tacto, todos querían que yo, tú sabes, "lo hiciera".

Desde que era un adolescente, gente ha estado apuntando sus dedos a mis pies: *"¡Baila!"* Yo estaba una vez en un evento de autografiar libros en San Francisco y una mujer corrió hacia mí, gritando, "¡John Edward! ¡Hazlo! ¡Hazlo! *¿Está mi madre aquí?"* *Así que comprobándolo* ha sido casi una actividad diaria para mí, una prueba que nunca termina. Yo estuve tres años antes de esto en medio de una rutina con una versión de vamos-a-ver-que-es-lo-que-ofreces, cuando hice las rondas a los publicadores de Nueva York, esperando que cuando le dijera a una editora que su padre me estaba enseñando toda clase de cosas para pescar y ella me decía que él fue un profesor de pescaderías, ella entonces abriría un cajón y sacaría un contrato. La primera parte de esa oración sucedió. Pero no la última parte.

Trabajando frente de ejecutivos de televisión levantaba las apuestas, pero no cambiaba lo que era. Brinca por este aro como una foca grande mojada y yo sacaré un trato de una cubeta y lo arrojaré a tu boca. Aún así, aunque este solamente era mi manera personal de sentir a un nivel de estima propia, yo no podía culpar a nadie por examinarme y por querer una experiencia personal antes de considerar lo que estábamos proponiendo. ¿Después de todo, los publicadores de libros querían estar seguros que yo era real y que tan grande era el riesgo que *ellos* estaban tomando? Yo no iba a ser el primer médium que publicara un libro. Pero yo *sería* el primero en tener un programa sindicado de televisión, "lleno de sentimiento, buen humor e iluminación", si alguna de estas personas decidían jalar el gatillo a esta idea de treinta minutos de televisión diaria.

Yo sabía que Ramey tenía su buen trabajo que hacer, así que le dije que yo haría lo que pudiera para hacer de su trabajo más fácil. "Si necesitas que haga lecturas estratégicas, lo haré", le dije. Todo lo que pedía era un poco de dignidad. Yo le leeré a cualquiera durante una junta introductoria, o como un prerrequisito para una junta. Si ellos estaban verdaderamente interesados en el programa, arreglaríamos algo después.

Pero Ramey y Adora eran muy protectoras y dijeron que yo ni siquiera tenía que hacer eso. "Si alguien dice, 'Oye, enseñamos lo que haces', nosotras nunca te haremos hacer eso", Adora dijo. "Se los hemos hecho ver claramente.

No es justo el colocarte en esa posición. Tú no eres como una función de un perro-y-un-caballo".

Pero por supuesto que lo era. Nos reunimos con un hombre sin una onza de modales—la encarnación de la Víbora de Hollywood. Él entró volando en el cuarto sin ni siquiera atentar ofrecer un saludo social, o considerar que a lo mejor yo era algo más que un pedazo de carne. "Bien, lleva a mi secretaria, ve al otro cuarto y haz lo que haces. Ándale, necesito que hagas eso ahora mismo". Yo sólo lo miré y me concentré muy fuertemente para no decirle, "Tu madre está atravesando y ella también piensa que eres un pendejo".

Ramey y Adora se veían preocupadas—¿Oh, Dios, que es lo que él va a decir?—así que decidí ser un buen muchacho y seguirle la corriente. "Bien, bien", yo dije, sin preocuparme en esconder lo furioso que estaba. "Tú quieres que yo haga esto, bien". La secretaria, que apenas había dejado su adolescencia, tenía una mala actitud. Y yo no estaba exactamente dentro de una zona de amor y energía positiva. Un hombre joven quien murió en un accidente vino, pero ella no lo validó. Ya no pude detenerme. Me acerqué a ella y le dije, "¿Sabes que gente espera meses y a veces algunos años para tener la oportunidad que acaba de caerte? Yo sugiero que lo aprecies porque está pasando, y existe una razón. Y esa razón es el amigo de tu hermano". Entonces ella validó la información y se salió y reportó a su jefe que yo *era* real. En ese momento, él me metió a un cuarto con un visitante quien estaba en la ciudad para una junta y me dijo que le leyera. Esta persona validó alguna información, pero el Señor Hollywood no se molestó contestar. Me detuve, le dije que no estaba interesado ya en hablar de algún proyecto con su compañía, y me salí. Le dije a Ramey y Adora que ninguna cantidad de dinero me iba a hacer trabajar con este hombre. No creo que necesitas preocuparte de eso, ellas pudieron haber dicho.

Si hubiera más hombres como este en Los Angeles, me hubiera subido de regreso al avión y dirigido hacia la estación de radio más cercana. Afortunadamente, los otros fueron amables y demostraron interés aunque fueran escépticos. Adora estaba impresionada, de todas maneras. "Tú has contestado estas preguntas un millón de veces, pero cada vez lo haces sonar como si fuera la primera vez", ella dijo. A lo mejor pueda yo estar en televisión ya tenía dominado el sonido. Y algunas personas parecían realmente entender de lo que les estaba hablando. Pero ninguno estaba corriendo fuera de sus zapatos para contratarme. "Ellos están todos intrigados y todos asustados", Ramey lo sumó por teléfono después de que dimos todas las vueltas y yo había regresado a Nueva York. "Estoy escuchando demasiado riesgoso—¿No tienen un juez?"

La televisión es una industria que ama a una idea nueva mientras que alguien lo haya hecho primero. ¿El Hombre Muerto Hablando? Tú hazlo. No, tú hazlo. No, tú hazlo. Estoy seguro que ellos deseaban que fuera yo Juez John. Podría salir a la corte en el escenario usando batas y cargando incienso de salvia, denegar las objeciones que sólo yo pudiera escuchar, y dar mi veredicto sin tener que preguntar a los testigos ninguna pregunta. Un juez psíquico—no puede fallar.

Mientras estábamos esperando escuchar de los dos o tres estudios que parecían estar interesados, algo muy afortunado paso. Durante el verano de 1999, salió una película con el actor Bruce Willis y un niño remarcable de nombre Haley Joel Osment, y de repente todos en America estaban diciendo, "Yo veo a gente muerta". Era como si el *Sixth Sense* hubiera caído del cielo y la gente con quien estábamos hablando miraron hacia arriba y dijeron Hmm. Salí en *Larry King Live* con M. Night Shyamalan, quien dirigió y escribió la película. Yo no sé si su película hizo la diferencia, pero no empeoró las cosas.

La primera mordida vino de Columbia Tri-Star. Ramey y Adora se pusieron muy emocionadas cuando les dije que estaba viendo un logo con plumas. "¡Oh, plumas!" Adora dijo. "¡El Pegasus en el logo de Tri-Star! ¡Bueno, va a ser Tri-Star!" Pero no lo fue. (A lo mejor recibí mis señales cruzadas. ¿Podrían unas plumas tener algo que ver con Lucky Duck Productions, el cual estaba haciendo el documentario de HBO al mismo tiempo?)

Ramey pensó que la oportunidad mejor que seguía era de los Studios USA, productor y distribuidor de todo desde el trío de Sally-Maury-Jerry a *Law & Order*. Ella había tenido algunas preeliminarías pero prometedoras conversaciones con la gente de ahí. Y algunas cosas interesantes empezaron a suceder. Aunque son realmente interesantes recordándolas ahora. Mientras Ramey estaba empezando a conquistar a los Studios USA, recibí una llamada en mi oficina de una mujer de nombre Tahira Bhatti-McClure. Ella trabajaba en el departamento de programación en el Canal de Sci Fi en Nueva York, y uno de sus trabajos era el encontrar talento nuevo e ideas frescas para la red. Tahira me dijo que su suegra había ido a verme para recibir una lectura privada después de escucharme en el WPLJ, y le había dado a Tahira uno de mis folletos. Ella quería hablar conmigo acerca de la posibilidad de hacer un programa para el canal de Sci Fi. Ella pensó que era a todo dar que yo fuera joven y el escuchar a su suegra decirle que alguien como ella que es una desarrolladora de programación en la televisión debería de conocerme. Le di las gracias a Tahira por llamar y le pedí que se comunicara con Ramey.

La llamada de Tahira tomo a Ramey por sorpresa. Ella pensó que era extraño de que alguien de Sci Fi estaba tratando de entrar en la propuesta. Después de todo, las cosas estaban empezando a moverse con los Studios USA—Sci Fi era la compañía hermana de la red de USA. De todas maneras, ella estaba contenta de enviar una cinta de demostración y un trato, mientras Tahira entendiera que estábamos poniendo la vista un poco más alto que simplemente en un canal de cable. "Lo entiendo", Tahira dijo. "Por supuesto que estás tratando con los sindicadores. Pero no nos olvides". Tahira habló de mí con su jefa, quien estaba interesada y quería investigar más a fondo.

Cuando nosotros más tarde recopilamos esta historia, el tiempo cuando pasaron las cosas sugiere que a lo mejor fue con una jaladita del otro lado, y no quiero decir la Costa Oeste. Esto es lo que paso: Un día más o menos, después de que Ramey hablo con Tahira por teléfono, Bonnie Hammer, la jefa de Tahira, estaba en un evento en la agencia William Morris Agency en Nueva York. En el curso de socializar con sus colegas, Bonnie escuchó que los Studios USA estaba tratando de cerrar un negocio con un joven psíquico médium de Nueva York. Cuando una compañía principal de entretenimiento dice estar hablando con uno de *nosotros* acerca de un programa sindicado, eso tiende a ser mencionado. Y alguien como Bonnie Hammer tiende a escuchar. Cualquier cosa que pasa adentro de la cabeza de la persona que dirige el canal Sci Fi cuando reconoce algo que ella quiere— eso es lo que parece haber pasado con Bonnie. Ella se dio cuenta que el psíquico que los Studios USA estaba siguiendo era el mismo que Tahira le había mencionado.

Temprano en la siguiente mañana, Tahira fue a la oficina de Bonnie— con la cinta que acababa de recibir de Ramey. Ellas la miraron juntas y diez minutos más tarde, Tahira estaba en el teléfono arreglando una reunión. Luego Bonnie y Tahira fueron y participaron en una lectura de grupo pequeño en el Holiday Inn en Long Island que era prácticamente mi escenario base. Durante la lectura, hubo mensajes para Bonnie de miembros de su familia que ella validó y apreció. Me cayo bien desde un principio—había definitivamente algo especial acerca de ella. Ella parecía realmente *entender* de lo que se trata todo esto, sin aun saber mucho acerca de mí.

Ramey viajo a Nueva York, y nos reunimos en la oficina de Bonnie en el piso veinte de las oficinas principales de la Red de USA en Nueva York en la sexta avenida. Bonnie había recientemente tomado el mando de la programación en el Sci Fi y explicó que ella estaba en la búsqueda de programas alternativos que ampliarían el canal. "Cualquier cosa fuera de lo que *sabemos* que sea verdad", es la manera que ella describió el estilo que estaba tratando de desarrollar. "Si es especulativo, si tú no puedes cuantificarlo con pruebas, entonces queda en el molde. Tú realmente no puedes comprobar la vida después de la muerte. La gente lo creé o no lo creé. Aunque haya toda clase de afirmaciones y confirmaciones, en tus entrañas tienes que querer creerlo".

Bonnie dijo más tarde, "Nada estaba saltándome hasta que vi este pedazo de cinta". Ella me dijo en esa primera reunión de que quería tomar el siguiente paso, y obtener aprobación de su jefe en Los Angeles para hacer un piloto. "Realmente me encantaría hacer algo contigo", ella dijo. "Me encantaría de sólo permitirte hacer lo que tú haces y capturarlo con las cámaras".

A pesar de todos los buenos sentimientos con Sci Fi, Ramey lo veía como un repuesto. Ella estaba yéndole duro a la hermana grande del canal. Había una mujer en el Studios USA de nombre Libby Gill quien estaba tan emocionada como Bonnie y exactamente era lo opuesto a la Víbora de Hollywood. Ella entendió la idea desde el Primer Día y se volvió su campeona. Eso no era una cosa fácil de ser. Una de la personas con quien Libby trabajaba vino a nuestra primera junta con un lenguaje de cuerpo que decía "Yo no lo creo". Él fue directo acerca de no ser un creyente en esto, y nos amartillo muy duramente". "¿Qué es el programa?" él preguntó, como el hombre de la red de comunicación en ese episodio famoso de *Seinfeld*. Ramey le hubiera podido decir que era un programa acerca de nada—nada de lo que tú has visto antes. Pero ella no quiso espantarlo. Así que le dijo que era un programa como tú *has* visto antes—sólo con un doblez. "El programa son historias", ella dijo. "Son historia humanas. Es acerca de amor y perdida y todas las cosas de lo que hablan todos los programas de entrevistas. Sólo que hay otra dimensión". Salí de esa junta pensando que esa era la última vez que los íbamos a ver.

Pero Ramey pensó que ella los tenía enganchados. La única cosa que los estaba deteniendo, le parecía a ella, era de que ellos no querían hacer un compromiso basado mayormente en una cinta de mí en los programas *Leeza* y *Entertainment Tonight,* un trato de ocho páginas y algunas juntas. Ellos necesitaban verme hacerlo. Así que ella y Adora arreglaron una "demostración" en un cuarto lujoso en el Bel Age Hotel e invitaron acerca de treinta personas. La mitad fueron del estudio; la otra mitad amigos y conocidos de Ramey y Adora quien podrían traer unos invitados interesantes del mundo espíritu. Uno de ellos era una mujer que dirigía una agencia de adopción e iba a rentar su espacio de oficina—oficina de Lucille Ball de los años cincuenta—a las damas del Media-Savvy. En el Bel Age, hice lo que normalmente hago con un grupo—algunas lecturas, algunas explicaciones y algo de la filosofía. La primera persona que le leí fue a la señora de adopciones. Ella había perdido a dos bebés en la muerte de cuna. Luego fui derecho a un par de hombres que luego descubrí que eran dos de los ejecutivos más grandes del Studios USA. Y fui jalado hacia un hombre de desarrollo quien había sido tan escéptico en una de nuestras primeras juntas. Su padre vino y yo recibí información, la cual él validó, que una antigua novia tenía cáncer en los senos y que él necesitaba llamarla.

Después de eso, Ramey estaba radiante. "Tú los asombraste", ella dijo. Ella estaba segura que íbamos a cerrar el negocio.

Dos semanas más tarde, estaba bajando de un avión en Tucson para el experimento de Miraval con Gary Schwartz, cuando recibí una llamada de celular-a-celular de Ramey. "¡Ellos quieren el programa!" ella gritó. "¡Studios USA! ¡Ellos quieren el programa!"

Silencio de mi lado. "No va a pasar", le dije.

"¿Qué es lo qué quieres decir con no va a pasar?"

"Yo no sé. Algo no está bien. Estoy recibiendo que no va a pasar".

"John, ellos acaban de llamar. Ellos quieren el programa. Ellos quieren hacer un negocio".

"No, no va a pasar".

"No puedo creer que estés diciendo eso", Ramey dijo, amedrentada. "Quiero decir, nosotros ya abrimos la champaña".

"Lo siento. Es mejor que vuelvas a poner el corcho en la botella".

Eso fue en un viernes. El lunes, Ramey llamó otra vez. Bueno, acerca de la champaña. Parece que tenemos que tener una junta más. Había alguien nuevo moviéndose dentro de una posición alta en los Studios USA. Vamos a necesitar su apoyo. Tuvimos la junta en Nueva York y Adora salió pensando que habíamos navegado fácilmente a través de eso.

"Eso fue asombroso", ella dijo. "Bien fácil".

"¿Estas loca?" le dije. "Eso salió muy mal".

Ella me miró como si estuviera yo demente. "No, fue así", ella dijo. "Salió muy bien".

"¿Fuimos a la misma junta?" le pregunté.

"Sí, pero yo no hago lo que tú haces".

"Ella va a dejar ir esto", le dije.

Adora esperaba que este fuera un caso de un psíquico teniendo un mal día. Tú lees a tus gentes, nosotros leeremos a las nuestras.

Uno días más tarde, la nueva jefa de programación en el Studios USA cambio nuestra luz verde a roja. "Ella piensa que es demasiado riesgoso para su primer proyecto", Ramey dijo. "Así que estamos de vuelta en el primer escalón".

La llamada de Ramey confirmó lo que yo ya sabía, pero volvió a mover ese interno dialogo viejo con Los Muchachos. Una vez más, me preguntaba de que se trataba este asunto, universalmente hablando. ¿Por qué hacerme pasar por todas esas juntas y duro trabajo con estas compañías grandes de sindicación si sólo vas a sacarme fuera del agua al final?

Diferente a lo que hice nueve meses antes, yo no iba a deslizarme dentro de un estado de animo deprimente por esto. Me permití tener un mal día, le di una visitada a mi plegaría de programa de televisión—*Sí, bien, lo que sea, si pasa ahora, pasa ahora*—y sólo dije a la fregada, no es mi tiempo. Recuerdo la lección de la Darth Vader, la dama en el Barnes & Noble en Santa Monica. Mis Muchachos tenían un plan. Todo lo que tenía que hacer era confiar en ellos y esperar ver lo que pasara. Esta vez era fácil dar la vuelta a la esquina y enfocarme en otras cosas. Mayormente—irónicamente—en *Una Última Vez*.

El libro había salido en cubierta delgada, una segunda oportunidad en la vida y esta vez yo estaba tomando control del proceso. Un colega mutuo me había introducido a una mujer de nombre Debbie Luican, quien era la directora ejecutiva de la sucursal del Learning Annex en San Diego, una clase de organización nacional de educación para adultos. Debbie trabajaba con la lista principal de los oradores espirituales—Deepak Chopra, Wayne Dyer, Sylvia Browne—y estuvo de acuerdo en trabajar conmigo. Ella era directa, del tipo de nada de disparates, muy alentadora pero basada en los hechos acerca de mi trabajo, como si dijera, *He pasado mucho tiempo con psíquicos. Tú no vas a impresionarme.* Ella simplemente dijo: Tienes realmente un mensaje muy importante. Permanece enfocado en ello". Encontré eso increíblemente refrescante. Era exactamente la clase de ayuda sin adornos y directa que necesitaba escuchar.

Debbie primero organizó eventos en San Francisco, Los Angeles, San Diego y Phoenix, y luego, empezando en septiembre de 1999, una gira de cuarenta ciudades que duraría nueve meses y ayudaría a colocar el libro en algunas listas regionales de libros de mejor venta—aunque nacionalmente permanecería solamente como un éxito moderado. Pero con mi actitud nueva y mejor similar a la de Zen y sabiendo que por lo menos esta vez yo estaba haciéndolo de mi manera, yo no pase mucho tiempo preocupándome acerca de los números.

Habiendo usado todas nuestras posibilidades con todas las grandes compañías de sindicación de televisión, el primer paso para Ramey y Adora era la Red del Sci Fi. Ramey llamó a Bonnie Hammer, quien estaba lista para tomarlo. Todo lo que ella tenía que hacer era obtener el apoyo de su jefe, Stephen Chao, presidente del cable USA. Stephen había entrado por unos cinco minutos a mi primera junta con Bonnie a principios del verano. Él bromeó—*¿Oye, qué es lo que estoy pensando?*—lo cual es su estilo, y habló acerca del potencial para sindicar el programa aún si empezaba en el Sci Fi. Yo no sabía si él era un creyente o no, pero como Bonnie dijo, ese no era el punto. "Su única preocupación era de que él no quería tener a un impostor, lo cual es muy diferente a si él cree o no", Bonnie dijo. "La cosa que Stephen necesitaba para creer era de que teníamos la enchilada verdadera—que si estas cosas *son* verdad, entonces tenemos un verdadero representativo de lo que es". Las otras cosas que él quería asegurarse, por supuesto, eran de que Bonnie y su grupo entendiera lo que el programa iba a ser y de que yo pudiera hacer televisión.

Si tenía alguna preocupación acerca de hacer el programa para un canal con la palabra ficción en su nombre, Stephen se movió rápidamente para difundir eso. "Ese es el nombre del canal", él había dicho en esa junta. "Y la verdad es de que para mucha gente esto *es* ciencia ficción. Pero hay mucha gente que lo cree y ellos van a estar mirando este canal".

Tenía que creer que Stephen sabía algo acerca de romper nuevo terreno en televisión. Así que su apoyo calmó la desilusión que Ramey sentía acerca de no tener un trato con un sindicador grande. Sonaba como que podíamos eventualmente de todas maneras llegar ahí. Volví a ver al anuncio psíquico que vi en el autobús en Central Park cinco años antes: La respuesta es Sci Fi.

LA CONDICIÓN

AQUÍ ESTÁ COMO SE FUNCIONA EN LA TELEVISIÓN: Si los programadores en una red les gusta una idea para un programa en papel, ellos ordenan un piloto para ver si eso se traduce en la pantalla. Si a ellos les gusta el piloto lo suficiente, ellos pondrán el programa dentro de producción por lo que será un tiempo de prueba. Usualmente son trece semanas de episodios. Esa es la extensión del compromiso. Después de eso, no tiene nada que ver con que si les guste o no. Las únicas personas cuales gustos cuenta en ese momento son los televidentes. Índice de audiencia.

Bonnie Hammer quería un piloto pero rápido—en seis semanas—así que empezamos a planearlo. Una cosa buena acerca de hacer el programa para el Sci Fi era de que estábamos en Nueva York. Teníamos una lista larga de cosas de las que se tenían que hablar y decidir. La forma del programa era el gran asunto y dentro de ello estaban un millón de asuntos más pequeños. ¿Cuánto tiempo del programa será para lecturas? ¿A quien se le leerá? ¿Cuántas personas estarán en la audiencia? ¿Cómo serían ellos escogidos? ¿Habrá lecturas para celebridades? ¿Qué tal acerca de un co-presentador? Y luego había un número igual de preguntas técnicas de televisión. ¿Cómo sería el escenario? ¿Cómo se grabaría? ¿Habría algún material escrito? ¿Y, por supuesto, como va a ser llamado el programa? "Almas Gemelas" había sido eliminado. Todos parecían querer mi nombre en el titular, pero a lo mejor como la segunda parte, como en Alguna Cosa-o-Otra con John Edward. Uno de los nombres en la lista de candidatos fue "Crossing Over", y el consenso parecía ser *Sí, bien, eso está bien por ahora. Tenemos problemas más importantes.* este sólo era un piloto. Eventualmente salimos con un titular.

Le cayó en cuenta a Bonnie que era una bendición que estábamos empezando en el Sci Fi. Este era un Cruzando Al Más Allá en más de una manera. Nunca nada como esto había sido atentado en la televisión. Así que sindicándolo desde un principio pudo haber sido la peor cosa que pudiéramos haber hecho. En su lugar, le podríamos dar al programa lo que Ramey llamaba una "suave lanzada"—una callada, un empiezo medido en cable, como abriendo un programa de Broadway en el camino para sacarle las fallas. Y también, como Stephen Chao lo había mencionado, íbamos a estar en un canal donde los televidentes estarían predispuestos a creer lo que ellos estaban viendo. Podemos aumentar una audiencia de ahí. Podemos permitirle al programa avanzar, hacer nuestros errores, figurar lo que funcionó y lo que no—los Studios USA cambiando de opinión, su hermanita Sci Fi esperando afuera de la puerta, con los ojos en el agujero de la llave—Ramey se preguntaba si todo esto era un arreglo por la compañía padre para manipular un trato a su favor. Solamente más tarde nos dimos cuenta que esto no había sido planeado. La cabeza de Studios USA realmente no quería hacer de esto su primer proyecto, y la cabeza de Sci Fi realmente lo miraba como el programa perfecto para su creciente canal. "Casi orgánicamente paso de esa manera". Ramey dijo. Para mí, estaba pasando de la manera que se suponía que tenía que pasar. El fatalismo no era necesariamente la filosofía operadora de la gente quien trabaja en la industria de la televisión, pero Ramey parecía estar disfrutando el paseo. Ella no iba a estar discutiendo con Los Muchachos.

Ramey empleó a un director de nombre Peter Kimball, quien había trabajado en *Oprah,* y él arregló el pedir prestado y redecorar el escenario de *Maury Povich,* un programa de Studios USA que fue grabado en el Hotel Pennsylvania, enfrente del Madison Square Garden. La primera decisión grande que hizo Bonnie era de que yo iba a estar solo. A ella no le gustaba la idea de un co-presentador, no después de que vino a la lectura de grupo en Long Island. "Yo quiero al puro John", ella dijo. Oh-oh. Yo realmente no pensaba que el puro John era una gran idea.

"Yo nunca he hecho esto antes", protesté. "Yo nunca he tenido que hablarle a una cámara". Eso no era completamente verdad. Recuerdo una vez haber estado en un programa en Boston donde me pidieron que leyera algo de un apuntador electrónico. Salió mal, Realmente, realmente mal. Pero Bonnie es una persona muy persuasiva, especialmente cuando ella cree en algo. Ramey y Adora dijeron no te preocupes, vas a estar bien. "Si en realidad no lo puedes hacer, tendremos que revisarlo de nuevo y encontrar otra manera de hacerlo. A lo mejor con voces sobre puestas". En mi mente, yo estaba pensando que esto era sólo el piloto. Bonnie me va a dejar tener un co-presentador si y cuando hagamos un programa real. Ella verá que tan malo soy para esto.

Por ahora, mi actitud acerca de toda la cosa era de que todo lo que sabía de televisión era como trabajar el control remoto. Bonnie y Ramey eran la gente de televisión, y se les dejaría a ellas el figurar como convertir esta idea, de la que hemos estado hablando por un año, en algo que Stephen Chao pueda meter en su video casetera en Los Angeles y ver lo que él necesitaba ver para llamar a Bonnie en Nueva York y decirle, "Vamos a hacerlo". Mientras ellos no interfieran con mi trabajo, yo no interferiré con el suyo.

La interferencia salió siendo una manera de interpretación. Grabamos el piloto en un viernes y sábado a principios de diciembre y durante una sesión en el escenario. Le leí a una familia por la cual un espíritu vino muy fuertemente. "es como pumm, pumm, y se cae", les dije. Entonces se me enseño la cara de una amiga de Sandra y mía—una aeromoza del TWA. "¿Murió él en un accidente de avión?" pregunté. "Es el vuelo 800, verdad". Si lo era. Entonces, un rato después, fui jalado junto a una mujer en la audiencia. "Tú fuiste a México", yo dije. Sí. "Hubo una noche cuando la gente se emborracho mucho. Alguien termino tirado de cara en la arena". Sí. "Tú hermana quiere que sepas que ella vio todo. . . . ¿Espera un minuto, murió ella en un accidente de avión, también?" Había más familias que habían perdido a sus familiares por la costa del sur de Long Island en 1996 en la explosión del vuelo TWA 800 de Nueva York a Paris.

Sabiendo que nuestras oportunidades para reunir material fuerte para el piloto serían limitadas, Ramey pensó que traer a las familias de las victimas del TWA era una idea prudente. Pero yo estaba incomodo con eso, mayormente porque representaba una violación a una de mis más básicos principios de guianza. Estas personas sin duda vinieron con expectaciones, o por lo menos esperando, que me conectaría con la persona que ellos habían perdido en el accidente. Si yo estaba predicando el evangelio de "deja tus expectaciones en la puerta", sería hipócrita para mí estar realmente levantando esas expectaciones para mí mismo.

Ramey había mencionado durante las etapas del planeamiento que ella podría tratar de salir con algunos "temas" para el piloto. Yo no estaba emocionado con la idea, pero quería dejarla hacer su cosas y no pensé mucho acerca de ello. Pero ahora que lo había experimentado, sentía más que nunca que este tendría que ser un programa esencialmente producido por sí mismo. No podría ser como un programa regular de entrevistas donde la mayor parte del trabajo pasa antes de que una pulgada de cinta sea grabada: los productores revolteando sus cerebros por ideas frescas; jalando los teléfonos para encontrar a los invitados correctos; investigando el tópico para preparar a la estrella; y luego escribirlo, editarlo y empacarlo en un programa para explotar esa idea fresca a lo máximo.

Ese no podía ser el proceso en *Crossing Over*, o cualquier cosa que llamáramos esto. En este programa, ideas serían las que sacáramos *después* que grabáramos. El apuntar a alguien para el programa sólo significaba el abrir las puertas del estudio y hacer que todos tomaran asiento. Los invitados reales se anunciarían ellos mismos, a su manera y a su tiempo. Y no podríamos de ninguna manera pensar de la gente que vino al programa como vehículos traídos para nuestro uso. Así que Ramey tuvo que abandonar todas las otras ideas que aparentemente fueron discutidas: Las familias de las victimas del bombardeo en Oklahoma City. Gente con transplantes de órganos que deseaban comunicarse con sus donadores. Y "Noche de Sábado de Muerte"—trayendo las familias y amigos de Gilda Radner, Phil Hartman, y otras estrellas del *Saturday Night Live* que han fallecido.

En esos dos días en diciembre, grabamos horas y horas de cinta, tratando de diferentes formas para ver que era lo que salía mejor. Ramey trajo una audiencia de acerca de cien personas y otros grupos más pequeños. Ellos trataron diferentes posiciones para las luces y las cámaras, algunas diferentes maneras de introducir y cerrar el programa. Y por supuesto estaba el asunto de mi aura. Yo no estoy hablando universalmente ahora. Estoy hablando de mi ropa.¿Me querían en un traje o en una camisa pegada sin cuello? ¿Lentes o contactos? ¿Querían ellos un medio a todo dar para el médium a todo dar? ¿O a un hombre regular para la gente de Cincinnati? Mi abuela hubiera estado tan contenta—todas estas gentes preocupadas acerca de la manera que me presentaría. Yo sólo hice lo que me dijeron, usé ropa que ellos me dieron, hablé las palabras que ellos escribieron para mí, y luego hice lo que hago. Yo estaba determinado a ignorar toda la cosa de televisión y concentrarme en no cambiar nada acerca del trabajo. Bonnie sólo deseaba "capturarlo con las cámaras". Yo sólo quería *asegurarme* que yo no fuera capturado por las cámaras.

Nunca se ha sabido que los espíritus esperen hasta que yo este listo, y ellos no estaban impresionados porque esto era televisión, donde tú empiezas cuando el director te lo dice. "¿Alguien aquí tiene a alguien que fue asesinado?" Pregunté en el momento que alcancé el escenario para una sesión, estando esperando en las orillas con esta pobre alma que prácticamente me estaba empujando hacia afuera él mismo. "Este es alguien quien fue acuchillado. Fue un asesinato brutal".

Un hombre en la hilera de atrás habló. "Mi hermano Vincent fue acuchillado. Acuchillado diecisiete veces".

"¿Alguien en la familia tuvo que identificarlo?"

"Mi madre y mi hermana".

"¿Tu mamá todavía está aquí?"

"No, ella murió".

"Bien, tu mamá está viniendo. Ella está con tu hermano".

Con eso, el hombre de la audiencia apretó sus labios, obviamente tratando de permanecer en control.

"Tu hermano entro sin saber nada de eso", yo dije. "Así es como me lo está enseñando. ¿Sabías eso?"

"Fue un error de identidad", él dijo. "Él fue confundido por haber robado algo temprano en ese día, pero él no lo hizo. Eso fue por causa de un radio".

"Esa es la manera que él está atravesando. Él no está tomando ninguna responsabilidad por eso. Él no hizo nada para atraer eso. ¿Tienes su sombrero azul?"

"Sí". Ahora el hombre estaba tembloroso.

"Él me está diciendo . . . . ¿Tú estás yendo a una clase de computadoras?"

"No", él dijo, sorprendido.

"¿Por qué no?"

"No me gusta", él rezongó defensivamente.

"Él me está diciendo que deberías de hacer eso. Se supone que es bueno para tu carrera".

El hombre torció sus ojos con molestia, un gesto que parece hablar volúmenes acerca de su relación con su hermano.

"Él me está haciendo sentir como que es difícil el levantarse en la mañana. Él me está diciendo que hay muchas oportunidades enfrente de ti y tú no las estás tomando. Es como que él está diciendo sal de esto y sigue adelante. Es muy importante el hacer esto".

La razón por la cual no estoy nombrando a esta persona es que él ha sido expuesto lo suficientemente. Resulto que él trabajaba en una de las oficinas de atrás de departamentos para el Sci Fi y sólo se le ocurrió venir. Yo no estoy seguro de que él sabía de que se trataba del piloto. Pero luego una imagen entera de él en su estado más emocional y vulnerable salió siendo usada no sólo para el piloto, pero por un sinnúmero de programas de entretenimiento cada vez que ellos hicieron historias acerca de nuestro programa. Así que deseo proteger su privacidad ahora.

Después de dos días de grabar, Ramey tuvo el piloto editado y empaquetado. ¿El nombre del programa? *Crossing Over with John Edward*. Nadie nunca volvió a trabajar en el titular y ese solamente se quedó. Me gusto el piloto. Era convincente pero moderado, no sobre pasado. Pero Bonnie pensó que necesitaba ser un poco más movido, más pulido, para que fuera aceptado por sus jefes en California. "Tú haces un piloto sólo por una razón", Ramey me explicó. "Eso es para obtener una luz verde. Una vez que tengamos eso, entonces tú puedes mover el programa delante de la manera que quieras. Pero esto se trata sólo acerca de obtener una aprobación". Así que realmente estábamos haciendo este piloto sólo para una o dos personas que tenían el poder para decir sí o no. "Tenemos que pensar en sus sensibilidades", Ramey dijo.

Ramey llevó una caja de videocintas a Los Angeles y se las entregó a Jean Wiegman, una productora y editora de mucha experiencia quien recortó el piloto en un cuarto de edición lleno de editores jóvenes que trabajaban en videos movidos. El contenido de la nueva versión no fue muy diferente a la primera, pero la apertura era más reluciente y los cortos entre segmentos eran rápidos al estilo Nueva York. Muchos pedazos rápidos de los mejores momentos del próximo segmento, con popular música de Sci Fi y con frases atravesándose en la pantalla—"Tú puedes discutir con los vivos, pero los muertos tienen la última palabra". Había una lectura con una celebridad la actriz Kari Wuhrer, la estrella de *Sliders*, un programa de Sci Fi acerca de un universo paralelo.

Mi propio universo paralelo estaba ahora en las manos de los amos de Los Angeles aunque Ramey había entregado el piloto rápidamente, no había una respuesta inmediata de la compañía. Yo no estaba enterado, por supuesto, de las pláticas entre Bonnie y las personas sobre ella—y yo no me refiero a sus padres, abuelos, tías, tíos—pero he aprendido desde entonces que ellos tenían que asegurarse que realmente había un programa de televisión aquí, con un empiezo, algo en medio, y un final. Una conclusión. Nosotros estábamos buscando algo de eso para nosotros mismos.

En enero, Bonnie me pidió que viniera a Los Angeles y saliera en la conferencia anual de la Asociación de Críticos de la Televisión. Aquí es donde los jefes de la red de comunicación, los productores y estrellas salen frente a escritores de periódicos y revistas y hablan acerca de sus próximos programas y el estado de sus compañías. Bonnie quería que saliera enfrente de ellos, me presentara yo mismo y hablara acerca de *Crossing Over*. Que el programa no había sido aprobado aún era aparentemente un detalle menor. Así que salí en escena yo solo—opuesto al grupo de discusión que ellos usualmente tienen—y sólo hablé acerca de mí y el programa, y luego tome preguntas. Luego ellos enseñaron una cinta de lo más interesante en una pantalla grande de proyección que estaba atrás.

Mientras salía del cuarto, vi que estaba siendo seguido por un grupo de gente, y de repente estaba completamente rodeado por unos treinta periodistas arrojándome preguntas y pidiendo lecturas. "¿Está Stephen viendo esto?" Bonnie le preguntó a Ramey. "Él lo está viendo", Ramey dijo.

Ramey pensó que esta fue la razón por la cual Bonnie me quería aquí. "Ella es muy inteligente", Ramey dijo más tarde. "Bonnie sabía que una vez que fueras presentado le daría a ella más empuje. Y Stephen le permitió hacerlo. Estoy seguro que él deseaba verlo también. Yo creo que siempre fue su intención que esto pasara, pero él sólo necesitaba un poco de reafirmación. Y él la recibió. Aquí estaban todos estos ásperos críticos de televisión, y no podían acercarse lo suficiente para ellos".

La red de USA lo hizo oficial unas semanas después, anunciando que *Crossing Over* empezaría producción en mayo y estaría en el aire en el verano. Saldría diariamente en la noche a las once en punto, de domingo a jueves en el canal Sci Fi. Por trece semanas, de todos modos.

Para Ramey, fue un momento agridulce. Nunca había sido su intención el manejar el programa, sólo el desarrollarlo, venderlo y lanzarlo. Así que ahora que ella y Adora habían hecho lo que habían planeado hacer, ellas regresarían a sus otros proyectos y darían su bebé a los padres adoptivos.

Desde el comienzo, nuestro arreglo tenía un final natural construido en él. Yo no me iba a mover a Los Angeles para hacer el programa, y ellas no se iban a mover a Nueva York. La cosa extraña acerca de ello era de que esto era nuevo para mí. Nosotros nunca realmente habíamos hablado de lo que pasaría si el piloto fuera escogido, así que yo supuse que Media-Savvy sería la compañía de producción, y Ramey y Adora permanecerían siendo mis guías espíritu de televisión—mis Muchachas. A lo mejor eso es lo que Mary Jo McCabe, la psíquica en Baton Rouge, estaba sintiendo cuando ella dijo que detectaba una nueva energía femenina entre mis guías.

A Ramey y Adora les hubiera encantado poder estar ahí cuando el programa empezara a gatear y luego tomara sus primeros pasos temblorosos. Pero ellas habían estado atadas por el trabajo pesado diario de la televisión sindicada por veinte años. No tendría ningún sentido para ellas el brincar de regreso, no importaba que tan emocionante e innovador fuera el programa, y no importaba que tan emocionalmente invertidas en el, ellas estuvieran. Ellas permanecerían conectadas al programa como "consultantes ejecutivas", pero su trabajo final—y ellas sabían que era uno crucial— sería el asegurarse de poner en lugar a un grupo de producción que ellas pudieran confiar, gente que ellas supieran que yo me sentiría cómodo. Ramey y Adora no tenían ningún temor acerca de Bonnie Hammer; ellas me dijeron que no podría estar en mejores manos. Pero Bonnie no sería la única con quien yo trataría en el nivel corporativo. Y ella no produciría el programa. Ella estuvo de acuerdo con el Media-Savvy de que era vital el asegurarse que la gente principal no fuera, ni siquiera, remotamente cínica acerca del material. Esto no podía ser sólo otro trabajo para ellos.

Uno meses antes, cuando Ramey estaba buscando a alguien que dirigiera el piloto, ella había revisado con Richard Lawrence, su agente, y él le había recomendado un director basado en Nueva York de nombre Dana Calderwood. Ramey se reunió con Dana en su hotel, y ambos siendo extremadamente unas almas dulces, enseguida se cayeron bien. Dana era muy abierto al tema. Aunque él no se veía o actuara particularmente como alguien de la Nueva Era, a él le gustaba mencionar que él y su esposa habían sido casados por un comunicador de espíritus en California (aunque el comunicador de espíritus era un antiguo ejecutivo de televisión). Dana estaba tan ansioso de hacer el piloto que trato de salirse de un compromiso que había hecho para ir a Florida la misma semana para dirigir *Double Dare*

2000 para Nickelodeon. Él no se puedo salir de eso, y Ramey encontró a otra persona. Pero ahora que el programa iba a hacerse, ella esperaba que él estuviera disponible para más de un par de días de trabajo. Dana era un gran director, con una lista sólida de créditos y una nominación Emmy. Él dirigió el programa de noche de Conan O'Brien en sus primeros dos años, hizo especiales para CBS, y programas para Nickelodeon. Él era también uno de los pocos directores basados en Nueva York. Más importante, él *entendió* el programa. Ella le urgió a Bonnie que lo llamara.

Bonnie llamó a Dana, junto con otros directores y productores. Entre ellos estaba Shirley Abraham, una productora con experiencia y con un estilo que no acepta nada sin sentido pero también maternal y un gran talento para crear un grupo sólido de empleados. Lo que Bonnie no sabía era que Dana y Shirley eran socios. Ellos y un tercer asociado, Charles Nordlander, un escritor-productor, tenían una compañía llamada (Producciones Brilla en lo Oscuro) Glow in the Dark Productions. Bonnie estaba hablando con otra gente, pero a ella le gusto el trío de Glow in the Dark y quería ver que clase de química podíamos tener.

Dana, Shirley y Charles se apilaron en un carro y manejaron hacia Long Island para una junta en mi oficina arriba del salón para cortes de pelo en Jericho Turnpike. Como casi todos los demás que yo he estado relacionado en los últimos dos años, ellos eran acerca de quince años más grandes que yo—inteligentes, profesionales con experiencia en sus años cuarentas tratando de encontrar una manera de convergir su mundo con el mío. Pasamos dos horas hablando del programa como si el trato nunca se hubiera escrito y el piloto no se hubiera grabado. Ellos necesitaban envolver sus cerebros alrededor de lo que el programa sería, como ellos podrían mezclar mi concepto con la visión de Bonnie y sus propias ideas.

La primera cosa que fue clara era que todos los tres estaban intrigados y emocionados por el prospecto de trabajar en algo tan diferente al molde. Habiendo pasado años en las zanjas de lo convencional, ellos pensaron que esto pudiera ser un rompe terreno de la televisión, no una frase que ellos usaban muy ligeramente. Yo me refiero a la gente quien no tiene experiencia con temas espirituales como que están "verdes". Los productores de Glow in the Dark no eran eso. Todos ellos tenían por lo menos algún grado de creencia y experiencia con la idea de la sobre vivencia del alma y la comunicación de después de la muerte. Lo que ellos necesitaban hacer era traducirlo a la televisión. Ellos necesitaban saber quien era yo como persona y que era lo que deseaba completar como un médium. ¿Cuál era el mensaje del programa? No una pregunta frecuentemente hecha en televisión. Y para que sepas, esa pregunta y mil otras tenían que ser contestadas muy rápidamente. Sci Fi quería que el programa empezara en menos de tres meses.

Nunca me había puesto a pensar en lo que se hace para la creación de un programa de televisión, pero no era exactamente un apunta-y-dispara. No sólo los productores tendrían que emplear a más productores y a un equipo, pero ellos tendrían que crear una forma y obtener la aprobación, encontrar un estudio y diseñar y construir el escenario. Y ellos me tendrían que convertir en una personalidad de televisión. ¿Tú sabes como estaba asumiendo que ellos me darían mi co-presentador para que así sólo pudiera salir y hacer lecturas? No está pasando—Bonnie aún quería puro John. *Fregado*. ¿Qué no sabía ella que no hace mucho tiempo que el sólo ser invitado a un programa de radio era lo suficiente para hacerme tener nauseas? *No es que tan lejos tenemos que ir; es que tan lejos hemos llegado.* Bonnie estaba porfiada—"odiosamente insistente", es como ella lo puso más tarde. "Tú no necesitas un sostén".

Así que así sería. Mis únicos sostenes serían las personas produciendo el programa. Me caían bien las personas de Glow in the Dark, y también a Bonnie y a Ramey y Adora. Así que Dana Calderwood, Shirley Abraham y Charles Nordlander se volvieron los primeros tres miembros del grupo de producción de *Crossing Over with John Edward y* No Co-Presentador.

Después de eso, los nuevos productores se fueron a una farra de reclutar. La primera persona que Dana llamó fue un productor con quien él había trabajado en un programa llamado *Fox After Breakfast.* El nombre del hombre era Paul Shavelson, y Dana dijo que él era increíblemente inteligente, creativo y gracioso. Su nombre me sonaba conocido, pero no lo podía recordar. Dana dijo que *Fox After Breakfast* no duró mucho tiempo, pero fue después precedido por una versión en cable llamada *Breakfast Time,* un programa alocado y de forma libre—el completo opuesto de *Today* y de los otros programas matutinos de las otras compañías—que había recibido un gran alboroto y publicidad positiva durante los cuatro años que Paul lo produjo. Dana dijo que Paul sería la persona perfecta para ayudar a concebir *Crossing Over.* Si lo podíamos obtener. Aparentemente él era otro quien estaba contento de estar libre del trabajo pesado de un programa diario y estaba disfrutando de la vida de trabajo independiente. Él había movido a su familia a una gran casa con vista al agua en Long Island después de haber sido despedido del programa matutino de Fox por usar unos títeres para remedar a sus jefes, y él tenía un gran lugar arreglado para trabajar en su cambiado establo. Él no figuraba tener ninguna prisa para firmar para otra ronda de días de trabajo de catorce horas o más y viajar a la ciudad.

Dana llamó a Paul y le preguntó si estaba interesado en trabajar en un programa con un hombre que hablaba con gente muerta, un hombre de nombre John Edward. "Eso es extraño", Paul le dijo. "Yo estaba viajando por tren con un amigo mío hace unas semanas, y él me contó acerca de este hombre. Él vio un documentario en HBO y me estaba diciendo acerca de él".

Paul tenía aun más experiencia con temas espirituales que Dana, aunque el había sido casado por un capitán de una barca de pasaje, no un comunicador de espíritus. Aunque él estaba interesado en el tema, él tenía que tratar con un construido prejuicio contra la gente que hizo una carrera por ser psíquico. "Yo pensé que gente muy espiritual lo internaliza", Paul me ha dicho desde ese entonces. "Ellos realmente no predican, y definitivamente no hacen dinero con ello. Es casi como si un 'profesional psíquico' fuera una contradicción. Tú eres psíquico—tú no necesitas dinero".

Paul no estaba muy sobre del tema que no quiso que Dana le enviara el piloto. Pero cuando él lo miró, estaba escéptico de que *Crossing Over* pudiera ser un programa creíble de televisión. "Estoy fascinado con John y me gustaría conocerlo y ver lo que está en su cabeza", él le dijo a Dana. "Pero yo no veo esto como un programa de televisión. No parece real para mí. Es casi parecido como uno de magia. Como que tú casi pudieras desaparecer a John y colocar a David Copperfield. Y sería como en el teatro. Tú irías y mirarías un gran programa de magia. Ese es el problema que yo siempre he tenido con producir magia en televisión. ¿Quién lo va a creer? Todos sabemos que la magia es una ilusión y puedes asumir que en la televisión tú puedes hacer cualquier cosa que quieras. Si me das el suficiente dinero, yo puedo hacer que mi casa flote. Puedo levitar cualquier cosa. Así que, aunque sea tan fascinante el tema para mi, yo no sé si este será un vehículo para la televisión.

Dana debió de haber pensado que Paul le estaba dando un gran y resonante no gracias. Pero lo que él realmente estaba diciendo era de que había solamente una manera de hacer que esta idea funcionara. Y eso era encontrar una manera para que los televidentes sacaran algo de esa experiencia de mirar atravesar a los familiares difuntos de otras personas. Como Paul más tarde lo puso: "¿Cómo podemos crecer de esa experiencia de conocer que sus almas todavía son parte de nuestras vidas? ¿Cómo nos podemos conectar?" Paul dijo que a él le gustaría por lo menos ver si esto se podía hacer.

Dana estaba esperanzado que Paul dijera eso. Lo que pensó que necesitaba este proyecto era mucho y cuidadoso pensamiento de un grupo de gente inteligente con integridad y un fuerte entendimiento en el tema. Y rapidez. Muchas decisiones tenían que ser hechas rápidamente. "Hay algo aquí", Dana dijo.

"Bueno, la única manera de realmente ver lo que es, es verlo a él trabajar en vivo", Paul dijo.

No había tiempo de perder. Él tenía que venir a verme en mi próximo evento unos días más tarde, pero ello envolvería un poco de viaje. Paul y Dana tenían que ir a Barbados.

— CAPÍTULO 8 —

CRUZANDO AL MÁS ALLÁ

LLÁMAME MICHAEL

En mayo del 2000, tres de mis médiums favoritos—Shelley Peck y Suzane Northrop de Nueva York, y Robert Browne de Inglaterra—me acompañaron para un retiro en una de mis islas favoritas. Reuní cincuenta personas de todo el país y a unos pocos de tan lejos como Australia, para un evento de shorts-y-pies descalzos en Barbados. Resulto ser una de las experiencias más mágicas que yo he tenido.

Hicimos una serie de talleres psíquicos durante el día, dirigido por Sandy Anastasi, uno de mis primeros mentores, y su esposo, John Maerz. Y luego en la noche, dividimos los participantes en cuatro grupos—rojo, azul, verde y anaranjado—para lecturas por los cuatro médiums. Nos rotamos cada noche así para que cada grupo de cerca de doce personas fuera leído por cada médium durante la semana. Mi esperanza y meta era de que al final del retiro, cada persona recibiría por lo menos un mensaje de un familiar. Si yo no podía recibir algo, a lo mejor Suzane lo recibiría, y si Suzane no podía a lo mejor Shelley lo recibiría, y si Shelley no lo recibía, a lo mejor Robert lo recibiría.

Unas cosas fenomenales pasaron en esa semana—la primera siendo que mis colegas estuvieron de acuerdo en acompañarme. Era mucho trabajo para ellos, un gran compromiso de tiempo. Para los participantes, por mientras, fue una maravillosa y emocionalmente satisfactoria experiencia de acercamiento—ambos con sus seres queridos que habían fallecido y con uno al otro. En la primera noche, cada grupo estaba unido por un color, pero por la cuarta, ellos eran como una familia. Ellos podían reconocer los familiares de uno al otro cuando ellos atravesaban—*¿No, no, ese es tu tío, recuerda el vino con Shelley la otra noche?* La energía de esta gente fue fantástica, y el lugar perfecto.

Una de las personas que vino fue Terri Kaplowitz. Ella es la abuela de Mikey DiSabato, el niñito que se ahogó en la alberca de su familia en 1993 cuando el tenía tres años y medio. Mikey y su familia se han vuelto parte de mi vida en los años desde ese entonces. Él ha venido muchas veces durante las lecturas para sus padres, sus abuelos, y su tía. Y él se sentía lo suficientemente confortable para visitarme regularmente él solo. Muy independiente para alguien de tres años y medio. Pero por supuesto, los espíritus no tienen tres, o treinta, o ninguna edad. Ellos son almas sin edad. Haciendo los puntos finos de metafísicas a un lado, Mikey tenía un lugar especial en mi corazón, y también su familia. Él fue el Capítulo 20 de *One Last Time*. Lo llamé "Mikey y Yo". Ello hizo de su abuela una celebridad en el retiro. Todos conocían la historia y deseaban hablar con Terri.

"No puedo creer que tanta gente este enamorada de Mikey", ella dijo. Lo que ellos no conocían era el último capítulo. Ellos estaban ansiosos de escuchar acerca de él, y Terri estaba ansiosa de compartirlo con ellos.

En el verano de 1998, Terri había llamado desde su casa en Florida, diciendo que ella *realmente* necesitaba verme. A estas fechas yo sabía que eso significaba que ella quería comunicarse con Mikey, pero se estaba volviendo difícil hacer esto objetivamente porque lo conocía a él y a su familia tan bien. ¿Sin embargo, como podría decirle que no a Terri? Le dije que ella tenía suerte—Sandra y yo íbamos a ir a Florida en una semanas. Le pedí que me llamara la noche que yo iba a llegar ahí, y arreglaríamos una hora para reunirnos. Pero la noche que se suponía que iba a estar en Florida, llamé a Terri y le dije que había perdido mi vuelo y llegaría un día tarde. Lo que no le dije fue la razón por la que perdí mi vuelo y porque yo iba a ir la siguiente mañana. Sandra y yo habíamos tenido un pequeño, oh, desacuerdo, y le dije que se fuera a Florida sin mí. Solo esa noche en mi oficina, una foto de Mikey se cayó. Escuché una vocecita, "¿Qué tal con mi abuela?" Bueno, Mikey. Voy a hacer un trato contigo. Si Sandra me llama en la siguiente media hora, iré. Sin ser sorpresa: El teléfono sonó y Sandra dijo, "John, ven".

Viaje a Florida la siguiente mañana y arreglé ver a Terri en su apartamento esa tarde. En camino de mi hotel, empecé a tratar de conectarme con Mikey. Le dije que él había venido para su familia muchas veces, pero que necesitaba que viniera diferentemente esta vez. Necesitaba validación de que puedo confiar en orden para yo hacer lo correcto para su abuela. Cuando arribe a la casa de Terri, salude a su hija Donna y al esposo de Donna, quien estaban visitando del norte. Busqué a Artie, el abuelo de Mikey, pero figuré que él estaba fuera jugando golf.

Platicamos por cerca de una hora, luego rompí con las formalidades y atente una lectura. Él atravesó, pero él no vino hacia el frente como yo esperaba que lo hiciera. Realmente, él se hizo para atrás y me enseño su mano agarrada de la mano de una figura masculina *sobre* de él. El hombre más viejo tenía puesto un uniforme militar. Y luego me di cuenta el por qué no había visto a Artie cuando llegué. Mikey estaba trayendo a su abuelo—el esposo de Terri. "Terri, esto no puede ser", yo dije sabiendo que lo era. "Mikey me está diciendo que tú perdiste a tu esposo, y él te lo está trayendo".

"Sí", ella dijo tristemente. "Artie murió el mes pasado".

"Terri, lo siento mucho".

Por un momento no estábamos en una lectura. Terri me dijo que su esposo había muerto en el campo de golf. "Él se quedo dormido en un carrito de golf y nunca despertó", ella dijo. Ella no tuvo la oportunidad de decirle adiós, así que me llamó después del funeral. Sally, la hija de Terri y mamá de Mikey, pensó que ella debería de haberme dicho que su esposo había muerto.

"Si tú no le dices, él va a pensar que lo estás poniendo a prueba", Sally le había dicho a su madre. Terri no estaba de acuerdo con eso: "Yo creo que John prefería no saber. Si le digo y papá viene, John se va a sentir como que él ya sabía". Le dije a Terri que estaba en lo correcto. Ella me había dado algo limpio con que trabajar. Mi mente lógica me dijo que Artie estaba fuera jugando golf. Mi mente psíquica confió en Mikey.

Artie Kaplowitz era un veterano de la Guerra de Korea que estaba extremadamente orgulloso de su carrera militar pero era muy reservado acerca de ello. Él había sido premiado por el Congreso con una Medalla de Honor pero nunca le dijo a nadie, ni a su esposa, exactamente como se la ganó. Todo lo que Terri sabía era de que perdió a la mayoría de su compañía. La primera vez que les leí, algunos de su amigos de la armada atravesaron, caminando en un campo de batalla. Artie nunca quería hablar acerca de los detalles de la guerra, Terri me dijo más tarde, pero fue el periodo más inolvidable de su vida. Así que tenía perfecto sentido para ella que él se apareciera unas semanas después de su muerte usando su uniforme pero sin decir nada más acerca de ello.

La primera cosa que Artie quería que ella supiera, no sorprendidamente, era de que él estaba con Mikey. Eso, por supuesto, era lo que Terri deseaba escuchar. Ella estaba tan contenta de que Donna estuviera ahí para escucharlo, y no podía esperarse para llamar a Sally y decírselo. Sally me había dicho años antes que una de las cosas que le molestaba más era el temor que su niñito estaba todo solo en el otro lado, con nadie que lo cuidara. Mi sentimiento siempre fue de que Mikey estaba muy bien, y de hecho él estaba cuidando a otros. Yo recuerdo que en 1995, Mikey me dijo durante una lectura con su tía que él iba a estar ocupado por un tiempo, "iba a ir a la escuela a ayudar a niños a cruzar al más allá". Acerca de unas tres semanas más tarde, el edificio de oficinas federales en Oklahoma City había tenido una explosión. Aun, no importaba que tan bien Mikey haya hecho la transición, el hecho de que él estaba con su abuelo daría a todos en la familia algo de conforte acerca de la muerte súbita de Artie.

"¿Tú sabes por qué me senté aquí a platicar contigo por una hora?" le pregunté a Terri. "Yo sé que siempre quieres escuchar de Mikey. En camino aquí, yo estaba tratando de recibir la energía de Mikey, pero no pude. Seguí tratando, pero no estaba pasando. Eso es porque Artie tenía que atravesar", estoy seguro que Mikey se estaba haciendo a un lado para dejar que su abuelo atravesara su mensaje.

Sabiendo que tan importante la validación es, Artie ofreció a Terri suficiente de ella. "Él me está diciendo que dijiste que ibas a salirte de aquí si algo le pasaba a él. Pero él dice que debes de permanecer aquí". Dios mío, Terri dijo. Acababa de repetir palabra-por-palabra una conversación que ella tuvo consigo misma—y no había compartido con Artie—unos días antes de que él muriera.

"¿Tú sabes como algunas veces tú recibes presentimientos, avisos?" Terri dijo. "El miércoles antes de que él muriera, camine hacia el closet, y dos veces una imagen apareció en mi cabeza, de mí sacando su ropa. Yo dije, 'Artie, si algo te pasa, yo me voy de aquí'".

Cuando Terri contó la historia en el retiro. Ella habló de que tan feliz ella estaba de que su esposo y nieto estuvieran juntos. "Él está tan feliz de tener a su abuelo con él", Terri dijo. "Yo siempre te agradezco, John, por mantener a Mikey vivo. Y ahora ambos están conmigo". Cuando leí el grupo de Terri, Mikey atravesó para decir que él estaría en una próxima celebración. Terri dijo que su hija y yerno estaban planeando una fiesta de Dulces 16 años para la hermana grande de Mikey, Cara. Mikey dijo que él iba a venir con su abuelo.

La aparición de Mikey en la isla fue la primera vez después de un tiempo sin escuchar de él. Él siempre había atravesado como alguien que quería crecer y completar cosas y hacer su trabajo—por ejemplo, ayudando a niños a cruzar al más allá. Así que no me sorprendía cuando vino durante mi lectura con el grupo de Terri y dijo que él ahora quería que se le llamara Michael. Era su manera de decir que él iba a seguir adelante.

"Me siento como que estoy perdiendo a mi niñito". Le dije a Terri.

"John", ella dijo, "Yo absolutamente me siento de la misma manera", Ambos teníamos lágrimas en nuestros ojos. "Yo creo que ellos permanecen contigo más bien en tus tiempos más vulnerables", Terri dijo. "Yo no sé si tú realmente algún día eres el mismo, pero pienso que ellos dicen, 'Ellos están bien ahora. Ellos están funcionando. Así que ahora puedo seguir adelante y hacer mis otros trabajos'. No de que ellos salen de tu vida por completo".

No, no lo hacen. Escuché más tarde que Donna, la tía de Mikey—perdón *Michael*—había ido para una lectura con John Holland, un buen conocido médium en Massachussets. Algún tiempo más tarde, el médium escuchó la voz de un niñito diciendo, "Dile a mi mamita que me encanta su pelo". Él fue a su libro de citas y escogió el nombre de Donna y la llamó. "Yo creo que este mensaje es para ti", el dijo. Y de seguro, cuando Donna llamó a su hermana, Sally le dijo que ella tenía un nuevo estilo de pelo y estaba enojada porque ni su esposo ni su hija lo habían comentado.

La historia de Mikey fue tan poderosa que inspiro una canción. Fue escrita por Annie Haslam, la anterior cantante de Renaissance que Rick Korn invito al beneficio del Año del Hambre Mundial en el Town Hall y convenció para que saliera en el escenario a cantar acerca de ángeles. Después de que nos conocimos esa noche en noviembre de 1998, Annie se llevó a casa una copia del libro recién salido *One Last Time*. Annie se estaba recuperando del cáncer en los senos en ese tiempo y llevo el libro a una cita con su oncólogo. Sentada en la sala de espera, ella leyó el capítulo acerca de Mikey—y escribió una canción acerca de él, la cual ella más después grabó. "Esta canción es acerca de lazo entre una madre y su niño y la prueba de que realmente no hay barreras para el amor, el cual siempre existirá entre los dos", Annie escribió en las líneas de notas de su CD, *The Dawn of Ananda*, un álbum de canciones acerca de ángeles. "Mientras estaba cantando esta canción sentí la presencia de Mikey, lo cual yo creo que vas a escuchar . . ."

Era una hermosa y comunicativa canción llamada "Precioso":

Manifestándose mientras se aclara la tempestad, una mujer quedó más sabia
Alguien parado por la puerta, el recuerdo de un niño
Se siente como muchos años ahora, el aroma que no se aleja
Es realmente no tanto tiempo, no obstante, una concha vacía, ningún lugar
*   donde jugar*

Precioso, tú no puedes tocar a los que amas ahora
Precioso, tú tratas de hacerles ver . . .

Ella sabe que él está esperando ahí, siempre adornará su sueño
Sus preguntas todas contestadas ahora, ningún temor a permanecido dentro
La tranquilidad regresa un perfecto regalo de vida
Precioso, tus manitas son puras alitas blancas ahora
Precioso, tu voz por fin se escucha.

Yo siempre he considerado las líricas de canciones un gran vehículo de comunicación entre el mundo espíritu y el físico. Tan seguido, los espíritus las usan para dar pensamientos y emociones más elocuentemente que nosotros los médiums posiblemente lo podamos hacer, algunas veces usándolas como una poderosa posdata—la de Roger "Besa y Di Adiós" para Nicole siendo el ejemplo más intenso que he experimentado. Es como la diferencia entre el código Morse y T. S. Eliot. Lo encontré tremendamente premiador el conocer que los espíritus que han atravesado por medio de mí no sólo están usando la música: ellos la están inspirando.

En la última noche del retiro, tuvimos lo que yo llamo un "círculo de sanamiento". Todos se unieron y hablaron acerca de sus experiencias durante la semana y lo que ellos habían aprendido de ellas. Nos reímos y lloramos, un final muy terapéutico a una semana afectadora. Y luego hice algo que no había intentado hacer. Antes de ir a Barbados, había pensado acerca de traer una cierta canción de Celine Dion para tocar al final del retiro. Pero decidí que sería muy emocional. Para mí, de todas maneras.

La canción es una que asocié con un amigo mío que había muerto unos ocho meses antes. Clyde Corday tenía 62 años cuando murió y él había estado con su compañero, Patrick, por treinta años. Clyde era verdaderamente una persona con mucha compasión, graciosa, con una asombrosa energía. Tú no podrías de nada más que sólo amarlo. Hasta que él se enfermó, él se miraba muy joven—él me recordaba al actor Nathan Lane.

Sandra y yo conocimos a Clyde a través de un amigo cuando necesitábamos a alguien que redecorara nuestra casa. Pero fue la madre de Clyde quien no unió como amigos. Estábamos en el piso de abajo, hablando acerca de convertir el sótano en mi espacio de oficina, cuando la madre de Clyde decidió "venir". Ella fue muy rápida, muy poderosa— otra lectura de ataque sorpresa.

Esto es todo lo que necesitas saber acerca de Clyde: En la cima de mi abatimiento en 1999, después de que viaje de regreso a casa desde Dallas con mi cola entre mis patas, entre a mi casa para encontrar a Clyde y a Patrick con una cena que ellos habían preparado para Sandra y para mí, completa con música acogedora y luz de velas. Cuando entré, Clyde dijo, "Yo sé que te sientes como que lo que estás haciendo no está siendo recibido bien. Pero necesitaba venir y hacer esto para ti y decirte que tú eres amado, tú estás haciendo la cosa correcta, y estás ayudando a mucha gente. Mírame a mí. Yo no creía en lo que tú haces. Yo pensé que esto era un montón de tarugadas. Y luego después de ese día en el sótano, no tuve otra cosa que escoger pero creer en lo que tú haces. Me tomó un par de semanas para recuperarme de esa experiencia, pero estoy de regreso, y en cualquier momento que ella deseé atravesar otra vez, yo estoy listo para eso".

Unos meses después, yo acababa de llegar a casa de otro viaje cuando escuché que Clyde había sido diagnosticado con cáncer terminal. Me fui derecho al hospital. No lo había visto por un tiempo. Él se miraba viejo. Él abrió sus ojos y me miró.

"Oye, Clyde", yo dije, aun parado cerca de la puerta

"¿Quién eres tú?" el pregunto. Mi corazón se derrumbó.

"Clyde, soy John".

"¿John? ¿John Edward?"

"Sí, John Edward".

"Fregado".

"¿Qué es lo que pasa, Clyde?"

"¿Crucé ya?"

"No, Clyde".

"Que bien. Figure que tú serías la única persona con la que todavía podría hablar si hubiera cruzado".

Nos reímos de eso, y me le acerqué y tome su mano. Le pregunté como estaba. Él me miró y movió su cabeza. Él me preguntó acerca de Sandra y acerca de mi asistente, Carol, y sus niños. Todos ellos están bien, le dije. ¿Y cómo está el Rey León? El preguntó. Llamo a mi amiga Joanne "El Rey del Bosque". Clyde nunca se acordaba y siempre la llamaba el Rey León. Él quería que saludara a todos de parte de él. Luego dijo que estaba cansado y quería descansar sus ojos.

"Creo que me estoy yendo, John", él dijo.

Manejando hacia la casa desde el hospital, puse el CD nuevo de Celine Dion, *All the Way*. Cerca del final, había una canción llamada "Vive", una canción acerca de una hermosa noche de estrellas, "no una noche para morir", y el deseo de querer vivir por quien tú amas, amando como nadie nunca ha amado antes.

Manejé hacia la casa llorando. Al escuchar estas palabras después de decirle adiós a mi moribundo amigo sólo me destruyó. *Vive tu vida lo mejor que puedas, y ama como tú nunca has amado antes.* Clyde murió poco tiempo después. En ese tiempo, yo estaba empezando a escribir una novela corta llamada *¿Qué Tal Si Dios Fuera el Sol?*. Había solamente un pasaje que no era ficción en el libro. Era acerca del servicio memorial de Clyde.

Empacando para el retiro ocho meses más tarde, pensé en terminar el círculo de sanamiento con la canción de Celine Dion, pero no pensé que lo podría hacer. Deje el CD en la casa. Una mañana caminé hacia la casa que mi tío Joey estaba rentando para la semana del retiro. Estaba afuera junto al edificio del hotel, y decidí acostarme en el sol junto a la alberca. Él puso una cinta que él había hecho, y la canción salió. "¿Johnny, estás escuchando a esta canción?" Joey dijo. Yo no podía hablar. "¿Johnny, estás escuchando a esta canción? ¡Johnny! Tú necesitas tocar esta canción al final de tu cosa". Él no conocía la historia atrás de la canción—no sabía que yo había contemplado traerla sólo para esa razón.

"Deseo terminar esta noche de una manera especial", anuncié cuando el círculo de sanamiento y el retiro se acercaba al final de esa semana. "Deseo prepararlos, porque creo que va a ser extremadamente emocional. Pero no puedo pensar en ninguna manera mejor para terminar lo que todos hemos completado aquí en esta semana". Le baje a las luces, y todos nos sentamos en un circulo, todos sintiendo una conexión con la gente quien eran extraños unos seis días antes. Ellos entendieron los lazos que habían perdido por medio de la muerte y la reunión que ellos sintieron en esa semana fue mágica. Empecé el círculo preguntando a cada persona que hiciera un reconocimiento de esos quienes habían cruzado al más allá y yo podía sentir el sentimiento elevarse en el cuarto. Cuando fue mi turno, yo dije, "Esto es en honor de mi amigo Clyde". Pare y trate de sacar las palabras. "Yo sé que él nos está mirando. Y el resto de nuestras familias y amigos con quienes todos nosotros hemos hablado en esta semana están aquí mirándonos".

Yo empecé la canción, y resonaba un eco fuerte desde las paredes, todos en el cuarto empezaron a llorar, de a uno por uno. Había una mujer, una señora hermosa quien siempre estaba riendo y sonriendo. Su hijo cometió suicidio. Ella se puso temblorosa, y todos a su alrededor se acercaron y la abrazaron. Había dos mujeres jóvenes, Kathy y Andrea, ambas del norte de Nueva York. Una había perdido a su esposo y la otra a su novio. En lecturas separadas, los hombres que ellas habían perdido vinieron, pero para la compañera de la otra. Ellas no se conocían, pero esto las unió. Mientras la canción tocaba, Kathy empezó a llorar muy fuerte y Andrea corrió atravesando el círculo y arrojo sus brazos a su alrededor.

Cuando había terminado esto, yo sabía que iba a hacer de los retiros en Estados Unidos y en el extranjero una parte de mi vida, en los próximos años. Pero sabía que esta primera experiencia fue tan perfecta que siempre será muy especial para todos nosotros en ambos lados, este y el otro.

EL TALENTO

LOS INVITADOS DE ÚLTIMA HORA habían llegado en el retiro a media semana. Dana Calderwood vino con Paul Shavelson, el productor que él y sus socios de Producciones Brilla en lo Oscuro estaban tratando de incluir en *Crossing Over*. Bonnie Hammer quería que grabáramos nuestros primeros programas en seis semanas—básicamente una carrera de campo—y Dana estaba esperanzado de que cuarenta y ocho horas en el paraíso presentaría a Paul con la evidencia que él necesitaba para traerlo adentro del pliegue. Por mientras, Dana había traído una cámara digital de video portátil con ellos para grabar algunas lecturas para el programa.

De regreso en Nueva York, Dana y su socia, Shirley Abraham, estaban a estas fechas muy metidos en creando el programa. Ellos encontraron un estudio, hicieron que diseñaran un escenario, y estaban en el proceso de formar la base fuerte del grupo de empleados del programa, reclutando a los productores quienes harían el trabajo de día a día sacando segmentos que honestamente reflectarían quince minutos de lecturas en menos de cinco minutos de cinta. Este no era tu programa de televisión regular, así que para Shirley y Dana, empleando a estos productores no era tan simple como el coleccionar los historiales de trabajo o llamando a gente con quien ellos habían trabajado antes. La gente que trabajaría en *Crossing Over* tenía que ser considerada no sólo por su trabajo en la televisión, pero también por sus actitudes cósmicas. Ellos no tenían que estar en el 20 por ciento que son Creyentes Verdaderos. Pero tampoco ellos podían estar en el 20 por ciento de la otra orilla de la báscula. Mi regla usual permaneció igual: Escépticos están bien; cínicos no necesitan aplicar.

Por supuesto, Paul iba a venir a Barbados con una maleta llena de escepticismo, que no tenía nada que ver con la creencia en una conciente vida después de la muerte. Él estaba ahí por eso. De lo que él no estaba convencido era la viabilidad de un programa de televisión acerca de ese tema y presentado por un psíquico médium. Pero había sido sólo ese conflicto lo que lo puso en el avión. Él creía en el tema. Él estaba interesado en mí. Y quería ver si había una manera de hacer que este matrimonio funcionara.

Paul encontró el reto irresistible, de hecho, él estaba ignorando a CBS sólo para darnos una revisada. Ellos lo querían para el nuevo programa llamado *Big Brother*. Alguien de la red encontró a Paul en el Caribe y le preguntó que estaba haciendo él ahí. "Ya les dije", él contestó. "Estoy observando al psíquico". ¿De verdad? Dijo el hombre. Él pensó que yo sólo les había dicho eso como una jugada para sacarles más dinero", Paul me dijo más tarde. "Ellos no podían creer que yo iba a hacer un programa psíquico en el Sci Fi en lugar de trabajar para una espectacular red grande. Ellos realmente no lo podían creer". Paul y yo compartimos la creencia de la manera que el universo trabaja. Cuando la gente me pregunta que libros ellos deben de leer acerca de la comunicación de espíritu y la vida después de la muerte, yo siempre les digo que sólo vayan a la librería—los libros correctos los encontraran a ellos. Paul se sentía de esa manera acerca de los proyectos. Los correctos tenían una manera de encontrarlo a él. Y ellos no eran usualmente los obvios.

Paul me miró leerle a un grupo la noche que llegó, y él estaba asombrado de que tan directas las lecturas eran. "Es como si tú sólo fueras un hombre dando direcciones a alguien—dale vuelta a la izquierda, dale vuelta a la derecha—sólo sencillamente demostrándoles un mapa", él me dijo. "Esto no es mambo yambo". Yo no tuve mucho tiempo para poder hablar con Paul y Dana durante el retiro y cambia de opinión acerca de permitirles grabar las lecturas en la noche. Se sentía demasiado como una invasión. A Paul no le importaba. Él quería verme en acción e igualmente de importante, él quería ver como afectaban las lecturas a la gente. Para él, ellos representaban el corazón de la audiencia de *Crossing Over*. Él jaló a un lado a muchos de ellos y con Dana grabando con la cámara digital, habló con ellos acerca de sus lecturas, tratando de entender que era lo que estaba pasando entre nosotros y si él iba a poder discernir de eso la esencia del programa. "¿Qué diferencia tuvo para ti que John sabía el nombre de tu padre—por qué fue eso importante?" Paul le preguntó a alguien. "No fue tan importante que él sabía su nombre", se le contestó. "Fue el hecho que sabía que acostumbrábamos a ir de compras a John's Bargain Stores y que él amaba el clams casino. Significa que existe esta presencia. No estoy separada de él a lo frío. Él todavía es parte de mi vida, mi crecimiento y mi jornada".

Paul escuchó historia tras historia como esta—como si este fuera un grupo de gran enfoque—y al final de la primera noche, él sabía que iba a hacer el programa. Él dice que entró a esto escéptico, pero yo no lo vi de esa manera. En nuestras primeras juntas en Nueva York, él habló intensamente acerca de hacer el programa basado en la clase de personas que él y Dana habían conocido en el retiro. A él le gustó la manera que hice mi trabajo y entregué la información, pero pensó que eran *sus* historias—y lo que los televidentes podían recibir de ellas—lo que iba hacer del programa un éxito. "Las lecturas son el vehículo y tienen que ser demostradas tan genuinas y ligeras como sea posible, pero todo tiene que ser con la mira de conectar a los televidentes con los espíritus en sus *propias* vidas", Paul dijo. "El enseñarte haciendo solamente declaraciones psíquicas a las que estas personas reaccionarían no es suficiente. Estoy más interesado en el tema de una conciencia continua y como usar los talentos de un psíquico médium para tratar con la pena y hacer de tu experiencia aquí en esta vida más rica".

Pensando acerca de la conexión única que este programa pudiera tener con sus televidentes—y como la gente en el estudio pudiera ser vistos como sus subrogados—se le ocurrió a Paul que llamándoles a ellos una "audiencia" no les hacia justicia a sus papeles. Él tenía una idea. Vamos a llamarle la "galería", él sugirió. "Cada persona que tú le leas será un cuadro en la galería". A todos les encantó la idea.

Paul estaba en una marcha sin parar. Los únicos obstáculos para él ahora eran sus otros clientes. Él estaba en Nueva York ayudando a crear un programa acerca de gente conectándose con sus seres queridos, quienes de casualidad estaban muertos, cuando él se suponía que debería estar en California haciendo especiales para el canal de TV Guide acerca de celebridades que todavía estaban bien vivas. Paul es el tipo de persona a quien le encanta estar completamente consumado por un proyecto y luego quejarse acerca de que tan abrumado él está.

Una noche después de una junta, le ofrecí llevarlo en mi carro a su casa en Long Island y terminamos sentados en el FDR Drive por dos horas esperando que se aclarara un carro en llamas. Fue el primer tiempo de calidad que había tenido con Paul, y lo usamos, naturalmente, hablando acerca del programa. Era el comienzo de lo que se convirtió en viajes regulares de ida y venida de la ciudad, durante los cuales pudimos conocer los antecedentes y motivaciones de cada uno y descubrimos que compartimos el mismo irreverente sentido del humor. Empecé a sentir que la energía de Paul era como el maná del paraíso. Paul tenía razón: Él era perfecto para el programa. No sólo era que su visión era la misma que la mía. Era de que él ayudo a clarificar cual *era* mi visión, y como podríamos llevarla a la pantalla. Amo a la ironía del corto rechazo que Paul me dio dos años antes cuando le llamé tratando de salir en su programa de *Fox After Breakfast*. "Tú me ignoraste", le dije bromeando. Él negó que había hablado conmigo— esa era su historia, y no la iba a cambiar.

Durante uno de nuestros viajes en carro, recibí información del por qué Paul parecía tener un sentimiento tan profundo para este programa. Cinco años antes, él había pasado por la devastadora perdida de su padre, Marty. Paul adoraba a su padre y aún después de que murió, él sintió su presencia en su vida todos los días. "Él era un farmacéutico", Paul dijo un día durante una conversación para este libro. "Y él totalmente había tenido un propósito para esta vida. Él creció arriba de la farmacia de su padre, y abría la tienda a la siete en punto de la mañana y la cerraba a las diez de la noche. Él era una hermosa persona. Cuando llegue a mis años treintas y cuarentas, no pasamos mucho tiempo juntos, pero estábamos conectados diariamente. Hablábamos por teléfono dos o tres veces a la semana y su energía y espíritu estaban conmigo. Y realmente no cambio eso después que murió. Por supuesto que pase por la pena. Pero cuando pienso acerca de él, todavía me inspiro de él, y todavía siento su amor y su compromiso hacia mí. Así que cuando estaba pensando acerca de lo que era el programa, yo tenía una experiencia muy personal de donde sacar información".

En televisión, cualquiera que este enfrente de una cámara es conocido como "el talento". Paul reconoció rápido que mientras era un talento no usual lo que me trajo aquí, yo no estaba para ser confundido como un entretenedor. Yo no estaba haciendo esto por el dinero y de seguro que no lo estaba haciendo por la fama. Tan cursi como ello suene, lo estaba haciendo para llegar a la gente, muchos más de los que yo podría alcanzar haciendo lo que ya estaba haciendo. Por supuesto que deseaba que muchas personas miraran el programa, pero lo que me concernía más eran las vidas que el programa tocaría. En una de las primeras juntas, yo les presenté a todos mi frase favorita: "Honra el proceso". Yo esperaba ser el principio de guianza del programa. Sin importar las presiones que ellos sintieran de las compañías o de dentro de ellos mismos, no importaba cuales fueran los números, ellos tenían que resistir cualquier instinto de televisión que ellos tuvieran para hacer cualquier cosa chueca o explotadora. "A ti realmente no te importa nada acerca de la televisión", Paul dijo en el carro un día, como si yo fuera un miembro de una especie que él nunca se había encontrado antes. "Esa es la razón por la cual va a funcionar".

Con la llegada de Paul, Ramey y Adora se sintieron listas para cortar el cordón. "Era como una adopción abierta", Adora dijo, "donde todos solo nos sentamos en un circulo y dijimos, esta bien, este bebé es tuyo ahora. Llámanos, mantente en comunicación, dinos que es lo que podemos hacer por ti".

Él bebé necesitaba un techo sobre su cabeza. Shirley encontró un estudio disponible en el Lado Oeste de Manhattan, un viejo teatro convertido en estudio, en la esquina de la Novena Avenida y Calle 55 que una vez fue el hogar de *Sesame Street*. No era lujoso, pero parecía de cierta manera quedar como molde porque era un lugar viejo con historia. No me sorprendería si los fantasmas de actores y actrices de los años veintes empezaran a atravesar. Mi vestidor tenía uno de esos espejos de estrellas con luces alrededor y una silla de peluquero adonde Maddy la artista de maquillaje usaría Preparation H para esconder las líneas de mi cara que de seguro saldrían después de grabar por tres días sin parar. El vestidor estaba en el piso de arriba. Si tú ibas al otro lado del pasillo y a través de una puerta, tú te encontrarías en lo oscuro, mirando hacia abajo al escenario con una área ancha y abierta llena con equipo de luces y cámaras sin uso. Toma unos pocos segundos para que te des cuenta que estás parado en el balcón del viejo teatro.

Shirley y Dana rentaron un piso de espacio de oficinas a una cuadra. La primera vez que fui a la oficina, mire a mi alrededor y me di cuenta que estaba viendo una compañía completa de gente en oficinas y cubículos, todos en los teléfonos o en computadoras o en pequeñas juntas, alistándose para ayudarme a poner el trabajo allá fuera. Este era mi sueño: el enseñar acerca de la comunicación de espíritu en una grande escala. Y ahora era una realidad. Por lo menos por unas trece semanas.

El trabajo principal de Dana en estos meses era el de crear el estilo del programa. Él sabía que no se podía arreglar como un programa de entrevistas tradicional. Aplicando el concepto de Paul de una galería, su primer idea fue el de tomar prestado un estilo que él recordaba de una función de Broadway titulado *Candide*. Tenía pequeños paquetes de audiencias dentro y alrededor del escenario. Para *Crossing Over*, él tenía en mente un escenario asimétrico con escaleras y diferentes plataformas sosteniendo a los miembros de la galería. La idea era de que yo iría de lugar a lugar cuando las energías me jalaran de una área a otra. Pero los diseñadores de las luces y el escenario le cambiaron la idea a Dana, diciendo que sería casi imposible el grabar, con todas esas formas diferentes de luces y ángulos de cámara. Eventualmente, él se decidió por un disco iluminado como mi escenario—inspirado por el escenario donde él trabajó en Nickelodeon *Double Dare*—y los miembros de la galería estarían sentados en un semicírculo en tres o cuatro hileras de una clase de bancas acolchonadas.

Dana hizo que hicieran un modelo del escenario y trajo unas fotos Polaroid de él cuando vino a Barbados con Paul. Nos sentamos junto a la alberca en trajes de baño y mientras miraba las fotografías, mirándolas vagamente y sin decir nada. Dana tomo mi falta de reacción que significaba que yo odiaba el diseño y que él tenía que empezar de nuevo, un pensamiento temeroso a estas etapas. Pero lo que él actualmente estaba viendo era mi gran asombro. La primera cosa que note fue de que todo alrededor del escenario estaban unas telas grandes de nylon estiradas en formas irregulares. Estas blancas "velas" serían el fondo, y las dos más grandes, de enfrente y el centro, servirían como pantallas para proyectar los primeros segundos de pedazos grabados como cortos. Cuando hago una lectura, me enfocó en algo en blanco—una pared, un piso—así que cuando veo imágenes rápidas de información, ellas no están sobrepuestas en una imagen ocupada. Es como el mirarlas en una pantalla de cine. El escenario que Dana había diseñado tenía esto por todo el estudio. No importaba a donde mirara, yo veía a estas velas limpias y blancas. Pero yo no le había hablado del diseño del escenario—ni siquiera habíamos tenido una conversación—así que él no tenía idea que con la que él salió llenaba mi única necesidad. Le dije a Dana que no sólo me gustaba el escenario, yo pensaba que era perfecto.

El programa sería hecho de tres elementos básicos. Las lecturas en la galería serían lo principal. Luego habría lecturas privadas de persona a persona que serían grabadas en el escenario pero sin una audiencia. Algunas de estas serían con celebridades. Y luego los productores harían lo que ellos estaban llamando "post-análisis", cuando ellos llevarían a la gente que se les había leído a un cuarto separado y se les pediría que explicaran los mensajes que les llegaron, lo que tenía sentido y lo que no, y que hablaran acerca de sus seres queridos que habían atravesado y lo que significó la experiencia para ellos. Ellos serían enviados a casa con un prepagado sobre de FedEx® para que nos enviaran fotografías que pudiéramos usar en el segmento final. Dana salió con una manera creativa de mantener la cosa completa andando eficientemente. El post-análisis sería grabado en un evocativo blanco y negro, mientras que las cámaras principales estaban arriba grabando el segmento siguiente de la galería.

Había sólo una gran pregunta que quedaba. La pregunta del co-presentador.

Yo no era el único que creía que no debería de estar solo ahí afuera. Dana estaba de acuerdo conmigo que necesitaba una segunda banana, como él graciosamente lo puso. Aparentemente creyendo a fondo el tema de "Honra el proceso", él dijo que quería mantenerme alejado de "vender jabón". Él pensó que toda la cosa de televisión sería mala para mi credibilidad y la del programa. Paul también pensaba así. Él deseaba que alguien actuara como un ayudante—un "facilitador". Ellos no estaban pensando de un loco como Todd Pettengill. Más bien como una combinación de George Feneman, el hombre serio compañero de Groucho en *You Bet Your Life*, y el hombre que está afuera de la corte en *People's Court*. Y ellos estaban pensando que esta persona debería ser una mujer. Una de las ideas con las que él y Paul salieron fue el de tener al facilitador susurrando cosas como, "Regresaremos enseguida con más de estas lecturas", mientras yo continuaba hablando en la galería al fondo. Dana llamó a esto la idea del golf-anunciador. Salió de una discusión de cómo podríamos hacer que el programa se viera y fuera más auténtico como si estuvieras ahí, y menos empaquetado y editado. Haciendo el programa en vivo fue también considerado por unos segundos.

Facilitador, co-presentador—cualquier cosa que lo llamare, Bonnie Hammer estaba aun firmemente en contra de tener a alguien en el escenario conmigo. Ella les permitió a Paul y a Dana que entrevistaran a gente y aún grabar algunos programas pruebas con alguien haciendo la limpieza de casa. Pero al final, ella insistió, "Este es tu programa. No lo diluyas. Yo no quiero ayudantes, yo no quiero a alguien para que puedas enseñar tu buen humor. Tú eres lo suficiente gracioso, tú eres lo suficiente honesto y tu eres lo suficiente interesante".

Rogué para diferir. De verdad. Yo rogué. "Yo no soy un actor, Yo no soy un entretenedor", yo protesté. "Yo no voy a ser bueno en esto". Resistí hasta el último posible momento, saliendo con cada excusa imaginable hasta que ellos prácticamente tuvieron que arrojarme ahí afuera para hacerme leer las aperturas y los finales y cortos para nuestros programas de ensayos y pruebas. Charles Nordlander, el escritor del programa, trato de hacerlos fáciles y casuales, y Dana explicó el por qué tenía que hacerlo. "Tú tienes que tener por lo menos un momento para hacer la conexión con la audiencia", Dana dijo. "Tú no puedes solamente salir y empezar las lecturas". Pero yo no podía ver como el leer de un apuntador eléctrico haría una conexión con alguien.

Finalmente, llegamos a un acuerdo. "Tú no tienes que salir afuera y leer", Dana dijo. "Tú sólo tienes que hablarle a la galería, y capturaremos eso. Sólo sal ahí y explica lo que vas a hacer". Eso lo podía yo hacer. Yo he estado haciendo eso en mis discursos por años. Eventualmente, después de un montón de programas de ensayo, ellos me hicieron que introdujera segmentos grabados y diera el pensamiento final del programa sentado entre la galería y leyendo lo que Charles había escrito para mí en el apuntador electrónico. Charles estaba trabajando duro para capturar mi voz y hacer las introducciones naturales, y también yo estaba empezando a ver su valor. Las aperturas, los finales, las introducciones de segmentos que él escribió les dieron a las lecturas un contexto y a los programas más significado. Hubo algo de plática acerca de que si se debiera de enseñar la palabra "escritor" en los créditos que salían al final de cada programa. Para los productores, al igual que la compañía, la credibilidad del programa era la guía para cada decisión que virtualmente ellos hacían. Ellos querían evitar aún una leve implicación que el programa pudiera ser inventado. No se necesitaba un científico de naves espaciales para figurar que si el programa obtenía alguna atención, eso sería lo que los escépticos, reporteros, y televidentes estarían buscando. ¿Anotando a un "escritor" sugeriría una falta de espontaneidad, o aún que las lecturas eran ensayadas?

Era la clase de pregunta que los productores se dieron cuenta que podía salir una y otra vez y sólo hundiría el programa en el cinismo de otras personas. No había una razón para ocultar el hecho que los pocos segundos de material que obviamente no eran espontáneos—y los cuales no tenían nada que ver con la autenticidad de las lecturas—eran escritas por otra persona y no yo. Yo siempre he dicho que no defendería mi trabajo porque si lo hacia estaría admitiendo que necesitaba ser defendido. Lo mismo sería para el programa. Era inteligente el ser cuidadoso acerca de cómo las cosas se presentaban. Pero por mientras se hicieran correctamente, yo no tendría nada que defender.

— CAPÍTULO 9 —

LA CÁMARA
UNO SE ACERCA

¿QUÉ COSA *ES* ESTO?

En la mañana del 14 de junio del 2000, me paré en la oscuridad afuera de las telas blancas cubriendo el escenario del primer programa de televisión dedicado a la comunicación con los muertos. Mis ojos estaban fijos en Doug Fogal, el manejador del escenario. Él había sido manejador de escenario para el *The Lion King* en Broadway, entre muchas otras cosas y un par de meses antes él había recibido una llamada de su viejo amigo Dana Calderwood preguntándole si él quería trabajar en un programa de televisión con un psíquico. Por qué no, Doug dijo. Es un trabajo. *Tres . . . dos . . . uno. . . .*

Doug apunto hacia mí, y yo salí por primera vez ante una galería en vivo y con las cámaras grabando, sabiendo que algo de lo que iba a pasar encontraría su camino a las pantallas de televisión a través del país. *Crossing Over with John Edward* había sido lanzado y mi vida nunca sería la misma. Aún si el programa fuera un colosal fracaso, más gente me vería en una sola noche que en una vida de discursos.

Pude pasar por la apertura, y di la bienvenida a la primera galería oficial, y la extensión, los primeros cientos de miles de televidentes, o cualquier número que estaría viendo Sci Fi o parara en su camino a algo lagrimoso en Lifetime o dando vueltas a ruedas en el Game Show Channel. Froté mis manos, me enfoqué en la tela más allá de la última hilera, y calladamente di la bienvenida a la *otra* galería, la que realmente contaba.

Las primeras semanas me sentía como un niño pequeño andando en bicicleta con llantas a un lado para aprender y aún así cayéndome cada vez que daba la vuelta. Pero como Ramey dijo, estábamos comenzando en una oscuridad relativa—comparado a la sindicación que ella había tratado de obtener, estábamos prácticamente haciendo esto en privado—así que si había un tiempo para caerme, volverme a subir a la bicicleta, y encontrar mi balance, este era.

Yo no era el único tratando de encontrar mi camino—había un grupo entero de gente tratando de encontrar mi camino. Y el de ellos. Todos estábamos luchando para figurar como hacer un programa que era tan diferente a cualquier cosa que haya sido alguna vez atentado en la televisión y que la mayoría de las cincuenta y seis personas empleadas para producirlo no estaban ni siguera seguras de que se trataba esto. Si yo fuera tan psíquico que pudiera leer la mente de todos, esto es lo que hubiera escuchado en esas primeras semanas: *¿Es esto de verdad?* Eso es lo que muchos de ellos estaban preguntándose uno al otro en conversaciones privadas. Jim Scurty, un operador de cámara por treinta y un año, jaló a Dana a un lado y le preguntó por la verdad: "¿Es esto cierto, o es un truco?" Dana básicamente le dijo que todo lo que él tenía que hacer era mirar a través de su lente de cámara. Eventualmente, él vería la verdad por si mismo. Una poca de gente del grupo de empleados se preguntaba si ellos estaban participando en un engaño tan sofisticado que nadie quien trabajaba en el programa lo sabía. Un miembro del equipo llevo a la productora Allison Blecker a un lado y le preguntó rudamente, "¿Allison, es esto una testarudez?" ella dijo que no creía que lo era, pero ella realmente no lo sabía. Aún no.

Allison fue reclutada para trabajar en *Crossing Over* cuando ella era una productora en *The Aimsley Harriet Show*, "un programa de variedad de un chef cantante y bailarín", como ella lo describía, eso estaba terminando después de un año en NBC. Ella recibió una llamada de Paul Shavelson, con quien ella había trabajado en el programa de Fox Breakfast show. "¿Quieres trabajar en un programa extraño?" Paul le preguntó. Allison no hubiera esperado nada diferente de Paul.

"Está bien, mantén tu mente abierta", Paul dijo. "Es este hombre. Él habla con los muertos".

"Oh, que bien, Paul", Allison le dijo. "De un chef bailarín a un hombre que habla con los muertos".

Allison tenía dos razones para no querer trabajar en el programa, y sólo una a su favor. La buena era Paul. A ella le encantaba trabajar con él, como parecía que a todos les gustaba. El lado malo era de que ella tenía un grande, grande problema con la muerte—no quería pensar acerca de ella, y definitivamente no quería trabajar con ella—y dos, ella no creía que había un hombre quien hablara con los muertos. "No puedo pensar en un programa más deprimente en donde trabajar, que la gente todo el tiempo este diciendo, 'Mi hijo murió, mi hija murió'", Allison le dijo a Helen Tierney, su colega en el programa del chef bailarín, quien también había trabajado con Paul, y también recibió una llamada de él queriendo saber si ella quería trabajar en el programa del hombre-que-hablaba-con-la gente-muerta.

"Yo estaba totalmente escéptica", Allison recordó durante una conversación para este libro. "No cínica, porque quería de veras creerlo. Pero tenía tanto temor que yo iba a manipular a esta gente quien estaba sufriendo. Yo sabía que Paul nunca trabajaría en algo engañoso. Pero también venía yo de un lugar donde sólo no se creía en estas cosas. Yo vagamente pensé, *Oh caramba, sería tan asombroso si eso fuera posible. ¿Pero cual es el truco?* Tiene que haber un truco. Tiene que ser un truco o tenemos que entrar ahí para darle la información a él. Yo pensé que Paul estaba enredándose en algo que, tú sabes, lo descubriremos cuando lleguemos ahí".

Helen había ido a psíquicos por años. "Ella fue como, 'Sí, cuenta conmigo'", Allison dijo. "Estaba como, "¿Tú estás adentro? Espera un minuto'". Helen le dijo que lo pensara. Así que ella lo pensó y figuro que le daría un mes. "Lo peor que podía pasar, si yo pienso que es completamente falso, si siento que estamos tomando ventaja de esta pobre gente, entonces me salgo. Yo pienso que la mayor cosa que me hizo decidir darle una oportunidad era de que realmente, realmente esperaba que fuera convencida de que esto era verdad. Tengo miedo a morir. El tiempo está pasando tan rápido y no hay nada más después que mueres. Así que mis razones para venir aquí fueron completamente personales. No tenían nada que ver con la televisión. Era: Imagina si él puede completamente hacerme creer que hay algo más y que el temor que he tenido en mi vida entera de alguna manera se disipara".

Cuando conocí a Allison, pensé que no iba a durar en el programa. Ella realmente parecía que estaba en el equivocado 20 por ciento. Pero su actitud empezó a cambiar después de que me vio trabajar en vivo por primera vez. Las cintas que ella había visto eran intrigantes, ella dijo, pero no convincentes. Semanas antes de que empezáramos a grabar, Allison y su productor asociado, Christine Cipriani, caminaron en la cuadra hacia el estudio para ver un programa de ensayo. "Las dos estábamos como, sí, lo que sea, miraremos esta galería. Y luego estábamos llorando, estábamos completamente llorando en la galería. Estaba completamente asombrada de las cosas que estaban cruzando. Como raras y cosas especificas. En mi vida entera, nunca hubo nada que me hiciera creer que esto tuviera la menor posibilidad. Y luego en un segundo . . . quiero decir, es duro de borrar treinta y dos años de ser una completa escéptica. Pero tú puedes abrir tus ojos un poquito". Meses más tarde, ella dijo, "Yo no lo hubiera creído si no hubiera trabajaba en el programa yo misma".

Con la mitad de la primera temporada ya grabada, finalmente salimos al aire en julio y eso fue como si se hubiera subido una palanca. El correo empezó a llegar, la gente quería boletos para la galería o tener una lectura de persona a persona, y el programa empezó a reunir energía y tomar un cierto ritmo. Un poco antes de las nueve en punto, tres mañanas en la semana, la galería del día se formaría afuera de las puertas del estudio en la Novena Avenida. Luego Jesse Shafer, nuestro amistoso coordinador de la galería (y un actor aspirante quien vino un día y anunció que él había obtenido una parte pequeña en un episodio de *Law & Order*), trae a nuestros invitados adentro, hace que tomen asiento, y les dice de lo que se trata el programa. Entonces Maddy me arregla, y Risa, la estilista del guardarropa, me presenta con una ropa para el día. Tomo el escenario alrededor de las diez y les doy la bienvenida a mis primeros invitados del otro lado.

La meta era el tener tres programas de media hora (veintidós minutos del actual programa, dejando lugar para ocho minutos de comerciales) de cada galería del día. Paul, Shirley, y Dana habían compuesto un sistema de productores saltadores que era una maravilla de eficiencia y orden—por mientras que esos en el gran más allá permanecieran con el programa. Lo cual, por supuesto, era algo con lo que no se podía contar. "¿Podemos empezar ahora? Ellos están empezando", "Le he dicho a Dana más de una vez, estando yo parado en el escenario y hablándole a él en el cuarto de control mientras nos preparábamos a empezar a grabar. Como Charles escribió un día, el cuarto real de control está en el otro lado—no un concepto fácil para los productores que están acostumbrados a planear todo hasta los descansos para ir al baño.

En cualquier día de grabación, estos productores—Allison, Helen y Lisa Tucker—eran responsables por un programa cada una. De la manera que funcionaba era que la productora del primer programa, vamos a decir que era Allison, se sentaría en la hilera de atrás del cuarto de control mirando en un monitor la primera serie de lecturas de la galería, garabateando abundantes notas de todo lo que se decía. Después de dos o tres lecturas, Shirley voltea y le pregunta a Allison, "¿Tienes un programa?" en el primer descanso, Allison y su productor asociado salen corriendo del cuarto de control al escenario para sacar a la gente a quien se les acaba de leer. Ellas los llevan hacia atrás de unas cortinas, a través de una puerta y por una estrecha escalera a un pequeño cuarto donde ellas harán el "post-análisis", o simplemente los "posts" como ahora son conocidos. Estos eran términos nuevos en el campo de psíquico médium. Estos eran rendimientos de información bajo las cámaras. *¿Qué es lo que significo el suéter azul? ¿Entendiste cuando John habló acerca del sonograma en el refrigerador? ¿Cómo te hizo sentir el poder conectarte con tu hijo?*

Allison entrevistaría a la gente en blanco y negro, mientras que arriba yo estaría de regreso en la galería a vivo color, haciendo el siguiente grupo de lecturas para la segunda media hora del programa. Esas serían la responsabilidad de la siguiente productora, Lisa, quien tomaría el asiento en el cuarto de control que acababa ser desocupado por Allison y empezaría a tomar notas de lo que *ella* estaba viendo en el monitor. Cuando Lisa tuviera lo suficiente para un programa, ella jalaría a la gente de la galería a quien se le acababa de leer y haría sus posts, mientras Helen tomaba su asiento en el cuarto de control y repetía el proceso una vez más. Arte de médium para las masas.

Este sistema dio paso a suficientes lecturas buenas—y no todas de ellas eran para la gente en la galería. En caso de que alguien estuviera bajo la impresión de que los espíritus sabían o les importaba que estuviéramos haciendo un programa de televisión aquí—un programa cual credibilidad deseábamos establecer rápida y firmemente—ellos no perdieron tiempo en poner a todos en lo correcto. Teníamos cien personas en la galería, pero también teníamos la mitad de ese número trabajando dentro y alrededor del escenario y en el cuarto de control. Lo inevitable paso casi inmediatamente. Un día, una figura masculina mayor atravesó declarando que él había desarrollado una clase de aparato técnico.

"Yo tengo un primo quien trabajo en un purificador de agua", un hombre en la galería dijo.

"No", yo dije. "Este es una clase de procedimiento de cuidado de salud. Una practica o procedimiento de cirugía invasiva".

Mire alrededor de la galería. Ningún tomador. Luego una voz del más allá. "Mi padrino trabajó en el primer transplante de corazón". Mire hacia arriba y vi que era Doug, el manejador del escenario. Sólo me reí y moví mi cabeza. "Nadie está a salvo".

"¿Ha muerto él?" le pregunté. Doug dijo que sí.

"Tu padrino está aquí". En ese entonces, otro espíritu vino hacia al frente. Sentí que el padrino de Doug estaba ahí como un acompañante. "Pero siento como que él necesitaba anunciar por lo que él fue conocido".

"Ese es mi padrino", Doug dijo irónicamente.

"Y para que sepas, él casi no recibió crédito por esa cosa de transplante. Yo siento como que él fue ignorado".

"El crédito se le dio a alguien más", Doug reconoció esto. (Cuando él fue entrevistado más tarde—sí, todos son entrevistados aún los entrevistadores—Doug explicó que su padrino fue un cirujano cardiovascular toráxico al igual que un ingeniero mecánico. Cuando los primeros transplantes de corazón estaban siendo efectuados en los años 60, su padrino inventó una maquina que mantenía a los pacientes vivos durante los pocos minutos cuando ellos no tenían corazón. Doug dijo que su padrino era "muy egocéntrico y no se sentía que había recibido el crédito que se merecía".)

La persona que el padrino de Doug estaba trayendo con el tenía una energía aun más fuerte. Este era un hombre joven quien estaba reconociendo a Marge o Maggie y quien quería agradecerle a Doug por "haber cuidado de su arte". Como Doug explicó más tarde, la persona que estaba atravesando era un amigo de nombre Michael, un pintor que murió del SIDA. Maggie fue muy amiga de Michael—"como su esposa pero sin ser su esposa", Doug dijo—quien lo había cuidado cuando él estaba muriéndose. A Doug y a su compañero les habían encantado una reproducción que hizo Michael de una pintura de Donald Roller Wilson, un artista conocido por sus pinturas de aceite de chimpancés con vestidos. La que a ellos les gustaba era una pintura de un chimpancé llamado "Betty la Pícara", vestido como una mujer con un enorme tocado floral y con pepinos encurtidos volando por el aire. Doug comisionó a Michael para que reprodujera otra de las pinturas de Wilson, pero en ese entonces Michael se enfermó y nunca la terminó. Después de que él murió, Maggie le dio a Doug y a su compañero la original reproducción de Michael de "Betty la Pícara". Ellos hicieron que la colocaran en un marco y la colgaron en un lugar donde fuera visto, en el cuarto recibidor.

Hubo varias más validaciones grandes, gracias a Michael siendo tan demostrativo en espíritu como él lo fue en cuerpo. Él me enseño un gato siendo sostenido por su cola para que yo hablara de como todos aborrecían a su gato. Y él hizo que yo volteara mi muñeca en un movimiento circular, un manierismo que Doug dijo que era una rendición perfecta "del gesto de Michael de 'ni lo intentes'. . .". Después de que terminamos de grabar en ese día, Doug se fue a su casa y llamo a Maggie y le dijo, "Michael vino a visitarme al trabajo hoy".

FUE Así durante los primeros dos meses de vida del programa, un miembro del grupo tras otro haciendo su trabajo en el escenario o en el cuarto de control y lentamente dándose cuenta que los nombres y detalles que estaban saliendo de mi boca no eran para nadie en la galería. Algunos de los más veteranos miembros del equipo entraron a este trabajo pensando que ellos habían visto y hecho todo. El trabajo ya ha perdido su encanto. Jim Scurty, un operador de cámara por treinta y un años, y un ganador múltiple del premio Emmy, había escuchado que esto era un programa de entrevistas con un médium. *Bien, lo que sea. Es un trabajo.* Yo nunca voy a olvidar el semblante de Jim que estaba viendo desde atrás del visor de su cámara y dijo, "Oh, yo conocí a un hombre en la preparatoria de nombre Gaspare, quien cometió suicidio".

Un día unos meses más tarde, estaba recibiendo una información que incluía un nombre que sonaba como Gehrig sin la última"g". Como Garesh. Cuando nadie reclamó la información, Dana interrumpió por la bocina del estudio, diciendo que él pensaba que Garesh era el primer nombre del padre de una de nuestros productores asociados, Nina Bhargava. El padre de Nina había venido al programa en el empiezo cuando necesitábamos gente para la galería, y Dana lo había conocido y recordaba su nombre. Nina usualmente estaba en el estudio, pero hoy por alguna razón ella estaba en la oficina de producción en la misma calle, donde Dana llamó desde el cuarto de control. "John está diciendo el nombre de tu papá", él le dijo.

"¿Qué?" Nina contestó. "Acabo de terminar de hablar por teléfono con él".

"Tú tienes que venir aquí".

"Oh, Dios. ¿Qué tal si no es para mí? Todas estas personas me van a estar mirando".

Nina corrió por la Calle 55 al estudio y salió en el escenario con su abrigo aún puesto. "Yo pienso que el papá de tu papá está atravesando", le dije. Pero Nina dijo que ella no lo conocía y tendría problemas con nombres y detalles. Alguien trajo un teléfono, y Nina llamó a su papá. La única cosa mala acerca de estas llamadas telefónicas espontáneas es la Llamada Espera.

"Estoy en el teléfono con EZ Pass", el padre de Nina le dijo. La siguiente cosa que Nina escuchó fue el tono para marcar. Ella le volvió a llamar y le dijo lo que estaba sucediendo. Le pase la información que estaba recibiendo. Alguna de ella fue de un hermano mayor del padre de Nina quien había muerto cuando Garesh tenía cinco o seis años, cuando la familia estaba en la India. Su padre pudo validarla.

Estas excursiones de vecindad no tenían que envolver a alguien conectado al programa. Un día, yo estaba mortificando a un pobre grupo de mujeres quien estaba sentado en la última hilera, diagonalmente a mi izquierda. Yo no podía entender como ellas no conocían a un hombre que tenían a un lado que había muerto en un accidente de carro quien estaba haciendo referencias de alguien de nombre Richard, otro de nombre Tony o a lo mejor Timmy, y de que había una conexión con un profesor, a una cascada en algún lugar, y al número 16. "Señoras, por favor piensen", yo imploré. Yo estaba seguro de la información y bien seguro de la área de la galería donde se suponía que le pertenecía. "Yo estoy para la hilera de atrás. O estoy detrás de ellas. ¿Hay alguien detrás de ellas?" Pero las mujeres en la última hilera sólo seguían moviendo sus cabezas que no. Ellas no pudieron validar una sola cosa. Y no había nadie detrás de ellas. Finalmente, la energía fue hecha a un lado por otros tratando de atravesar. Sólo deje la información con las mujeres y les pedí que por favor fueran a su casa y trataran de validar a esta alma desdichada que estaba tratando tan duramente de hacer una conexión. Seguí con las otras lecturas.

Al final del programa, Dana se acercó a la bocina: "John, creo que figuramos lo que estaba pasando en la última hilera", él dijo. En ese momento, Paul vino al escenario con un hombre vestido con una camisa de ayudante de estacionamiento. Su nombre era Basil, y él trabajaba en el estacionamiento adjunto al estudio. "¿El ayudante de estacionamiento piensa que esta puede ser su historia, así que podrías pasarte un par de segundos con él?" Paul preguntó.

Yo estaba totalmente desconcertado. "Oh, como . . . ah". Mi tartamudeo hizo que la galería se riera. "¿Qué exactamente ellos te explicaron?" le pregunté a Basil. "¿Qué dijeron ellos?"

"Tú estás recibiendo una señal donde hay un Richard incluido", Basil dijo con un fuerte acento Jamaicano. "Paso cuando él tenía dieciséis años".

"Bueno, espera. Explícame por qué piensas que esto tiene sentido para ti".

"Yo tuve un hermano de nombre Richard que murió a la edad de dieciséis años en un accidente de carro", Basil dijo. "Yo era un profesor en Jamaica".

Hubo un suspiro colectivo de la galería. Yo sólo me quede parado, con la boca abierta.

"Yo daba clases en la escuela que él atendía", Basil continuó. "Una noche en particular, él salió en su bicicleta y fue parte de un accidente y se golpeó la cabeza en el asfalto y murió".

Yo tenía que saber como había pasado esto. "¿Quién encontró a Basil?" le pregunté a los productores.

"Tjeerd", alguien dijo. Él era uno de los asistentes de producción.

"Esto es tan impresionante", yo dije.

"John, *trabajamos* contigo", Paul dijo, como si ya nada fuera impresionante. Todo en un día de trabajo en *Crossing Over*.

Tjeerd explicó que él había estado viéndome apuntar hacia las mujeres en la última hilera, y notó que no parecía estar apuntando directamente a ellas. Era más bien como pasando por un lado de ellas—y de hecho, por un momento, yo les pregunté si alguien estaba detrás de ellas. "Yo me sentí obligado—*obligado*—a salir por la puerta de atrás, donde tú estabas apuntando", Tjeerd dijo. Su primera parada fue con un grupo de oficiales de policía que estaban parados en la Calle 55. Él les paso la información acerca del hombre quien había muerto en un accidente y les preguntó si eso tenía sentido para alguno de ellos. No, esto no tenía sentido para ellos. En más de una manera. Luego, Tjeerd dio unos pasos más por la calle hacia el estacionamiento. Ahí es donde encontró a Basil. Asombrado, él relató la muerte de su hermano.

"Caramba", yo dije, luego volteé a donde estaban las mujeres en la última hilera. "Ustedes definitivamente están fuera de apuros", volteé otra vez donde estaba Basil y le pregunte que quien tenía el nombre con una "T".

"Mi hermano. Su nombre es Tonto".

De regreso a la galería: "¿Hubo algo de lo que nos perdimos?" Estábamos grabando, por supuesto, pero había una informalidad de después del programa en todo esto.

"Cascadas", la gente dijo.

"¿Alguna clase de conexión con cascadas?" le pregunte a Basil, pero tan pronto como la pregunta salió de mis labios, yo tenía la respuesta. "Oh—(Cascadas del Río Dunns) Dunns River Falls. Eso es tan extraño, aun para mí. Yo creo que los vellos de mis piernas estaban erizados. Yo creo que ustedes acaban de ver la última novedad. Yo nunca antes había atravesado por una pared de ladrillo".

Lo que era asombroso acerca de esto para mí fue como ello llegó a su meta y como este proceso *no* es acerca de mí. Arrojé la pelota del hermano de Basil. Y Tjeerd, un asistente de producción, la agarró porque el hermano de Basil vio su oportunidad de atravesar este mensaje. Tú casi te lo puedes imaginar dándole a Tjeerd una notita y luego susurrándole, "¿Te importaría ir al lado de este lugar y darle esto a mi hermano?"

Luego tuvimos la mañana alborotada cuando estaba recibiendo toda clase de información pero sin ninguna pista a donde me suponía llegar con eso. Nadie en la galería lo estaba reconociendo y no se me estaba empujando a ningún lugar. Entonces Dana habló por la bocina del estudio y dijo que podría ser para alguien en el cuarto de control. Mire a la galería y les dije, "No se vayan a ir a ningún lado". Me fui rápidamente al cuarto de control, con el camarógrafo a mis espaldas, como una de esas rutinas en Jay or Dave. Cuando llegue ahí, vi a Paul, y él tenía esta media sonrisa en su cara.

"¿Quién es Merv o Marv?" yo pregunté

"Mi papá era Marty", Paul dijo. Él había estado escuchando en el cuarto de control y se conectó con lo suficiente que él tuvo uno de esos momentos de "Bueno, esto puede ser para mí". Más tarde, cuando los papeles habían cambiado y Paul se sentó en la silla de entrevista del post-análisis, él dijo que estaba temiendo y esperando a este momento. "Yo tenía mucho temor cuando esto estaba pasando", él dijo. "Yo estaba tratando de hacerlo a un lado porque no quiero que este programa sea parte de mi experiencia personal, pero solo parte de mi experiencia profesional y lo que es mejor para el programa. Y yo estaba pensando mientras esto estaba pasando, *Bueno, no voy a usar esto en el aire porque esto no va a agregar a la credibilidad de lo que hace John.* En el otro lado de mi cerebro, estaba pensando, *¡Bueno, a la fregada con la credibilidad, mi papá está cruzando!*"

Pero no fue Marty después de todo. Salí del cuarto de control a continuar la búsqueda. Termine de regreso al escenario, hablando otra vez con el cuarto de control por las bocinas. Ahora tengo a una Kimberly. Tenemos un productor de nombre Kimberly Dunn, quien estaba en lo que estábamos llamando el cuarto de fuera de control. Pero rápidamente la descartamos. "¿Quién está a tu izquierda?" Yo le pregunté desde el disco de escena, no queriendo hacer otro viaje de regreso ahí.

"Liz", Kim dijo. "Liz Arias". Ella es nuestra productora de coordinación, la que se hace cargo de, básicamente, todo. Ahora la cámara estaba de regreso ahí.

"Pásale el micrófono a Liz", yo dije. "¿Liz, estás en la esquina?" Ella sí lo estaba. "Es para ti", yo dije.

No lo era. Ahora Dana tenía la escena del cuarto de control proyectado en la tela blanca grande detrás de mí. "Oh, que a todo dar", yo dije, momentariamente distraído por la confusión que estaba pasando. Ten cuidado por lo que pides porque lo puedes recibir: yo les había insistido a los productores que no quería que el programa fuera editado de tal manera que sólo una cinta de lo más interesante fuera vista por los televidentes cada noche, sólo éxitos todo el tiempo. Yo quería que ellos vieran la realidad: Algunas veces estoy en lo correcto, algunas veces estoy equivocado. Bueno, esta puede ser una cinta de lo más interesante de la otra clase. De la de pura confusión. La cámara siguiéndome en esta graciosa búsqueda por alguien dispuesto a reclamar a Merv, a cinco hermanos y un nombre con una "C". Por supuesto, un cínico mirando esto—o cualquiera de los otros cazadores de tesoros de psíquico que estaban convirtiéndose casi algo regular alrededor del estudio—pensarían que estas eran las charadas más ridículas. Pero lo que decimos en el comienzo del programa es verdad. Todo es real.

Sólo la única persona que faltaba era Helen Tierney, quien estaba sentada en el cuarto de control tomando notas para su programa cuando se dio cuenta que lo que estaba escribiendo tenía sentido para ella. "Esto puede ser toda tu culpa", le dije bromeando, mirando a su imagen proyectada en la vela.

"Lo siento mucho", ella dijo, avergonzada de descubrir que ella ahora era la estrella de su propio segmento. ¿Tendría ella que entrevistarse a sí misma más tarde?

Mientras le daba información, ella empezó a llorar, y podía ver la mano de alguien frotándole la espalda. No puedo imaginarme como esto debe de ser para todas estas personas en el equipo a quien se les ha leído, teniendo que volver a su trabajo después de estas experiencias emocionales. Llegó al punto que todos—los operadores de cámaras, los productores, los hombres de mantenimiento, los guardias de seguridad—venían a trabajar preguntándose si este era su día para escuchar de la abuela. Algunos empezaron a estudiar su historia familiar, por si las dudas. Ellos se dieron cuenta como era cuando me le ponía enfrente a alguien, insistiendo que ellos tenían a una mujer mayor con el nombre de Sarah y con un perro sabueso con un nombre de un carro. Los camarógrafos tenían que enfocarse en sus sujetos y en mis palabras—por si las dudas. Aún Bonnie Hammer, la jefa de Sci Fi, no fue inmune. Ella se sentó en la galería un día y tuvo que pararse enfrente de la audiencia nacional que ella estaba personalmente tratando de crear y le dije que su ex suegro estaba ahí diciendo, "Yo sabía que el matrimonio no iba a durar".

Después de unos meses, parecía que la única gente del equipo con quien yo estaba en contacto regular pero no les había leído eran Shirley Abraham, Charles Nordlander, y Jesse Shafer. Ellos bromeaban de que deberían de empezar a usar escudos grandes que dijeran "U". Ellos eran los Únicos sin leer.

Trabajando en *Crossing Over* significa el saber que a cualquier momento tú puedes terminar llorando en el trabajo. Ha habido lecturas que han dejado casi a todos en el cuarto de control llorando, pasándose la caja de papel tisú que Liz siempre tiene a la mano. Uno de los momentos más inolvidables desde que hemos salido en el aire—uno que trajo una inundación de cartas y correo electrónico—fue una lectura de una viuda joven de nombre Catherine, quien su hermano y esposo atravesaron juntos. Su hermano murió a los trece años de edad, y su esposo, Steve, a los treinta y dos años. Catherine tenía una hija pequeña de nombre Megan, que aún no había cumplido tres años cuando su padre murió de linfática en 1996. ellos tuvieron dificultad para concebir, y para ellos, Megan fue un hermoso regalo. Steve "adoraba a Megan, él vivía y respiraba para Megan", Catherine dijo más tarde. Catherine había estado saliendo con alguien cuando vino al programa y ella estaba nerviosa. Ella desesperadamente quería escuchar de Steve, pero estaba preocupada que él iba a desaprobar que ella viera a alguien, sin mencionar que ella estaba contemplando el matrimonio. Steve la calmó, atravesando con un símbolo literal: una luz verde.

Pero fue Steve y Megan quienes tenían a todos con lágrimas. En este trabajo, trato de no evaluar la tragedia relativa de muertes o juzgar el peso de la pena de sus seres queridos. Pero dos clases de muertes son particularmente las que rompen el corazón: una es de la muerte de un niño y la pena de los padres. Y la otra es la muerte de un padre joven, y la perdida, aún no completamente sentida pero sufrida por un niño pequeño. Yo no sé de ustedes, pero, como dije, yo ni siquiera quisiera pensar acerca de cual es la peor.

"¿Por qué es Niagara Falls significante?"Le pregunté a Catherine.

"Acabábamos de estar ahí", ella dijo.

"Tú acabas de ir a Niagara Falls. Bien".

"Con mi hija".

Me concentré en silencio por unos segundos. El esposo de Catherine estaba enseñándome algo importante.

"¿Encontraste una pluma ahí?" Le pregunté.

"Sí, y . . . " Catherine estaba llorando.

"¿Le dijiste a tu hija que era de parte de su Papito?"

"Sí". Ella cubrió su cara con sus manos.

"Esta es una validación de que él estaba ahí para ustedes. Porque él me está enseñando la pluma". Le dije a Catherine que era algo bueno y que las plumas son el símbolo de mi madre para mí. Ella deja plumas para mí. "Esto era que definitivamente él estuvo ahí para ellas".

"Gracias", Catherine dijo. Más tarde nos dijo que ella y Megan habían ido a Niagara Falls a visitar a unos amigos de ella y de Steve de la universidad. Catherine y Steve se conocieron en la universidad y habían ido a Niagara Falls a visitar estos amigos. Ellos no se habían visto desde que Steve murió.

"Al reconocer cosas como esas para ella, le estaba permitiendo saber que aunque su papá no está aquí físicamente con ella, espiritualmente él está conectado. Así para que ella siga adelante. Ella no se va a sentir como que no lo tiene".

Pero a lo mejor nadie ha estado más conmovido que Jim Scurty, el operador de cámara quien llegó pensando que este era sólo otro trabajo de programa de entrevistas. El tomo el trabajo porque era un trabajo y a él le gustaba trabajar con Dana. Él casi ni se dio cuenta de lo que se trataba el programa. Sólo era de apuntar y grabar. Y entonces la cosa más extraña paso. Se dio cuenta de que este trabajo le estaba cambiando su vida.

Un día en la galería estaba una familia de un niño de catorce años de nombre Louis Acompora, quien había muerto en un accidente extraño un año antes cuando una pelota de lacrosse lo golpeó en el pecho entre los latidos de su corazón. Louis fue un niño excepcional, y su muerte devastó a su escuela y a su comunidad. Su madre, padre, y hermana estaban en la galería y cuando empecé validando la presencia de Louis, ellos se pusieron, entendidamente, muy emocionales. Su dolor tocó un acorde que nadie en el programa olvidara nunca. Mientras les daba los hechos y detalles que Louis me estaba dando—de que él murió de un impacto al pecho pero no de una arma—la cámara de Jim Scurty estaba enfocada en el padre.

"Este hombre estaba encerrado dentro de sí mismo con esa muerte", Jim recordó. "Yo estaba grabando muy de cerca, mirando la expresión de su cara, empecé a verlo desmoronarse. Primero un tic y luego el temblor en la barbilla y la clase de vergüenza con los ojos moviéndose de un lado a otro viendo si alguien lo estaba mirando. Y yo literalmente observé a esta persona caer dentro de esa pena y rendirse a ella públicamente. Fue algo muy difícil de ver".

Jim continuó grabando a través de sus propias lágrimas. No fue la única vez que él terminó emocionalmente agotado por lo que había fotografiado. Algunas veces él se acercaba a la gente en la galería cuando terminábamos de grabar y los abrazaba, ofreciendo algunas palabras de consuelo. Paul amaba esto—todo este equipo de personas que parecían desinteresados cayeron en un trabajo que los hacia ir a sus casas y decirles a la gente de su vida cuanto los amaban y apreciaban.

Estoy Aquí

EMPECÉ A DARME CUENTA DE ALGO A TODO DAR. Estaba formando un lazo muy especial con los productores y los miembros del equipo en el programa. Se sentía un poco como de la manera cuando me conecté con los espíritus, que elevo mi propias vibraciones mientras ellos bajan las suyas para poder así encontrarnos en algún lugar en medio. Estas eran *gente* de televisión, pero no había una onza de cinismo en ellos. Ellos eran gente real que quería hacer un programa significativo. Y yo era un *hombre psíquico médium*, pero no era tan serio que no pudiera divertirme junto con ellos o apreciar la naturaleza extraña de lo que estábamos haciendo. ¿Quiero decir, un programa de televisión acerca de la espiritualidad universal? Olvídate de *Millionaire* o *Survivor* o *The Weakest Link*. Este era como un programa de juego cósmico. Bromeábamos acerca de las frases de promociones: *¿Qué familiar muerto va a atravesar hoy en la noche? ¿Cuál va a ser la gran validación de hoy? Permanezca en este canal porque* Crossing Over *continuará*.

Desde el comienzo, sabíamos que estábamos haciendo algo realmente diferente. Algo tan afectador que te podía hacer llorar hasta en la quinta vez que lo vieras. Y algo tan divertido que aún la viuda afligida tenía lugar para una sonrisa. Cajas de papel tisú estaban por dondequiera—en el escenario,

242

detrás del escenario y en el cuarto de control. Y también el personal encargado de un Tablón de Dichos de *Crossing Over*. "Cuando tú te casas con alguien, te casas con su familia. Aún su familia muerta". Empecé a dar clases de baile de salón para los empleados del equipo después de cada grabación. Los productores haciendo pareja con los guardias de seguridad, el asistente de director con el manejador de escenario, mientras un sonido Latino tocaba por el sistema de sonido—nadie realmente podía recordar haciendo eso en sus trabajos previos. Era una manera de hacer que nos acercáramos.

Y sin embargo, ninguno de nosotros fue tan ingenuo que no sintiéramos los inevitables choques de culturas que estaban en el aire en esos primeros meses. La red no aceptaba completamente mi principio de operación que no estábamos realmente haciendo un programa de televisión; sólo estábamos televisando lo que yo hago. Aunque toda la gente trabajando conmigo en el programa creyera eso—lo cual ellos no lo creían, por lo menos no al principio—ellos no podían completamente ignorar las presiones de los supervisores o de sus propios impulsos de *hacer* televisión. En otras palabras, hacer lo que los productores hacen—orquestar, arreglar, planear, *controlar*. En este caso, significaba ocasionalmente hacer esas cosas a la hechura de la galería para maximizar las oportunidades que pudieran emerger de las buenas, dramáticas y empacadoras historias.

El concepto operativo era de un Tema para cada Programa. Traigan al anunciador golf: *John Edward no lo sabe, pero él está entrando a una galería llena de gente que ha tenido transplantes de órganos. Cuando regresemos, veremos si sus donadores atraviesan.*

Paul era un asombrante productor creativo quien le encantaba divertirse y tratar cosas nuevas—era más o menos la razón por la que él estaba haciendo el programa en el primer lugar—y sus instintos iniciales fueron de que había *muchas* cosas a todo dar que se podían hacer con esto. Nada que comprometiera a la integridad de mi trabajo o a la credibilidad del programa. Sólo *ideas a todo dar*. Pero hechas responsablemente. Así que los productores llamaron a organizaciones de gente en trabajos peligrosos—las asociaciones de policía y bomberos, la unión de los dobles de películas—y preguntaron si ellos estarían dispuestos a suplir algunos afligidos amigos y familiares de miembros que habían muerto haciendo su trabajo. *Clic.* Ellos invitaron a la galería a miembros de las Madres Contra el Manejo Embriagado.

Programa de Temas. El estudio los querían, y los productores no podían ver por qué no. Es de la manera que se hacen las cosas.

Para mí, este era un territorio peligroso—el más grande, espinoso, y asunto más persistente asociado con este proyecto desde que Ramey lo introdujo por primera vez. Es importante el declarar muy claramente que el peligro no era la decepción o un fraude. Nunca hubo, alguna sugerencia de alguien que hiciéramos la clase de cosa que Elmer el hombre del informe comercial quería hacer un año antes—darme información y tratar de hacer que yo hiciera a la presentadora llorar. Esos hombres ni siquiera estaban viviendo en el mismo planeta que la gente que está trabajando en *Crossing Over*. Fue decidido al principio que declararíamos antes de cada programa que nunca se me da información adelantada acerca de la gente que les leo. En la industria de televisión, cada programa tiene su "biblia", algo que captura la esencia o guía principio del programa. Eso garantía estaba en nuestra biblia. Así, que no, el peligro de orquestar la hechura de una galería no era una percepción de artimañas. Era de que el programa ya no sería acerca del trabajo. Sería acerca de la televisión. No estaríamos honrando el proceso. Y podríamos estar acercándonos demasiado a jugar siendo Dios.

"¿Deseas jugar el juego de la experiencia de muerte de quien es más importante?" Le pregunté a Paul durante uno de nuestros viajes a la ciudad. "¿Realmente quieres enredarte en eso?"

Paul considero esto por un momento. "Ese es un pensamiento que atemoriza", él dijo. ¿Pero grabando sin tener ninguna idea de lo que vas a encontrar en el final del día? Era más temeroso.

"¿Así que tú quieres decir que si en el cumpleaños de Elvis tuviéramos una audiencia llena de imitadores de Elvis, tú tendrías problema con eso?" Paul preguntó, sin expresión.

"¿Qué tan enfermizo eres tú?" Contesté, carcajeándome histéricamente mientras manejábamos por el Long Island Expressway. "¡Estamos hablando de gente muerta!"

Paul estaba bromeando, por supuesto, pero no estaba bromeando. Él sabía que alguna persona del estudio en algún lugar estaría pensando, *Hmm, imitadores de Elvis—yo puedo promover eso.* Ellos querían algo de lo que se pudiera mencionar en el *TV Guide*. ¿No era lo suficiente "un hombre que habla con la gente muerta?"

Al principio, traté con esto al no tratar con ello. Todo lo que dije fue: No me digan lo que están haciendo. Sólo asegúrense de que no es algo horrible. Y si es una celebridad, no pongan nada por escrito de lo que yo pueda salir diciendo y por supuesto no hablen de ello enfrente de mí. Una vez entré a una oficina y vi un tablero con ideas escritas para segmentos. Me detuve, voltee, y literalmente salí corriendo. Yo creo que es seguro el asumir que ninguno de estos productores nunca han trabajado en un programa en el cual ellos constantemente tienen que estar alerta de no decirle al presentador lo que está pasando—por orden del presentador. Ellos toman esto muy seriamente. Me encontré entrando a oficinas y teniendo a gente que de repente dejaba de hablar. Yo no creo que estaban planeando una fiesta sorpresa para mí. Yo descubriría muy pronto de lo que ellos estaban hablando.

Un día salí caminando hacia el disco en el escenario, y fui sobrellevado por una increíblemente pesada y deprimente energía negativa. Había un suicidio aquí. Y luego vi la misma cosa a un lado, y luego otra. Ello me confundió hasta no decir, hasta que me di cuenta de lo que estaba pasando. Era otra vez como el TWA 800—pero mucho, mucho peor. Parecía como que la mayoría de la galería estaba llena de gente que había tenido suicidios en sus vidas. Esto era todo lo que yo iba a soportar. Me fui como torbellino al cuarto de control y demostré un lado de mí que mis nuevos colegas no habían visto. Yo estaba más que furioso. Me sentía como que mi cerebro estaba explotando y saliéndose por mis oídos. *¿Qué es eso lo de ahí afuera? Si me vuelven hacer esto otra vez, voy a arrojarlos de cara en contra de la pared. Nunca, nunca llenen la plataforma así otra vez. Eso es tan injusto para estas personas. Tan, tan injusto. Ustedes allá afuera están manipulando los sentimientos. Ustedes no pueden hacer eso.*

"Sólo estamos tratando de darles las mismas oportunidades—" alguien dijo.

"No me estés diciendo esa testarudez. Tú no estás dándole a nadie ninguna oportunidad. Tú estás tratando de hacer un programa con un tema".

Era como si realmente estuviéramos haciendo el programa de juego cósmico del que Paul y yo habíamos estado bromeando: *¿Bueno Quién Fue Quién se Murió?* Los concursantes en la galería compitiendo para escuchar a sus almas perdidas. Paul y Dana admitieron que ellos estaban bajo presión para entregar, por lo menos ocasionalmente, la clase de cosa que Ramey y

Adora habían prometido en su propuesta original, la que ofrecía La Muerte del Sábado en la Noche. Bonnie Hammer dijo que ella quería un programa orgánico. "Si permanecen verdaderos a lo que John hace, el programa tendrá éxito", ella les dijo a los productores. Pero con eso ella se refirió que la esencia del programa tenía que ser, lo que pasaba entre la gente que le estaba leyendo y yo. Ello no prevenía a los productores de tomar decisiones de quien sería esa gente. Así que por un tiempo, nuestros conceptos del "Puro John" no estaban totalmente en sincronía. No se podía andar con rodeos al hecho de que este era un programa de televisión. Pero eso no me detuvo de tratar de que todos pretendieran que no lo era.

"Yo sé que estás tratando de hacer la cosa correcta para el programa", le dije a Paul. "Pero tú no puedes controlar el otro lado. Ellos no trabajan así. Ellos no van a venir a decirte lo que tú quieres escuchar porque estás haciendo un programa de televisión. A ellos no les importa un comino acerca del programa. Tiene que pasar naturalmente. Y así será".

Después de mi diatriba en el cuarto de control—el cual fue secundado por Suzane Northrop, quien estaba en el estudio en ese día—los productores hablaron entre ellos mismos acerca de cómo iban a reconciliar un conflicto que parecía estar en un curso de colisión. Ellos tenían que aceptar que el ocasional programa de tema se sentía más natural para ellos que permitir al destino dirigir el programa—y eso es lo que quería la gente que les estaba pagando. Así que tenían que decidir en cual cultura estaba viviendo este programa: la de ellos o la mía. Yo sólo era el presentador del programa, el "talento", recibiendo un cheque como todos los demás. Sólo que tú fueras Oprah, el talento trabaja para el programa, no de la otra manera. Yo no era Oprah, pero tenía que actuar como si lo fuera. "Tenía que ser militante acerca de mi proceso", les dije. "Me tiene que realmente, realmente importar y no puedo bastardear lo que es esto o sensacionarlo. Porque si lo hago, ello va a tener un efecto. Ellos no lo aceptarán". Yo apunté hacia arriba. "El programa será cancelado". Cuando dije que este no podía ser como cualquier otro programa, yo no estaba siendo arrogante oególatra. Yo no lo veía como que estaba tratando de tener un juego de poder. Yo pensé que sólo estaba declarando lo obvio.

"¿Tú sabes lo que creo que tenemos que hacer?" Dana le dijo a Paul. "Tenemos que rendir nuestro ego y rendir nuestro control como productores, y solamente saltar de este precipicio. Vamos a tomar este salto de fe.

Pueda que obtengamos una patada en el trasero de la red. Ellos nos pueden hacer rebotar hacia afuera. ¿Pero sabes qué? Yo no creo que pueda hacer un buen programa de televisión forzando algo por la garganta de John. Y de todos modos no íbamos a querer nuestros trabajos si lo teníamos que hacer de esa manera".

Manejando hacia la casa en ese día, Paul me dijo: "¿Nosotros realmente no estamos produciendo este programa, verdad? Sólo estamos esperando y viendo que es lo que sale y luego post-producirlo".

El hombre puso una sonrisa en mi cara. "Lo entiendes", le dije.

De esto salieron dos decisiones. Una, que no íbamos a hacer nada para orquestar quien iba a estar en las galerías. Las íbamos a llenar de la misma manera que yo planeo mi práctica privada. Abro las líneas telefónicas una vez al mes y quien entra, entra. Con el programa, la gente escribiría para obtener boletos y ser apuntados en la lista. Era un sistema justo y simple que no envolvía ninguna decisión de nuestra parte. Eso hizo a un lado la cuestión de los programas de temas. Teníamos otra solución. No las íbamos a hacer. O mejor dicho, las íbamos hacer *después* de que pasaron. Sci Fi nos dio una hora los domingos para hacer programas especiales, así que los productores crearían una compilación de programas, siguiendo un cierto tema. Por ejemplo, reunirían todos los segmentos envolviendo lecturas de ataque sorpresa a miembros del equipo y empacarían un programa acerca de eso. O harían un programa acerca de mascotas que habían atravesado. Tú no necesitabas llenar la galería con miembros del American Kennel Club.

De alguna forma, el entero asunto se desvaneció. El programa estaba comenzando a recibir una audiencia, los números se estaban acrecentando y nosotros como un grupo estábamos avanzando, gradualmente llegando al concepto que este realmente era un programa que esencialmente se producía por sí mismo. Mis guías siempre me han dado grandes analogías y metáforas para explicar de lo que se trata nuestro mundo—ellos sólo me las enseñan en imágenes y lo las digo. Ahora parecía que el equipo y yo estábamos actuando una metáfora después de cada grabación. Las clases de baile después del trabajo en el estudio simbolizaban que estábamos entrando en paso de como hacer el programa. *Uno-dos-tres, ahora cambien parejas . . .*

Fue lo que no se puede predecir del universo lo que estaba haciendo que el programa funcionara. Manténganlo verdaderamente orgánico—sin ingredientes artificiales—y ve lo que pasa. No necesitábamos ir a buscar grandes historias, le dije a Paul un día. Ellas no encontrarán a nosotros.

"ESTOY AQUÍ", dije una mañana, apuntando hacia una pareja en la hilera de atrás de la galería. "¿Quién tiene una conexión Brasileña o Portugués?"

"Yo tuve un buen amigo quien es Colombiano", una mujer dijo.

"No, este es Portugués. Mi esposa es Portugués, así que yo sé que definitivamente es Portugués. Estoy aquí. Creo que estoy en la última hilera. Uno de ustedes está conectado con alguien quien es Brasileño, Portugués, o sólo acaba de llegar de uno de esos dos lugares. Hay una conexión Portuguesa aquí".

Lo que siguió fue una clásica guerra de tirar y jalar de *Crossing Over*.

"Dios, hay una mayor conexión Portuguesa o Brasileña aquí".

"De veras" dijo la esposa del hombre. "Nunca".

"Oh, sí. ¿Quién viene de Europa? ¿De quien es la familia que no es de aquí?"

"Mi padre vino de Europa", el hombre dijo.

"¿Alguna atadura con Brasil o Portugal?

"No que yo sepa".

"¿Estás seguro?"

"No, no estoy seguro".

Yo me estaba frustrando, tratando tan duramente de hacer esta conexión—pero no estaba enojado o molesto, como ha sido sabido que me pongo. En la grabación, tú puedes oírme hacer sonidos gruñentes, como que estaba tratando de forzar estas dos piezas juntas. "Bien, ellos no están dándose por vencidos. Me refiero a esto como una crisis de rehén. Yo siendo el rehén. Bien, tengo que subir". Subí las escaleras de la galería y me paré enfrente de la pareja.

En ese momento, otra energía entró. Era una mujer que había estado en una coma, la cual la esposa del hombre reconoció como su madre. Y luego ellos estaban de regreso: "¿Quién fregados es de Portugal?"

"Yo no sé", dijo la mujer, con risillas de unos pocos compañeros de la galería.

"Bueno, tu mamá está con alguien que es de Portugal".

"Sin Bromear".

"¿Tenía ella un amigo quien era de Portugal? Alguien me está diciendo, '¿*Fala Portugues?*' Lo cual significa '¿Hablas Portugués?'" Había un nombre que sonaba como Fernando o Ferdinand, y alguien estuvo envuelto en política o gobierno—realmente dos gobiernos. Alguien tenía un nombre extraño que empezaba con una "B". Y el brazo de alguien estaba amputado o deforme. Él me estaba haciendo sentir como que el brazo no estaba ahí.

"Yo no sé", el hombre dijo a todo.

"Están ustedes *seguros* que no tienen una conexión Brasileña o Portugués?"

"Honestamente no", la mujer dijo. "Esa es la verdad".

"¿Ni siquiera a alguien que acaba de regresar de vacaciones de ahí? ¿De donde es tu familia?"

"Mi padre era de Alemania, mi madre era de Hungría", el hombre dijo.

Bajé de regreso por las escaleras al disco y tan pronto llegue en medio de ahí, me volteé a verlos. "¿Quién tiene el nombre con una 'H'?'

"Mi madre, Helen", dijo la mujer.

"Bien, todo esto está conectado con ustedes. Ustedes tienen una clase de conexión Brasileña o Portugués aquí. Yo no tengo idea de lo que es, pero está viniendo alrededor de ustedes. Así que es probablemente algo que ustedes están pasando por alto. Es algo que ustedes ni siquiera están realizando. Pero está directamente conectado con ustedes. Ellos me están dando toda clase de símbolos específicos. Así que si se van de aquí y alguien empieza a hablar con ustedes acerca de su padre Ferdinand o Fernando que murió, va a estar conectado ahí. Entonces llámeennos y dénnoslo a saber. ¿Bueno? ¿Lo Prometen?"

"Lo prometemos".

"Muy Bien".

EL NOMBRE DEL HOMBRE era John Shauder. En la entrevista de post-análisis, él dijo que su padre, Hans, había sido deportado a Alemania en 1946—esa podía haber sido la conexión de los dos gobiernos—y él y su madre nunca lo volvieron a ver. John tenía dos años de edad cuando su padre se fue. Esa pudo ser la razón por la que él no pudo validar nada de la información que le di. "No tenemos información de donde él pudo haber terminado", John dijo. "Pudo muy bien ser que de Alemania él se fue a Portugal o a Brasil. Ciertamente voy a investigar eso más a fondo".

John Shauder estaba en la galería ese día por la misma razón que puedes esperar que estuviera ahí un hombre de cincuenta y seis años que dirige un negocio de suplidora de construcción: Su esposa lo obligó que fuera. Él no tenía temor, sólo no estaba interesado. La última cosa que él esperaba era el estar sentado ahí siendo acosado por este hombre tratando de hacer que reconociera algo portugués. Y que le dijera que estaba conectándose con la persona cual ausencia había dejado una cicatriz muy profunda. "Fue un vacío tremendo, el no tener a un padre a quien admirar y que me diera consejos", él dijo. "Cuando de niño el jugar béisbol en la liga menor sin él. Viendo a mis amigos que iban de vacaciones con sus madres y padres. Yo nunca me sentí completo. Yo siempre me sentí que había algo que faltaba en mi vida, y sí faltaba. Yo estaba seguro de que él había muerto en la guerra. Él fue enviado de regreso a Alemania". John trató de obtener ayuda de varias agencias federales, pero salió de ahí con las manos vacías. En una ocasión, él encontró a un hombre de nombre Hans Shauder en Munich, pero no era su padre. Era otro Hans Shauder. Él le dijo a John que sentía mucho que no pudo ayudarle.

Dejando el estudio en ese día, John estaba determinado en tratar otra vez, y como él lo prometió, él nos llamó para contarnos acerca de lo que había pasado. Cuando él dijo que investigaría todas estas cosas, fue como música para mis oídos. Ni John ni yo sabíamos, pero él se iba a convertir en un modelo de la Validación Atrasada. Y de este día en adelante, unas continuaciones serán el elemento que sellara el trato que hicimos. El llegar a una conclusión.

Como paso—y yo no creo en coincidencias—John Shauder tenía un amigo cercano que tenía un visitante de Alemania quien era un licenciado. John le contó su historia y le dio la documentación que él tenía. Cuando el licenciado llegó a casa, él llamó a John y le dijo que tenía unas malas noticias. El papá de John había muerto en 1985. Pero había también unas buenas noticias: El licenciado encontró que John tenía dos medias hermanas más jóvenes que él en Alemania. Él le dio sus números de teléfono, y John les llamo inmediatamente. No mucho después de eso, él estaba viajando hacia Hamburgo. Cuando aterrizó en el aeropuerto, ellas estaban sosteniendo un letrero que decía en Inglés, "Bienvenido, Hermano Grande John".

La primera cosa que John preguntó, por supuesto, fue acerca de las referencias de Brasil y Portugués. Sus hermanas le dijeron que su padre había trabajado en Brasil. Él había aprendido Portugués ahí. Y paso un tiempo en una isla a un lado de la costa de Brasil llamado Fernando Island. Su padre tenía un hermano Bruno—el "nombre extraño con una 'B'". Y su padre tuvo una embolia antes de morir que le quito el uso de su brazo derecho. Antes de que partiera, sus hermanas le dieron a John un anillo que había estado en el dedo de su padre. Él se lo puso, lo miro y se puso a llorar.

"Cuando miro las fotografías de mi padre, trato de mirar dentro de sus ojos y trato de sentir lo que él podía haber estado sintiendo", él le dijo a nuestra productora de continuaciones, Lauren Bright, durante una visita que ella hizo al hogar de los Shauder en Nueva Jersey. "Yo tengo este anillo ahora. Me lo puse el día que ellas me lo dieron y nunca me lo voy a quitar. Me gustaría pensar que él sabe que lo tengo puesto. A lo mejor el también lo ve. Estoy convencido de lo que me paso en el estudio en ese día fue esa tremenda energía tratando de encontrarme. Él pudo comunicarse y decirme, 'Estoy aquí', y aunque no pueda estar en esta tierra ahora, estoy aquí y te estoy cuidando. Y te estoy esperando, y nos conoceremos un día. Para nunca separarnos otra vez".

Había aún más en la historia e invitamos a los Shauder para que volvieran al estudio y compartieran la mejor parte—aunque más bien agridulce—. En Alemania, sus hermanas le dijeron que su papá siempre les dijo a la gente que él tenía un hijo en América y que estaba buscándolo. Le dieron una carta que él había escrito en 1983 y enviado a una dirección donde John y su madre habían vivido. "Querida Helena y John", él dijo. "Escribí y escribí, y todas las cartas se me regresaron. A lo mejor tenga mejor suerte esta vez". Pero esta había regresado a Alemania al igual que las otras. John finalmente la recibió diecisiete años más tarde.

En la carta, el padre de John dijo que él había conocido a un hombre en un jardín de cervezas en Munich y ellos se habían presentado a sí mismos y brindado cada uno. "Mi nombre es Hans Shauder", el hombre le dijo al padre de John, lo cual el padre de John contestó: "*Mi* nombre es Hans Shauder". Y luego el otro Hans Shauder dijo que él había recibido una llamada unos años atrás de un hombre de América que estaba buscando a su padre: Hans Shauder. "Le dije que no lo podía ayudar".

Así que el padre de John sabía en 1983, dos años antes de que muriera que su hijo estaba buscándolo. Él esperaba que esta carta fuera la que llegara a su destinación para que así John supiera que su padre estaba buscándolo a *él*. Ahora, finalmente, él sabía. Para John, la confirmación estaba en una videocinta que él trajo desde Alemania y nos enseñó. Él había ido con sus hermanas al mismo lugar en el muelle en Hamburgo donde habían tomado una fotografía de su padre unos años antes. "Te encontré, Papá", John dijo calladamente, demasiado suave para que la cámara lo grabara. "Yo no sé si tú sabes que estoy aquí, pero estoy aquí y te encontré". Al siguiente día, antes de salir de regreso a casa, ellos pararon en el cementerio donde su padre había sido enterrado y John se paro junto a la tumba y dijo una oración. Él quería que su padre supiera que él estaba ahí.

Cuando él llegó a casa y miro la videocinta, John estaba asombrado. Ambos segmentos—en el muelle y en el cementerio—estaban totalmente distorsionados. Todos los colores estaban revueltos, y había una clase de brillo pulsador a través del montaje. El resto del video estaba perfectamente normal. "Él sabía que yo estaba ahí, y no hay duda que su espíritu estaba ahí", John me dijo. "Él me estaba diciendo, 'Yo sé que tú estás aquí, te voy a enseñar que *estoy* aquí'. El saber que él me busco es agridulce. Desdichadamente, no tuve la oportunidad cuando él estaba aún vivo de sentarme y hablar con él y abrazarlo y mirarlo a los ojos y escuchar lo que él tenía que decir. Y sin embargo es muy satisfaciente".

Cuando pensé acerca de esta historia, me maraville una vez más de que tan poderoso es el mundo espíritu. El alma no sólo tiene conciencia, también tiene voluntad. Cuando miré la cinta de la original apariencia de los Shauder en la galería, me sorprendieron mis últimas palabras para ellos: "Llámennos y dénnoslo a saber. ¿Bien? ¿Lo prometen?" Yo paso información todos los días que parecen que no conecta. Pero creo que nunca he hecho a alguien *prometer* que nos llamara y nos diera a saber si lo habían figurado. Pero así fue como Hans estaba empujando de fuerte la conexión Portuguesa—cuanto quería que su hijo siguiera el misterio que él sabía que finalmente le daría algo de paz.

"Ha sido realmente una experiencia que altero la vida". Brenda la esposa de John dijo. "Él ha cambiado totalmente. No hay ya un vació en su vida".

Cuando pienso acerca de John Shauder, este hombre quien vivió con un vació en su corazón por medio siglo, entiendo el por qué estoy aquí en este fantasmatico teatro viejo con su galería de pinturas, hablándole a la Cámara Uno. No hay, por supuesto, nada como una experiencia personal, especialmente una tan rara y especial como la de John. Pero no es necesario el salir y encontrar a un médium para tener una revelación acerca de los lazos que podemos tener con esos a quienes hemos perdido. Todos podemos de corazón aprender por medio de la experiencia de John.

Después de que terminamos el último día de grabación de nuestra primera temporada, Bonnie Hammer vino al estudio y junto a todos alrededor del escenario. Felicitaciones, ella dijo. Ustedes van a regresar. Las noticias fueron aún mejor unos meses más tarde. El Studio USA había decidido que estábamos listos para la sindicación. Sci Fi permanecería siendo nuestro hogar, pero la compañía padre empezaría a hablar con los canales de transmisión por todo el país acerca de agregar el programa a su lista diaria. Por el invierno del 2001, las estaciones en más del 90 por ciento del mercado mayor del país se habían apuntado. Quien tomó la decisión acerca de hacer el programa o no el año anterior, como quiera que sea la tomó, ahora sé que de esa manera se suponía que debería de haber pasado. La cosa peor que le puedes decir a alguien en televisión es de que algo está fuera de su control. Pero a veces es la única cosa que sé de seguro.

Recuerdo esa roca en mi escritorio. Confía.

CAPÍTULO 10

EL MÉDIUM
Y EL MEDIO

TE AGARRÉ

"Televisión de realidad son unas palabras muy populares ahora. Pero eso es lo que realmente es esto", Paul Shavelson, quien a este punto estaba compartiendo el titular de Productor Ejecutivo conmigo, estaba diciendo una noche a principios de marzo del 2001. estábamos sentados en el cuarto verde en CNN en Nueva York, donde estaba yo esperando salir en el *Larry King*. Tenía suficiente compañía. Aparte de Paul, Dana, mi colaborador Rick y Jean Guerin, la publicista del canal Sci Fi, estaba Angela Mancuso, en ese entonces la vice-presidente ejecutiva del cable USA. De casualidad estaba en la ciudad durante lo que algunos creían era una crisis de *Crossing Over*. ¿La emergencia? Tenía algo que ver con las observaciones de Paul acerca de la autenticidad del programa *Crossing Over*. "Hice documentarios por años y años y eso es lo que estamos haciendo", él dijo. "Tú no puedes usar esa palabra porque no hace dinero. Pero estamos enseñando exactamente lo que John hace. Así es exactamente como esta gente se siente. Esto es exactamente como ha afectado a nuestras vidas".

Las cinco personas conmigo en CNN eran un cortejo virtual, pero aún no tan grande como un gentío, como el que se estaba formando en dos continentes para hablar acerca de *Crossing Over* y si otros médiums y yo éramos legítimos. "Hoy en la noche: En ese programa exitoso, él reclama que puede hablar con el otro lado", Larry anunció mientras que el programa salía al aire. "¿Pero son los psíquicos reales?" Esta era mi cuarta vez en el *Larry King Live,* pero era la primera vez que se me preguntaría si yo estaba cometiendo un engaño. La semana anterior, una no menos prestigiada publicación como la revista *Time* había publicado un artículo reclamando eso. Causo furia en nuestra oficina de producción y obtuvo la atención de la red, por decirlo ligeramente. Pero de alguna manera—y esto nunca hubiera pasado un par de años antes—yo estaba relativamente tranquilo de ello. Por una parte porque yo no estaba sorprendido. Sabía que este día llegaría. Yo no lo sabía por ser psíquico. Lo sabía como un psíquico quien ha estado tratando con percepciones de su trabajo diariamente por quince años. Y ahora tenía un programa de televisión nacional que estaba alistándose a entrar en sindicación. Un escenario más grande, un tiro de puntería más grande.

Aprendí hace mucho tiempo que es imposible el hacer este trabajo de cualquier clase de manera pública sin recibir golpes, justos o no, inteligentes o inanes. Así que he tratado de limitar la clase de cosas que les permito que me molesten. Yo nunca pierdo la vista a esta realidad: Soy un miembro de la única profesión en la cual el trabajo siempre será cuestionado y nunca podrá ser comprobado. Como Bonnie Hammer dice, la gente lo creerá o no. Todos en la vista pública—políticos, actores, atletas—son sujeto de escudriñamiento. Pero todo lo que esas personas tienen que preocuparse es acerca de ser calumniados o criticados por su trabajo. Y lo peor, ellos pueden ser acusados de ser políticos deshonestos, atletas codiciosos, o actores pésimos. Pero nadie reclamará que su entera vida es una ilusión.

Mi actitud es esta: Tú quieres atacar mi profesión, hazlo. Tú quieres decir que los médiums están haciendo lecturas frías y jugando juegos de adivinanzas, adelante. La gente va a decir eso porque ellos no pueden acaparar en sus cerebros lo que nosotros hacemos. Es fútil para mí el tratar de convencerlos de otra forma. Pero lo que hace que me moleste, es cuando la gente trata de definir mis motivaciones o atacan a mi carácter personal. Diciendo que estoy en esto por el dinero o de que estoy aprovechándome de la gente o que soy un falso—esas cosas me molestan. Yo sé que es difícil para algunas personas el separar sus opiniones acerca de este campo a lo que ellos imaginan que son las motivaciones de los practicantes, pero hay limites de que tan fuerte es mi armadura emocional. Llámame tonto, pero yo no aprecio ser llamado un fraude.

Un acceso que he tomado es el de prestar atención de cómo los periodistas y los escépticos profesionales trabajan, para que así yo entienda como piensan ellos. No es suficiente con sólo ser cauto y es contraproducente el ser antagónico o inaccesible. Algunas veces es una buena idea el de sólo hacerse a un lado y apreciar las perspectivas de otras gentes y reconocer que sus motivaciones pueden actualmente ser honorables. Cuando estaba dando mis primeros pasitos dentro del medio a mediados de los años 90, un locutor de radio de nombre Steve Harper me pidió salir en su programa matutino en el WBLI, una estación en mi área de Long Island. La única cosa que había hecho hasta ese punto era un programa de radio en Miami arreglado por mi primo y Naomi DiClemente del programa matutino del domingo en WPLJ en Nueva York. Cuando llegue al estudio WBLI, Steve Harper me dijo que él sentía una gran responsabilidad para sus radioyentes, y mientras que él tomaba lo que yo reclamaba hacer seriamente, él no me conocía y no me había visto trabajar. Así que antes de salir al aire, tenía que comprobar lo que hacia. Tomamos llamadas y él grabó las lecturas sin ponerlas en el aire. Y cuando Steve se sintió satisfecho de lo que yo estaba haciendo era creíble y favorecedor para su audiencia—y eso es lo que hace un gran radio—él me sacó en vivo. Para mí, él estaba haciendo la cosa responsable. Junto a Naomi y Todd Pettengill, Steve se convirtió en un gran apoyo y amigo y aún sigo yendo a su programa.

La primera vez que fui atacado por la prensa fue en el *Village Voice* de Nueva York, después de que hice el séance de Andy Warhol. Por lo menos pensé que fue un ataque en ese tiempo. Fue realmente sólo una leve irritación por una columnista de murmuraciones que ahora parece gracioso. Yo no era tan bien conocido en ese entonces, y a lo mejor me sentí ofendido y a lo mejor también pensé que era a todo dar ser mencionado en el *Village Voice*. Creo que se puede decir que ese fue mi primer roce con la celebridad, las pocas historias acerca de la cosa con Andy Warhol que estaba enterrada en unos pocos periódicos.

Yo nunca me he sentido completamente cómodo con el ser bien conocido. Tengo dificultad con sólo decir la palabra "famoso". Mis instintos iniciales de que me gustaba el radio nunca se han disipado, porque significa que nadie tiene que ver mi cara. Yo me doy cuenta de que eso es algo extraño de decir para alguien con un programa de televisión, pero diferente a la mayoría de la gente en la televisión, el *estar* en la televisión nunca fue mi meta. Es sólo el mejor vehículo que tengo para enseñar y ayudar a legitimar la comunicación de espíritu.

Estaba caminando por un aeropuerto una vez con unos colegas, y uno de ellos estaba murmurando, "Reconóceme, Reconóceme". Yo soy lo opuesto. Yo espero que ellos no me reconozcan. Siempre puedo sentir la energía cuando *se* me ha reconocido, aún si la persona no está cerca de mi vista o no es obvia con ello.

No es que no aprecie a la gente cuando me saluda, especialmente si ellos tienen palabras bondadosas y alentadoras, pero a veces deseo poder tomar un descanso. Es agradable el tener admiradores, creo, pero viendo serias discusiones sin fin en el Internet acerca de cuales son mis motivaciones, que Sandra está embarazada cuando ella no lo estaba, cual es mi nombre verdadero, eso es para dar miedo. Algo de eso transciende a la celebridad.

Aún entre mis amigos y familiares, me siento como El Médium. *¿Cuál es la siguiente cosa con la que va a salir él?* No es la culpa de ellos—así es cuando estás alrededor de alguien quien, en cualquier momento, puede decir, "¿Quién es la persona que tiene el nombre con el sonido de la 'R', y el problema del corazón?" Yo aprecio a mi habilidad y a su potencial para ayudar a la gente, pero a veces deseo que sólo pudiera abrir un cierre en la piel adonde estoy y ser como todos los demás por un tiempo.

En 1999, empecé a hablar con la productora de *Dateline NBC* de nombre Deborah Trueman acerca de una historia que ella quería hacer de médiums y la comunicación de espíritu. Se había vuelto un tema popular para los programas de revistas y noticias de las redes. Y la publicadora para mi gira del Learning Annex estaba negociando con varios que estaban interesados en hacer segmentos conmigo. Pero fue *Dateline* con quien yo estaba más interesado en trabajar. Me caía bien Deborah Trueman, y después de varias juntas con ella, decidí hacerlo. "Yo deseo ser clara contigo", ella dijo. "Si hacemos una pieza—y yo no sé si va a ser aprobada—pero si hacemos una pieza de esto, será hecha con una integridad periodística. Enseñara a ambos lados". Le pregunté si eso significaba que habría escépticos en el programa, y ella dijo que sí. Yo le dije que respetaba eso y apreciaba su honestidad. Sólo mientras que la historia fuera balanceada y no de me atacara personalmente. Acababa de hacer el documentario de HBO, el cual lo consideraba una buena experiencia, y me caía bien Deborah Trueman, como me cayó bien Lisa Jackson, la productora de *La Vida Después De La Vida*. También pensé que el apellido de Deborah era una buena señal.

Deborah pensó que el corresponsal correcto para la historia era John Hockenberry y espero hasta que él estuviera desocupado. Por mientras, la invite a Long Island para que se sentara en un día de lecturas privadas para que pudiera obtener un sentir del trabajo. Sólo una persona de las cinco apuntadas en ese día no la quiso en el cuarto. La primera lectura fue una batalla. Fue para una mujer que no estaba feliz, obviamente desilusionada porque no recibí lo que ella quería. Las otras fueron igual de difíciles. Una de ella ni siquiera la puede leer. Por supuesto, la única buena lectura del día fue para la persona quien no quiso que Deborah estuviera ahí. ¿Era esto un aviso—No hagas eso? Yo no sé. Trato de mirar el lado bueno: Por lo menos Deborah no pensaría que traje a un montón de lecturas arregladas para hacer que me viera bien. *Realmente* mirando el lado bueno—y halagándome a mi mismo—le dije que yo estaba contento que ella pudo ver esto porque ahora ella sabía que hay un proceso aquí, y no siempre es un pumm, pumm, pumm, y atina, atina, atina.

El entusiasmo de Deborah por John Hockenberry me tenía anticipando el momento de conocerlo. Me imagine que él era un hombre con mente muy abierta quien no figuraría el estar esperando para emboscarme. Así que imagínate mi desilusión cuando una de las primeras preguntas en nuestra primera entrevista fue, "¿Cuanto trabajo de adivinanza está envuelto con lo que tú haces?" Eso asentó el tono. Sus preguntas parecían estar diseñadas para desafiarme y desafiarme otra vez, y obtener una reacción. Encontré que estaba contestando la mayoría de las preguntas de la misma manera: "Como ya te dije, veo, oigo, y siento mi información. Algunas las recibo correctamente, algunas equivocadamente. Pero las recibo." Él me enseño un segmento del video de *One Last Time*, en el cual recibí el nombre del hijo que había muerto de una mujer. "Tú adivinaste el nombre del niño", Hockenberry dijo. Yo no sé si él estaba tratando de hacerme perder el control. Yo no se lo iba a permitir, pero tenía que atentamente desafiarlo: Primero que nada, yo no adiviné. ¿Segundo, sabes que tan insultante es para esa mujer el sugerir que porque recibí el nombre de su hijo correctamente, ella iba a validar los otros detalles si no eran verdad?

Estaba esperanzado de que la inclinación de la historia iba a cambiar después de que el equipo de Deborah me filmara haciendo lecturas y Hockenberry recibiera una cercana y personal vista de cómo esto funciona. Arreglamos para que un equipo viniera al Holiday Inn en Long Island y grabara a una lectura de grupo que yo ya había planeado tener. Pero antes de eso, ellos querían obtener algo de grabación enseñando mi vida personal, y fuimos al estudio de baile de Sandra, donde un camarógrafo de nombre Tony nos grabó bailando.

Una pocas personas se salieron de la lectura de grupo porque el equipo de cámaras iba a estar ahí, pero la mayoría estuvo de acuerdo con ello. Cuando los productores de *Dateline* llegaron, les pide que hablaran con cada persona y verificaran que no había hablado con ninguno de ellos antes. La noche salió bien, por lo menos así yo lo creía. Era una sesión típica de grupo—mucha información conectó y alguna no. Casi al final, recibí una secuencia de información que nadie reconoció. Finalmente, el camarógrafo, Tony, dijo, "Yo creo que eso es para mi". En ese instante, tuve un extraño sentimiento de jala y empuja, como que esto podría ser una mal cosa de hacer, o una buena. Decidí seguir con la información, y Tony la reclamó. Era su padre quien estaba atravesando. Él se quitó la cámara de sus hombros y se enfocó en el momento. Es estaba visiblemente acongojado mientras le daba la información.

Deborah arregló una segunda entrevista con John Hockenberry un par de semanas más tarde. Esta vez, el me enseñó un segmento corto del Holiday Inn y me preguntó si yo lo consideraba una buena lectura. "¿Me estás preguntado si lo que tú me estás enseñando es una buena lectura, o si lo que actualmente paso fue una buena lectura?"

"Bueno, debo de decir que esta cinta fue editada para acortar el tiempo", Hockenberry dijo.

"No, tú lo has editado por el contenido. Lo que estás enseñando no es bueno. Lo que realmente paso, sí, yo creo que fue bueno".

Luego él me enseño dándole a una mujer una secuencia de información, de la cual ella no reconoció nada. Lo que él no enseñó fue de que todo ello era para la persona sentada junto a ella. "Tú no estás enseñando eso", le dije.

Y luego, el clímax de la interrogación. Hockenberry me enseño el segmento de mi diciéndole a Tony el camarógrafo que su padre estaba atravesando.

"¿Tú habías conocido a Tony antes, verdad?"

"Temprano en ese día, sí".

"Tú hablaste con él".

"Sí".

"¿Tenías conocimiento de que su papá había muerto?"

"Creo que temprano en el día él había mencionado algo".

"Eso me hace sentir como que eso es algo significante. Quiero decir, tú sabías que el tenía un familiar muerto y sabías que era su papá. Así que eso no es una energía atravesando. Eso es algo que sabías antes de empezar. ¿Tú sabías que su nombre es Tony, y sabías que su papá había muerto y sabías que él estaba en el cuarto, verdad?"

"Eso es mucho en que estar pensando, que me tienes haciendo", yo dije.

Era verdad de que Tony había mencionado de pasada en el estudio de baila que si alguien atravesaba para él, esperaba que fuera su padre. Yo me doy cuenta que es fútil el decir esto a un escéptico duro, pero realmente no recuerdo cosas como esa cuando estoy trabajando. Yo sólo digo lo que recibo tan pronto como lo recibo, la mitad del tiempo no conectándola a algo que he escuchado o dicho un minuto antes, mucho menos unas horas antes. Lo que paso en el Holiday Inn fue de que recibí bastante información—más de la que Tony me había dicho en el estudio de danza—y él entendió y levanto la mano para reclamarla. ¿Sabía yo que era para él? ¡No! Me daba cuenta ahora porque estaba recibiendo ese sentimiento de jala y empuja cuando la información estaba atravesando. Mi decisión de pasarla fue buena para Tony. No buena para mí. A lo mejor lo que estaba sintiendo era una guerra de jala y empuja entre mis guías y el papá de Tony. *Dilo. No lo digas.* La idea de que no hay espectadores en el proceso—si tú estás en el cuarto con un médium, tú eres un participante—era, por supuesto, nada nuevo. Pero esto fue meses antes de *Crossing Over,* así que haciendo una lectura sorpresa para un camarógrafo no era aún una rutina. Y cuando la información atravesó más tarde, yo definitivamente no estaba pensando acerca de cómo esto parecería o si me quedaba con ella. Yo sólo recibo la información y la paso. Eso es lo que hago. En este caso, lo que hice fue darle a *Dateline* su momento de "¡Aja!".

Por razones que nunca supe, la historia no salió al aire por un año, hasta noviembre del 2000, por el tiempo que *Crossing Over* estaba agarrando su paso y dándome un reconocimiento mucho más alto del que tenía cuando yo estaba grabando esa historia. Nunca vi el programa. Yo no leo o miro mucho de lo que es reportado acerca de mí porque lo encuentro imposible de juzgar objetivamente. Prefiero escuchar de la gente a mi alrededor mencionar acerca de las historias y usar eso como una medida o la respuesta. La historia fue mucho más larga que yo esperaba, acerca de dos tercios de la hora televisada, y según la mayoría de mis amigos—quienes son admitidamente protectivos de mí y probablemente no mucho más objetivos que yo—no fue bonita. Pero no pensaron que fue terrible tampoco. Ellos enseñaron ambos lados como prometieron.

Estaba sorprendido—¡Sorprendido!—de que no había hecho nada que conmoviera a John Hockenberry. El pensó que la sesión en el Holiday Inn era "una frecuente y tediosas cuatro horas con muchos, muchos errores". Él concluyó: "¿Qué tal si podemos obtener una fotografía de todas las personas que John Edward dijo que estaban amontonándose para enviar un mensaje a los vivos? ¿Qué clase de gente encontraríamos que son ellos?

Bueno, ellos no son personas enojadas. Ellos no están amargadas por haber sido llevadas tan pronto. No escuchamos historias de dolor y sufrimiento, ni peticiones de venganza o de emparejar la cuenta. Estas personas muertas son *agradables*. Y a lo mejor un poco aburridas. Pero como vimos aquí, aún una agradable, palabra aburrida de un muerto le gana a un entero sermón de cualquiera en este mundo".

Hockenberry le cayó fuerte al lado del escéptico profesional que ellos usaron como mi adversario. Él fue identificado como Joe Nickell, un miembro del comité para la investigación científica de reclamos de lo paranormal, el cual les gusta simplificar las cosas y llamarse CSICOP. Él hizo los usuales comentarios: que los médiums modernos son engatusadores en expediciones de pesca de información haciendo dinero con la pena de la gente—"Los mismos perros viejos con trucos nuevos", en las palabras de Hockenberry.

Algunas personas pensaron que excepto por el mofo en algunos comentarios de Hockenberry y su gran momento de ¡Te agarré!, El programa estaba balanceado; que Deborah Trueman mantuvo su palabra de demostrar a ambos lados. Ellos pensaron que fue el hombre de CSICOP quien era el mismo perro viejo, y que él ni siquiera tenía trucos nuevos. El programa no debe de haber sido todo malo. Los Studios USA lo estaba usando para vender dentro de una sindicación a *Crossing Over*. Y no fue hasta después de que salió al aire en *Dateline* que la versión de cubierta ligera de *One Last Time* llegó a la lista de los libros mejor en ventas del *New York Times*.

EL SEGMENTO DE *DATELINE* y algunas historias que aparecieron en unas publicaciones respetadas me dejaron con la opinión que hay mucha inexactitud en el medio. ¡Oye, paren la prensa! Pero más allá del regular mal reportaje viejo, está el problema agregado de que muy pocos que escriben acerca de este fenómeno parecen poder hacerlo sin procurar el sistema de creencia de alguien—su propio, o el de la gente por quien trabajan. Parece que por más grande y más prestigiada que sea el lugar de salida de noticias, la menos oportunidad habrá de que se llevará lo que es evidentemente un gran riesgo y presentará la comunicación de espíritu honesta y abiertamente, sin el inevitable elitista tono burlón. A lo mejor eso es el por qué las historias de la revista *Star* de mí estaba más acertada que la de NBC. Hay excepciones, por supuesto, la historia de Bill Falk en *Newsday* en 1997 siendo la más notable. Pero algunos reporteros ven esto como un paseo gratis. Escribe cualquier cosa que quieras—oye, él sólo es un atontado psíquico de televisión. Es a prueba de sátiras.

Y ahora tenemos el Internet. Odio el Internet. Seguro, estaría perdido sin el e-mail, y es asombroso la clase de cosas que puedes encontrar en el internet. Pero eso es también un problema . . . es asombroso la clase de cosas que puedes encontrar en el internet.

"¿Por qué es *Crossing Over* tan malo?" Alguien de nombre Viki Reed escribió en Noviembre del 2000. "Por la misma razón que cuando un niño es secuestrado en un pueblo pequeño, nadie ya puede dormir con sus puertas abiertas. Cuando tú envenenas el ya reducido poso de confianza humana, tú lo manchas para todos. . . . ¿Qué tanto amor es causado por alguien quien toma la aflicción y la convierte en ceros en un contrato? . . . Tengo unas preguntas para John Edward y compañía: ¿Han dado Los Muertos una fecha aproximada de cuando vas a ser expuesto y a que país extranjero se siente que ellos están sugiriendo para que vueles ahí?" Hay pláticas sin fin llenas de declaraciones erróneas en las páginas del Internet de los escépticos. Alguien declaró que mi madre ni siquiera estaba muerta.

Yo no estoy en busca de uno de esos paseos gratis. Estaré más que satisfecho con una simple e imparcial exactitud. Si Deborah Trueman hubiera reportado que ella se sentó en un día de lecturas de persona a persona y de que yo había batallado tanto que una de esa personas se había prácticamente salido enojada, eso hubiera sido acertado. Eso pasó. Yo no tengo inseguridad acerca de que la gente conozca eso—mientras que ellas conozcan también la historia completa. Aún en *Crossing Over,* yo quiero que cualquier cosa que pase sea reportada acertadamente.

En el contexto de un programa de televisión de media hora que sale de horas de grabación, eso significa la clase de cuidadosa editada que no deja falsas impresiones. Desde El Primer Día, yo estaba muy preocupado que no editáramos el programa de tal manera que toda la información no validada y momentos lentos desaparecieran, esencialmente dejando una cinta de una interesante lectura tras otra que dejen la boca abierta. Yo sabía al entrar en esto que eso era el instinto de televisión—yo no podría esperar que nuestros productores y el equipo de post-producción inmediatamente olvidaran todo lo que ellos habían aprendido. Pero yo esperaba que ellos adaptaran lo que ellos sabían a lo que yo hacia.

Editando un programa de entretenimiento y hacerlo llamador está bien. Editando *Crossing Over* de una manera que distorsione lo que realmente paso—eso no está bien. Aparte de ser deshonesto, va en contra del grano de lo que quiero completar. El hacerme ver bien no es algo que me importa o necesito hacer. Yo quiero que la gente conozca la verdad acerca de esto. La última cosa que deseo es elevar las expectativas tan altas que la gente venga a la galería esperando ser asombrado cada cinco segundos. Yo no puedo entregar eso. Así que la ley en nuestro cuarto de edición es esta: *Edita por tiempo, no por contenido.*

MICRÓFONOS OCULTOS

ASÍ QUE TAL ACERCA DE ESOS VIAJES GRATIS. Asumía antes que las instituciones principales del periodismo Americano tenían reglas mínimas a donde ellos raramente se deslizaban. Ellos cometían errores, todos lo hacen, pero los errores eran honestos y usualmente no monumentales. Ellos tenían sistemas de reviso y balance—editores, creo que así los llaman—para asegurarse que ellos se adhieren a la básica exactitud e imparcialidad. Así que un reportero de, diremos, la revista *Time*, no podía inventar cosas o escribir cualquier cosa que él quisiera sin investigar sólo porque paso que le quedaba a alguna inclinación personal o creencia que él tenía. ¿Podría hacer esto él?

A mediados de febrero del 2001, llegó una llamada a mi oficina de un reportero del *Time* de nombre Leon Jaroff. Carol, mi asistente, tomó la llamada, y Jaroff le dijo que él había escrito una historia acerca de *Crossing Over* que él se imaginaba que nos gustaría comentar de ella. Carol estaba confusa. ¿Primero, como podía el escribir una historia? Esta era la primera vez que ella había escuchado de él. Él no había estado en el programa o me había entrevistado o a alguien más de ahí. Y ella sabía que alguien más del *Time* estaba supuestamente haciendo una historia. Era una mujer, y lo último que Carol había escuchado era de que ella estaba haciendo arreglos con Jean Guerin, la publicista para el programa. Carol le preguntó a Leon Jaroff si él estaba trabajando con esta otra reportera. Él dijo que no. Él ya había terminado con la historia y, como él estaba diciendo, quería obtener un comentario. Él dijo que estaba de vacaciones en Florida, en caso de que ella estuviera interesada.

Ella aún no entendía como él podía haber escrito una historia. "¿Dónde obtuviste tu información?" ella preguntó. Jaroff dijo que él había visto el programa, mirado a mi página en el internet y entrevistado a alguien a quien se le había leído en el programa. "¿Así que no has hablado con John y no has estado en el programa?" Carol preguntó, demostrando una apreciación más grande a la técnica periodística y un nivel alto de curiosidad profesional que Mr. Jaroff. ¿Y, realmente, qué tan sorprendente era eso? Como descubrimos más tarde, Jaroff era un escritor de ciencias con décadas de experiencia en reportar cosas como la genética humana. Así que no esperarías que él fuera muy bueno para encontrar cosas. Uno de los puntos altos de su carrera había sido una historia reclamando que iba a exponer al doblador de cucharas Uri Geller hace veinte o treinta años. Así que no había mucho que él no sabía.

Jaroff repitió que había algunas cosas en la historia de lo que nos preocuparía. Carol le pidió que nos enviara por fax el artículo, pero Jaroff dijo que él no podía hacer eso. "¿Entonces como vamos a poder comentar?" ella preguntó. Él dijo que quería leérselo a ella por teléfono. En este punto, Carol decidió que esto se estaba poniendo muy extraño. Este hombre dice que es de la revista *Time* y tiene esta historia que nos "preocuparía", y él todavía no a pedido hablar conmigo, o aún preguntado a Carol quien es ella o si ella es la persona adecuada a quien él debe de leer una historia de mil palabras y recibir un comentario. Carol le preguntó que esperara y vino a mi oficina. Definitivamente algo que se puede encargar Jean, le dije. Dale al hombre su número.

Jaroff si llamó a Jean Guerin—pero no inmediatamente. Cuando Jaroff dijo que íbamos a tener preocupaciones, él no estaba bromeando. Él le dijo a Jean que alguien a quien se le había leído en nuestro programa le había dicho que miembros del equipo reunían información acerca de la gente en la galería y luego me la pasaban durante un supuesto atraso de "dificultad técnica". Esta persona también estaba diciendo que teníamos micrófonos alrededor del estudio que recogían las conversaciones de la gente en la galería antes de que yo saliera. Jean estaba asombradísima. Estas cosas eran ridículas, ella dijo—¿Quién era esta persona? Ella le dijo a Jaroff que de regla, yo no respondo a la critica—y la interpretación de mi póliza de "No tengo nada que defender". Pero ella trató de ponerlo en lo correcto y lo invito al programa para que viera por él mismo—tenemos una póliza de una puerta bien abierta—y me entrevistara. Él dijo que eso no iba a ser posible. Él estaba de vacaciones en Florida, y la historia iba a ser prensada la siguiente mañana. *¿La siguiente mañana?* Bueno, Jean dijo, por lo menos corrige esas alegaciones falsas.

El encabezado fue la primera pista de que él no lo hizo: **Hablando con los Muertos.** *Para alcanzar a esos quienes han 'cruzado al más allá', John Edward puede haber cruzado una línea de más.* El primer párrafo me describió como un "engatusador y anterior instructor de baile de salón quien estaba haciendo dinero" con sus supuestas habilidades para conectarse con los muertos. Se fue para abajo de ahí. Jaroff siguió con una lista de mis varios orígenes de ingresos y proclamó que yo era "una de las pocas industrias crecientes en una diferente deslustrada economía", gracias mayormente a mi seguridad fuerte en "usar una serie de preguntas y sugestiones, cada una formada por la respuesta previa del sujeto". Lecturas frías, en otras palabras.

Si la historia de Jaroff hubiera sido limitada a una descripción más sin pistas de mi trabajo o una predecible sobre declaración de mi valor neto por alguien con una mente más estrecha que las corbatas que estaban de moda en el año que yo nací, ustedes no estuvieran leyendo esto aquí. Pero lo que la gente quien se metió con *Crossing Over* encontró cuando abrieron el *Time* en ese día lunes de marzo fue una diferente clase de sorpresa lectura ataque. Después de producir este rompedor de terreno y delicado concepto de televisión con la más alta orden de integridad por casi un año, ellos se encontraron siendo acusados de ser los peores bribones en televisión desde los escándalos del programa de preguntas de los años cincuenta. Y de mí, yo solo quiero aclarar una cosa: Yo no soy un *anterior* instructor de baile de salón. Y si tú no me lo crees, sólo ven al escenario cualquier día que grabamos.

Aquí está lo que parece que paso: Un hombre de nombre Michael O'Neill había venido al programa con familiares que tenían un boleto extra y estaban esperando conectarse con el abuelo de Michael. Una figura masculina mayor atravesó y me jaló hacia la área en la galería donde O'Neill estaba sentado. Él validó lo suficiente de la información para indicar que habíamos conectado con su abuelo, y aparentemente se fue a casa razonablemente impresionado. Pero cuando O'Neill vio el programa en televisión una semanas más tarde, según Jaroff, él "empezó a sospechar trapacería". Él creía que la lectura fue editada para que él apareciera estar asistiendo con la cabeza a la información que él recordaba decir que estaba equivocada y de que la mayoría de las otras "fallas" en su lectura y esas de otros fueron editadas.

"Ahora sospechoso", Jaroff escribió, "O'Neill recordó que mientras la audiencia estaba esperando a ser sentada, los ayudantes de Edward estaban moviéndose por dondequiera, empezando conversaciones y haciendo que la gente llenara tarjetas con sus nombres, árbol familiar, y otros hechos. Una vez adentro del auditorio, donde cada familia fue dirigida a unos preasignados asientos, más de una hora paso antes del comienzo del programa mientras que 'dificultades técnicas' atrás del escenario estaban siendo corregidas. ¿Y que hizo la mayoría de la audiencia—atraídos por el prospecto de comunicarse con sus familiares fallecidos—sólo hablar durante los retrasos? De esos familiares fallecidos, por supuesto. Estas conversaciones, O'Neill sospecha, pueden haber sido recogidas por micrófonos estratégicamente colocados alrededor del auditorio y luego pasados al médium".

¿Qué se puede decir acerca del estado del periodismo Americano cuando validando información es más importante para un hablante veloz, bailarín de salón psíquico médium que para un escritor de ciencias de las revistas principales de noticias del país? A esos de nosotros en el programa, por supuesto, los cargos eran más que ridículos. Sí, nosotros preasignamos asientos. Muy parecido como ellos preasignan asientos en los juegos del Disneyworld. Y acerca de esas "dificultades técnicas". Ellas son llamadas Produciendo un Programa de Televisión Diariamente. Cuando Paul revisó a la lista del día que Michael O'Neill estaba sentado en la galería, él encontró que la galería de la mañana había empezado un poco más tarde que lo regular, lo cual atrasó la hora de la comida para el equipo y la grabación para la galería de la tarde, la cual incluía a O'Neill. Creo que yo no era el único que pensaba que sólo era de apuntar y grabar.

Y, sí, es verdad que muchas personas en el programa—estoy seguro que ellos no aprecian ser llamados mis "ayudantes"—hacen mucho del "movimiento por dondequiera". Ese es prácticamente la descripción del trabajo para la mayoría de la gente que trabaja en programas de televisión. Pero tanto como a ellos les gustaría ir alrededor y empezar conversaciones con miembros de la galería, con todo este movimiento alrededor ellos no tienen tiempo para hacer eso *y* dar todas esas tarjetas y obtener toda esa información de la familia y luego coleccionar las tarjetas y irse atrás del escenario para que así yo pueda leerlas y memorizar toda esa fascinante información familiar mientras que los ayudantes se forman para decirme adonde esta la gente sentada quien llenó esas tarjetas que estaba leyendo. Y realmente tengo que hacer eso rápido, porque hay más ayudantes esperando a pasar toda la información que ellos acaban de escribir después de escuchar a todas las pláticas siendo recogidas por esos micrófonos estratégicamente colocados que aparentemente no colocamos lo *suficientemente* estratégico que el ojo de águila de Michael O'Neill no los dejo de detectar, o por lo menos detecto que él *sospecho* detectarlos. ¿Por supuesto, como pudo Leon Jaroff saber algo como esto? Él no había tenido tiempo para venir a nuestro "auditorio" y mirar alrededor.

Así quiera o no creer Michael O'Neill que su abuelo atravesó ese día es para que él lo decida. Pero cualquier botón que la experiencia empujó, lo guió a escribir sus sospechas por correo electrónico a la James Randi Educational Foundation en Fort Lauderdale, Florida. Leon Jaroff escuchó acerca de O'Neill de Randi, su compañero Escéptico. O mejor dicho, Escéptico Selectivo. Él no fue nada escéptico de Michael O'Neill o sus "sospechas". Randi cito a O'Neill liberalmente en su columna de la revista *Skeptic*. "Yo creo que todo el lugar de alguna manera está lleno con micrófonos ocultos". Randi cito a O'Neill. "Yo creo que [Edward] está atrás del escenario escuchando y mirándonos a todos y notando ciertas lecturas. Cuando él finalmente aparece, él mira a la audiencia como si estuviera tratando de encontrar a la gente que él reconozca. Él también tiene a varias personas trabajando para él en la audiencia. Me di cuenta porque unas quince gentes llegaron en una camioneta fletada, y una vez adentro, ellos no se sentaron juntos". En eso, la revista *Time* basó la historia de *Crossing Over*.

Yo esperaba que algo como esto pasara, desde que el *New York Post* sacó una historia en su página de televisión levantando la posibilidad de que yo era el Mismo Diablo—ilustrada con una *enorme* fotografía de mí con unos cuernos generados por computadora. Si yo no lo hubiera sabido ya, eso confirmó que los psíquicos médiums son como lo que se conoce en el medio como Caza Libre, lo cual es una manera agradable para decir Carne Cruda. La historia de Jaroff fue tan sobre pasada de absurda que en un nivel pensé que era realmente divertida. ¿Quiero decir, este hombre—o cualquiera de la armada de editores que ellos supuestamente tienen en las revistas de noticias—realmente pensaron que andamos juntando información acerca de la gente antes del programa y esperar que nadie diga nada acerca de eso por un año? ¿Qué era la cosa tan especial acerca de Michael O'Neill, "un gerente de mercadeo en la ciudad de Nueva York", que fue él quien finalmente resolvió el caso?

La historia de Jaroff prendió una serie de lumbradas en las dos costas. En el mismo programa, miembros del equipo estaban injuriados y molestos, y yo estaba enojado por su parte, mucho más que por mí. Estas eran personas profesionales y esto era un despreciable e infundado ataque a su integridad. Su compromiso al programa y para mí no es algo que tomo a la ligera o sin importancia. Ellos no se merecían esto. Fue más perturbador porque sabíamos casi inmediatamente que la compañía estaba muy preocupada, y no estábamos seguros de que se trataba eso. Podíamos sentir los estremecimientos tres mil millas de lejos, y sólo esperábamos que fuera una preocupación parental lo que estábamos sintiendo. Yo no quería que ellos "defendieran" al programa, pero quería que nos demostraran apoyo y combatieran eso de alguna manera. En lo opuesto, fue hecho claro rápidamente que hay unos jefes que parecían estar dándose cuenta de eso, pensándolo bien, ellos no sabían mucho acerca de cómo este programa estaba siendo producido. Por todo lo que ellos sabían, nosotros *estábamos* usando micrófonos ocultos y haciendo quien sabe que otras cosas.

A Paul se le ordenó que preparara un reporte detallado de nuestro procedimiento: Todo desde como la galería era escogida hasta donde estaba cada micrófono. Ellos querían saber todo lo que pasaba con los miembros de la galería desde el momento que ellos escribían para solicitar boletos hasta el momento que ellos dejaban el edificio después de que terminaba la grabación. ¿Quién les hablaba, y acerca de qué? ¿Llenaban ellos algunas formas? ¿Qué información se les pedía que dieran ellos? Para tu información, el único papeleo que se les pide a los miembros de la galería que nos den es una cesión legal dándonos permiso para incluirlos en el programa, e información para comunicarnos para las entrevistas de después de grabación. De las únicas cosas que nuestro coordinador de galería, Jesse Shafer, les habla son de lo que va a pasar en las siguientes horas y donde están los baños. Ni los productores ni yo tenemos nada que ver con el proceso de llenar la galería.

Mientras, sólo en caso de que alguien preguntara, Paul y Dana examinaron los micrófonos que están ciertamente "estratégicamente colocados" sobre el escenario—para recoger el aplauso y el "ruido de ambiente". Ellos encontraron que si escuchaban muy cercanamente en el cuarto de control, y que todos estuvieran muy callados, ellos podían escuchar a la gente hablar. Pero era difícil el entender mucho de lo que se estaba diciendo. Era difícil el imaginar a alguien con algo de inteligencia que pensara que un entero programa de televisión dependería en los productores forzándose para escuchar pedazos de conversaciones susurrantes y esperanzados de que ellos pudieran recoger lo suficiente para llenar tres programas.

Paul y Dana siguieron sus pequeñas investigaciones con una mezcla de molestia y diversión. "Yo he estado en programas de juegos que tienen más cosas que esconder", Dana dijo. Luego él y Paul miraron la cinta original de la lectura de Michael O'Neill y la compararon con el programa que salió al aire, confirmó lo que sabíamos: no tenía una editada creativa para que se viera como si O'Neill estaba contestando sí a la información que él no podía validar. La gente cínica como Leon Jaroff están tan voluntariamente ignorantes de la realidad de lo que yo hago y de cómo *Crossing Over* es producido que ellos ni siquiera consideran la posibilidad que la editada manipulada es el mero símbolo de lo que *no* se trata el programa. Desdichadamente, Jaroff está en una posición de tremendo poder porque sucede que él escribe para la revista *Time*. Si él hubiera hecho el periodismo más básico, él se hubiera dado cuenta en nuestro esfuerzo continuo para hacer del programa un reflejo del proceso, estábamos haciendo aún menos editada que cuando empezamos, aún para ahorrar tiempo. Estábamos permitiéndoles a las lecturas respirar un poquito más. El problema real era de que los editores de *Time* le permitieron a alguien con tal obvia inclinación escribir acerca del programa, en el primer lugar. En lugar de publicar el falso y flojo "reportaje" de un confirmado escéptico—la clase de basura que se espera encontrar en el Internet—¿por qué no asignar la historia a un reportero quien se acercaría a la historia como cualquier otro: Con ojos y mente abierta, y con honradez y exactitud siendo su primera prioridad?

Larry King, conociendo la historia, me invitó a salir en su programa para hablar acerca de la controversia. Él también tuvo a Sylvia Browne y James Van Praagh en Los Angeles, junto con una variedad de escépticos, incluyendo a Paul Kurtz, un profesor de filosofía en el State University de Nueva York en Buffalo y publicador de *The Skeptical Inquirer*. Y al mismo Leon Jaroff.

"Para tu información, Larry", Jaroff dijo, después de que James, Sylvia, y yo fuimos presentados como autores de libros, "Yo he escrito un libro también, pero es acerca de un tema real, el proyecto del genome humano. Pensé en incluir esto aquí".

Cuando Larry le preguntó a Jaroff si yo y otros médiums somos fraudes, Jaroff dijo: "Yo voy a decir dos cosas. Una, yo creo que ellos son muy buenos en lo que ellos hacen, pero pienso que lo que ellos hacen son mentiras". Cuando Larry le preguntó por qué, Jaroff dijo, "Porque ellos usan una técnica que ha sido conocida por magos por años. Es llamada lecturas frías, y luego hay variaciones de ella las cuales son llamadas lecturas tibias y lecturas calientes".

Unos días más tarde, la red envió a los licenciados para que miraran alrededor. Esto era para que ellos pudieran públicamente declarar cuales eran los procedimientos del programa. Y así ellos tuvieran toda la información que necesitaran si decidían tomar una acción legal. Paul les enseñó alrededor del lugar un día. "Ahí está el baño de John", él les dijo cuando los trajo dentro de mi vestidor. "Su grabadora. Sus calcetines. Nada que esconder". Hubo largas y envueltas discusiones de que procedimientos pueden ser instituidos para garantizar que nadie obtenga información acerca de los miembros de la galería de antemano—no de que alguien haya pensado que estábamos haciendo eso. Todo era acerca de la percepción. Hubo ideas acerca de números código y sistemas de computadoras para asegurar que las manos de nadie directamente conectados con el programa nunca tocara un solicitado boleto. "¿En un cierto punto, cuanto tiempo, energía, y dinero deseamos gastar en algo que estábamos haciendo legítimamente en el primer lugar?" Dana dijo.

Había sentimientos definitivos para una demanda legal alrededor del programa, y parecía que una estaba siendo seriamente considerada. El estudio tenía mucho en juego con la sindicación. Dos meses antes, *Crossing Over* había sido lo más popular en la junta anual de la Asociación Nacional de Productores y Ejecutivos de Televisión en Las Vegas. En ese entonces, el programa había sido recogido por estaciones en más del 90 por ciento de los mercados mayores del país y adondequiera que iba yo en la convención, la gente quería hablar conmigo acerca del programa. Ahora, dos meses más tarde, la palabra era que los sindicadores competidores estaban esparciendo la historia de *Time* con la esperanza de hacer que las estaciones nos soltara antes de que un sólo programa saliera al aire. Pero semanas más tarde, ninguna se había salido del trato, lo cual parecía aliviar cualesquiera pensamientos que la red de comunicación USA demandaría a no menos que a Time Warner AOL sobre de que si el Muchacho Psíquico aquí estaba haciendo trampa.

Charles Nordlander escribió una carta a *Time*, la cual fue publicada muy editadamente—por espacio, creo que ellos dirían, no por contenido. Y Bonnie Hammer escribió una carta furiosa a Norman Pearlstine, el director editorial de Time Incorporated, conteniendo "la más fuerte posible protesta sobre la grosera negligencia y el irresponsable periodismo por el escritor Leon Jaroff". Ella demandaba una retracción, la cual nunca llegó.

Después de que la tempestad se calmó, pensé acerca del por qué yo estaba haciendo el programa en el primer lugar. Era para llegar a la gente. La audiencia era mi única preocupación real. Y ellos serían los más lastimados. Me dolía el pensar que alguien quien se sentó en nuestra galería en los últimos nueve meses y se fue a su casa más conocedor y conectado de cuando llegó pueda preguntarse si sólo fue una gran ilusión. ¿Si John Shauder hubiera cuestionado, por sólo un segundo, de que si nosotros tuviéramos su nombre en nuestra lista y enviado a nuestro equipo de investigadores para cavar dentro de su pasado? ¿Si Catherine empezaba a preguntarse si era posible que por mientras estaba esperando para que empezara la grabación, había estado parada junto a algún micrófono escondido y mencionado la pluma que cayó en los pies de su hija en el Niagara Falls? ¿Y qué tal acerca de todas esas personas mirando en casa? ¿Pensarían unas de ellas que sólo era un programa de magia después de todo?

Sí. Yo pude mirar para atrás y ver que tan lejos hemos venido. Pero eso no quería decir que no teníamos más lejos que ir. O aún no por esa razón.

EPILOGO

Estoy parado en el luminoso disco que ha sido mi segundo hogar por casi un año, listo para decir adiós y agradecer a la última galería por venir antes de que tomemos un descanso de dos semanas. El resto no es para el fatigado. Es para el que tiene reserva de trabajo. Demasiada cinta se está juntando en el departamento de post-producción, así que Paul ha decidido parar la grabación por un tiempo para permitirles ponerse al corriente. Amo al programa, pero puedo usar el descanso. Todos lo podemos usar.

Mire a la señal de Doug Fogal, mi fiel manejador del escenario, esto es todo, es hora para terminar. Parece como que hace toda una vida cuando Doug estaba contando al revez mientras yo esperaba inquietamente a un lado del escenario, listo para salir y saludar a la primera galería oficial. Ahora, todas estas galerías más tarde, yo los miro y veo lo que siempre veo en este momento: caras desilusionadas, la gente preguntándose el por que sus familias no atravesaron, por que ellos no estaban entre los afortunados, como los soldados que salieron sin nada de cartas en la llamada de correo. Les digo que deseo que hubiera leído para todos ellos.

Pero entre esas caras desilusionadas hay muchas otras que no han recibido los mensajes que ellos querían escuchar pero que recibieron el mensaje mayor: que la *experiencia* fue tanto para ellos como para la gente a quien se les leyó. Ellos recibieron consuelo e información por medio de las lecturas de esos sentados junto a ellos, y siento su apreciación. Y espero que ellos—y la gente mirando en casa—acepten mi mensaje para llevar a casa: Siempre recuerda el comunicar, apreciar, y validar a la gente en tu vida, pasada y presente. Y tú no necesitas un médium para apreciar y comunicarte con esos en el otro lado. No debes de permanecer enfocado en el otro lado a costo de tu vida aquí en la tierra. Si hay una cosa que esos en el otro lado

CRUZANDO AL MÁS ALLÁ

quieren que sepamos es de que tú no tienes que preocuparte por ellos. Prosigue con tu vida, disfrútala, valúala, y no la hagas que sea acerca de esperar para esa reunión en el gran más allá. Hay una razón por la cual ellos le llaman *después* de la vida.

Me volteó y me bajo del disco, sintiéndome bien del trabajo del día. Me detengo por una serie de pequeñas charlas antes de dirigirme fuera del escenario y subir por las escaleras del viejo teatro hacia mi vestidor. Hay una revista *Time* en una mesa en el camino y por un segundo. Soy sacudido de regreso a la realidad de que no importa que tanto trabajo yo haga, esto nunca va a ser fácil o fácilmente aceptado. Aún yo tenía mis dudas en el principio. *¿Debería yo de estar haciendo esto en televisión? No estoy seguro de que está honorando el proceso cuando lo que estoy haciendo es llamado un "programa".*

Yo sabía que el estar haciendo esto en la televisión nacional sería como el pintarme un gran tiro de puntería en mi espalda. Esos quienes miran a los médiums como estafadores haciendo dinero de la aflicción de la gente se iban a formar para disparar sus tiros. Pero si alguna cosa está clara para mí, es de que aunque los cínicos y los tiradores de emboscada nunca desaparecerán, ellos se están volviendo más y más fuera de moda e irrelevantes cada día. Ellos aún están marchando siguiendo al mismo viejo latido de descreencia. Ellos dicen que quieren pruebas científicas, pero es difícil de ver evidencia cuando traes tus vendas en los ojos puestas, tu espalda volteada y tu mente cerrada a todo, y solo aceptas a lo que tú siempre has creído. ¿Tengo que reírme de la ironía: posición de quien está realmente basada en la fe (o falta de ella), y de quien en la evidencia? Pero como dije: Ellos no están yendo a ningún lado.

No hace mucho tiempo, yo estaba en un vuelo hacia San Diego, leyendo un libro de Shirley MacLaine, *El Camino*. Había un pasaje en el cual ella estaba pensando acerca de cómo el medio de comunicación cubre los tópicos espirituales, y su analogía fue al punto, si no original. Ella pensó que ellos eran como una manada de perros. En ese momento, mis Muchachos entraron con un "oh, por casualidad" comentario. Y era de que yo iba a ser un "guerrero" para mi campo. Instantáneamente, saqué una expletiva. El hombre que tenía el lujo de estar sentado junto a mi me miró como si yo sufriera del síndrome de Tourette. Le sonreí dolorosamente con una mirada apologética, y después sólo mire fijamente afuera directo a las nuves. Todo en lo que me podía enfocar era la palabra. *Guerrero*. Ello implicaba forcejeo, si no una directa batalla. ¿Cómo puede ser eso posible cuando me rehúso a defender lo que hago? Prefiero mucho mejor ser un "embajador".

Cada día entiendo su mensaje más claramente. Mientras estaba terminando este libro, atendí el bat mitzvah de la hija de un amigo. Llegamos tarde y mientras Sandra fue al cuarto para las damas, me senté afuera en una silla. En ese entonces, un enjambre de muchachos y muchachas adolescentes salieron volando del cuarto de la fiesta, dirigiéndose a sus baños respectivos. Los muchachos siguieron, pero uno después del otro, las muchachas me notaron y pararon a tratar de figurar de donde ellas me conocían. Y finalmente, una de ella dijo, "¡Oh Dios mío! ¡Ese es el hombre que habla con Dios!" Otra muchacha la corrigió. "No—él sale en las películas". Las muchachas se reunieron alrededor, mirándome como si mi platillo volador estuviera estacionado afuera. Yo realmente quería saber por qué le estaba tomando mucho tiempo para salir a Sandra. "¿Bueno, que es lo que *haces?*" una de las muchachas preguntó.

De repente me encontré en mi propio episodio de *Touched by an Angel*. "Yo no le hablo a Dios", yo dije. "Bueno, realmente todos podemos hablar con Dios. Él nos escucha a todos nosotros, no sólo a la gente de la televisión. Estoy en un programa que trata con la cosa psíquica". Una me arrojo otra clase de mirada.

"¿Tú le crees?" Su amiga—pelirroja con pecas—se inclinó hacia delante, manos en la cadera. "¡Yo creo que tú eres un *gran impostor!*" ella dijo, y luego se volteó y se marchó hacia el cuarto para las damas.

Acababa de ser insultado por alguien de la secundaria. La última vez que eso paso fue cuando hice una cita con una muchacha, sólo para que ella llegara con su novio. Sí, entiendo el mensaje de guerrero.

SOLO AHORA EN MI VESTIDOR, quitándome mi maquillaje y colgando mi vestuario, no estoy de humor para pelear. Hay un montón de cartas cerca de mí de gente que escribió para decir que tanto *Crossing Over* los ha ayudado. Muchas de ellas han incluido fotografías de sus seres queridos y unos pequeños obsequios de apreciación. Hay una carta de una mamá y papá diciendo gracias por darles Una Última Vez con su hijo. Ellos quieren que yo me quede con una medalla de tipo de las Olimpiadas Especiales colocada en un marco, que él se ganó. Cuando leo cartas como estas, quitan la punzada de los ataques. Me encuentro yo mismo poniéndome menos y menos enojado hacia los cínicos. Más y más, siento lástima por ellos.

Pero no necesito cartas para sentirme validado acerca del pasado año. Yo sólo necesito ver a través de mi archivo mental los momentos memorables. Yo pienso en Carla y Vincent, unos recién casados que estaban sentados en la galería un día. El papá de Carla atravesó diciendo que él bailo en la boda de ella. Carla dijo que ella tenía su fotografía asegurada con un alfiler dentro de su vestido de novia. Yo pienso en la mujer quien se conectó con un pequeño niño quien se ahogó enfrente de sus ojos cuando ella era una niña—y pienso de cuanto eso conmovió a Diane Wheeler-Nicholson, una de nuestros productores.

"Juro que cuando este niño atravesó para esta mujer, la energía de ella la convirtió en una pequeña, temerosa y triste niña que ha cargado su entera vida con el trauma y la culpa de la muerte de este niño", Diana me escribió un e-mail. "Había algo tan conmovedor acerca del momento cuando el mensaje atravesó que ella debía soltar eso. Yo me sentí como que la vi ser liberada de algo. Eso me dejo sin resuello".

Y pienso en la nota que recibí hace tres años de una de las personas más cercanas en mi vida, mi mejor amigo, Mark Misiano. En mis momentos más bajos después de que salió *One Last Time* y yo estaba contemplando ir a la escuela de veterinaria, fue Mark quien me ayudo a volver a mi camino correcto. Esto puede que no suene sorprendente, pero él no hubiera haber podido hacerlo sólo unos años antes.

En julio de 1998, di un discurso en Long Island que atendió Mark. Viéndolo a él en la audiencia fue una experiencia extraña para mí. Mark había estado en el primer discurso que yo había dado, unos diez años antes en Staten Island—y ninguno desde ese entonces. Lo que lo impresionó más en ese primer evento no fue mi habilidad psíquica—eso no era nada nuevo para él—pero el hecho de que podía pararme enfrente de gente y hablar. De hecho, en ese evento, todo lo que hice fue hablar acerca de la teoría psíquica. No hice ningunas lecturas, porque yo no estaba listo para hacerlo en público, enfrente de mucha gente. Durante la siguiente década, Mark tuvo poco interés en venir a los eventos donde yo estaba apareciendo. Él sabía lo que yo hacía, y el pensaba que era muy interesante. Pero cuando traté de explicarle el por que era tan importante, él realmente no lo entendía.

Todo eso cambió cuando él vino al seminario en 1998 y vio por primera vez como la gente es afectada por la comunicación de seres queridos en el otro lado. Ambos éramos mucho más grandes ahora y Mark podía ver como yo había cambiado y como él estaba listo para entender mi trabajo. Él mismo fue conmovido hasta las lágrimas en esa noche, y se sentó a escribirme un e-mail acerca de cómo había sido afectado. "Estando en el seminario, sentí el dolor por la que estas gentes estaban pasando, y al mismo tiempo, podía ver y sentirlos sanar o por lo menos volverse más tranquilos", Mark escribió, llorando mientras escribía. "Nadie cerca de mí se ha muerto. La primera persona que yo realmente era cercana que ha muerto fue tu madre. Ella me trataba como si yo fuera también su hijo. Pero yo estaba lejos en la escuela en Buffalo cuando ella murió, y una de las cosas que realmente me perturbó fue de que iba a regresar a casa para verla ese fin de semana, pero nunca tuve esa oportunidad. Antes de esta noche, nunca entendí como lo que tú haces puede ayudar a la gente. Ahora lo entiendo".

El mensaje de Mark fue un poste señal para mí. Me dijo que yo finalmente me estaba convirtiendo en el profesor que Lydia Clar dijo que sería, y el que mis guías han afirmado por todo el camino. Ahora, tres años más tarde, me siento como que he viajado muchas más millas. He cruzado un puente más . . . y en camino al próximo. Yo sé que puede ser uno difícil a veces, pero finalmente puedo apreciar el dicho favorito de mi abuela Mary, todos estos años después de que su hija me lo dio a mí, mientras hacíamos nuestro largo regreso a nuestro barco en St. Thomas.

Yo ahora puedo voltear y ver que tan lejos he llegado, y anticipar a las distancias que aún tengo para recorrer.

ACERCA DEL AUTOR

John Edward es un psíquico médium internacionalmente celebre y el autor de los libros mejor en ventas del *New York Times*—*One Last Time* y *What If God Were the Sun?*. En adición de presentar su propio programa sindicado de televisión, *Crossing Over with John Edward*, John ha sido un invitado frecuente del programa *Larry King Live* y de muchos otros programas de entrevistas, y fue exhibido en el documentario de HBO *Life After Life*. Él Publica su propia carta noticias y también conduce talleres y seminarios por todo el país. John vive en Nueva York con su esposa y sus dos perros.

Para más información acerca de John Edward, vea su página en el Internet: **www.johnedward.net**.

EL JOHN EDWARD
BROCHE DE APRECIACIÓN

Muchos de ustedes me han escuchado hablar por años acerca de que tan importante es el tomar la oportunidad de comunicar, apreciar, y validar a la gente en tu vida hoy. Muchas gentes vienen a mí como un médium para hacerlo por ellos, pero no hay nada como el hacerlo en el presente. El John Edward Broche de Apreciación es sólo un gesto simbólico. Para esos quienes no tienen las palabras, permítele al broche hacerlo por ti.

Para Alguien Especial

Para ordenar tu broche sólo llena la forma. Es gratis con la compra del libro *Cruzando Al Más Allá*.

Sólo envía $2.95 para envió y manejo para un broche *gratis* de una rosa rosada. En orden para comprar broches adicionales, ve a **www.johnedward.net**.

Por causa de una gran demanda, tú debes de enviar la forma original, no una copia:

Nombre_____

Dirección_____

Ciudad_____ Estado___ Zona Postal_____

Teléfono_____ Dirección de e-mail_____

Por favor escriban los cheques para **Get Psych'd Inc.**, y envíe por correo su orden a:

P.O. Box 383
Huntington, NY 11743
Permita de 4 a 6 semanas para el entrego.

Esperamos que usted haya
disfrutado este libro de Jodere Group.
Si a usted le gustaría información adicional acerca
de Jodere Group, Inc., por favor comuníquese a:

JODERE
GROUP

Jodere Group, Inc.
P.O. Box 910147
San Diego, CA 92191-0147
(800) 569-1002
(858) 638-8170 (fax)
www.jodere.com